教育部人文社会科学青年项目"清代绥远城驻防研究"（13YJC770019）资助

信阳师范学院学术著作出版基金资助

漠南军府

——清代绥远城驻防研究

黄治国 著

社会科学文献出版社
SOCIAL SCIENCES ACADEMIC PRESS (CHINA)

目　录

绪　论

一　选题缘由

清朝是由满族建立的少数民族政权，是中国封建社会的最后一个王朝，它的建立到衰落经历了 260 余年，在政治、经济、文化方面取得了超越前代的发展。它适应统一多民族国家发展的需要，在边境少数民族地区因地制宜，灵活地实行一系列政治制度和相关政策，对保持边疆稳定，促进边疆开发，维护国家主权方面，取得了显著的成就；特别是对素称强悍"风气刚劲，习于战斗，恒不肯服属于人"① 的蒙古诸部，实行编旗设盟、军事驻防、蒙汉分治等政策，推行分而治之、限制利用结合，宗教上为政治目的而提倡藏传佛教，成功保持了康熙中叶以后 150 多年内外蒙古的基本无事，保持了蒙古地区安定和平的局面，成为清朝北部边疆的屏藩。这与清代在蒙古地区实行的政治制度和清朝在蒙古地区施行的民族政策密切相关。众所周知，清朝在蒙古地区实行分而治之的盟旗制度，即对新征服和归附的蒙古部落依照满洲八旗制度进行编设佐领，安置属民，分给牧地，划定旗界，统以扎萨克，形成一旗；一旗或数旗合为一盟，设盟长和副盟长，清廷在中央设立理藩院对其进行管辖。同时清廷还在蒙古地区驻扎八旗满洲军队，统以将军、都统、副都统等，以加强对蒙古各部的统治，将"素称强盛，历代以全力御之，尚不能克"② 的蒙古变成满洲的世仆。

驻防制度起因于满族统治者基于少数民族统治多数民族——汉族的人数不足而采取的一种不得已而又卓有成效的英明策略③。"以存京师者为

---

① 《钦定蒙古王公功绩表传》卷 12，《四库全书总目提要》卷 58《史部十四·传记类二》。
② （清）昭梿：《啸亭杂录》卷 10，中华书局，1980，第 362 页。
③ 定宜庄：《八旗驻防制度研究》，辽宁民族出版社，2003。

禁旅，而分镇各省者为驻防"①，定兵额约 20 万。其中以大部屯驻京畿地区，其他分驻各省。经过康、雍、乾三朝的经营，至乾隆中叶以后，全国范围内总共设置了将军级驻防 14 处，形成了"由北京经宁夏、绥远至凉州（甘肃武威）的长城驻防线。由德州（山东今县）经开封至西安的黄河驻防线；由江宁（南京）经荆州至成都的长江驻防线；由北京至杭州的运河驻防线；由杭州经福州至广州的东南沿海驻防线"②。这些驻防线，构成了清廷对全国的军事控制网。其中绥远城驻防是清朝在漠南蒙古设置最早的军事驻防，驻防兵额数 4000 多人，是长城驻防线上较大的一处驻防点，它的设立对巩固国家北部边防和稳定蒙古社会秩序，防止分裂割据，加强清朝在蒙古的统治发挥了重要作用。绥远驻防是清朝统治蒙古的重要内容，对于保持内蒙古西部地区的稳定局面，维护多民族国家的统一和巩固起到了重要作用。因此研究绥远城驻防对研究清代的民族统治政策和民族关系史都有一定的意义。

绥远城驻防是清朝统治者在归化城土默特地区设置的最高军事驻防点，绥远将军的权力不仅包括统率绥远城、右卫满洲八旗驻防官军、管理归化城土默特二旗，以及乌兰察布和伊克昭两盟的军事统驭。他还有调遣宣（化）、大（同）二镇绿营兵的权力，后来又节制沿边道厅。随着权力的不断加强，成为掌管漠南蒙古地区的最高军政长官，所以其历史活动对漠南特别是归化城土默特地区的政治经济、社会生活、宗教文化都产生了重要影响，在清末的蒙地放垦和清末新政中也扮演了极重要的角色。因此只有对绥远城驻防进行深入细致的研究，才能更好地认识清朝对蒙古的治理和开发政策，认识清政府对统一多民族国家的发展做出的重大贡献。

总之，绥远城驻防内容丰富而复杂，综合研究绥远城驻防的变化、特点及其变迁背景，揭示其历史地位和作用，有利于更好地认识清朝的边疆管理制度和民族政策，了解清朝治理和开发边疆的政策和措施。对其进行深入研究，总结其利弊得失，不仅对进一步研究清代的蒙古史、边疆史、呼和浩特地方史有重要意义，而且通过总结历史经验，对制定现实的民族

---

① 魏源：《圣武记》，中华书局，1984，第 467 页。
② 参见莫东寅《满族史论丛》，三联书店，1979，第 113 页。

政策也有积极的理论和现实意义。

另外，把绥远城将军的设置与此地社会变迁及变迁带来的变化联系起来，以新的视角进行分析和探讨，对清朝治边思想和治理边疆政策做分析，以史为鉴，对当代开发内蒙古有所借鉴和启示。

二 研究相关动态

（一）研究动态

绥远城驻防是清代漠南蒙古地区最重要的军事驻防点，是清朝边疆防御的重要力量，对控驭服绥蒙古、拱卫京师、加强边防、开发边疆都起到了重要的作用。目前对其研究已经取得了十分丰硕的成果。研究清代八旗驻防和清代蒙古政教制度的综合著作中对绥远城驻防多有论述。

荣祥《呼和浩特沿革纪要稿》（内蒙古社会科学院蒙古史研究所，1979 年，油印本，中央民族大学图书馆藏）对清代绥远城的兴建、满族移驻绥远城等相关问题进行了颇有见地的考述。

赵云田《清代蒙古政教制度》（中华书局，1989）是一部全面探讨清代蒙古管理制度的专著，在吸收前人研究的基础上，利用丰富的档案史料，对清代蒙古的政教制度全面系统地论述，勾画出了清代蒙古地区的政治和宗教的全景。其中军府制度一章中对绥远城将军的机构组成及其职能做了深入分析，推进了绥远城将军的研究。

刘海源主编《内蒙古垦务研究》（内蒙古人民出版社，1990）是一部以研究内蒙古垦务为主的论文集。论文集中刊载了很多学者的多篇有关内蒙古各地区垦务的论文，由于清代西部蒙古的土地放垦清末多由绥远城将军负责，故有不少内容涉及了绥远城将军的活动。

达力扎布著《明代漠南蒙古历史研究》（内蒙古文化出版社，1997）书中对清太祖、清太宗对蒙古的政策论述颇详，作者对皇太极时期清对归化城土默特一系列政策的产生原因及历史背景，实施经过及其效果进行了深入系统的分析。这些论述对本书的写作，特别是清在归化城附近设置军事驻防的原因、背景等很有启发。

佟靖仁等著《塞北新城的满族》（内蒙古人民出版社，1997）一书对绥远城的兴建、新城内的建筑布局及相关史实亦有相当的论述。

定宜庄著《八旗驻防制度研究》（辽宁民族出版社，2003）以汉文、满文文献和档案材料为依据，重点阐述八旗制度的特殊性及其对清朝统治起到的作用。对八旗驻防制度的形成、中央对驻防地方控制的力度、驻防的弊端、兵丁生计做重点研究，指出八旗制度自身的局限是导致八旗驻防衰败的原因。同时认为汉族封建制度的影响也是八旗衰落的重要原因。其中对绥远城驻防的论述占了相当的篇幅，清晰地描绘出了绥远驻防发展的基本线索。

韩国学者任桂淳著《清朝八旗驻防兴衰史》（三联书店，1993）。以广州、杭州、福州、绥远为重点，充分利用其"驻防志"对八旗驻防进行多角度、多层次的分析和研究。对整个清代八旗驻防的财政、生活、行政和组织情况进行深入探讨和研究，揭示了财政崩溃是导致驻防衰败的原因。其中关于绥远驻防的相关论述对我们了解绥远驻防八旗很有帮助。

美国学者吴卫平著《八旗的兴衰》，对八旗从兴起到衰落的轨迹进行了系统的考察。内容包括八旗的创立、组织原型、驻防的分布、军事力量的保持；八旗的衰落，领导地位的丧失，旗人军事兴趣的减弱及军事训练的懈怠，旗人的贫困化及原因分析，清政府为遏制旗人贫困化采取的相关措施及其效果；等等。

涉及绥远城驻防相关问题的通论性著作有：姚明辉的《蒙古志》、卓宏谋的《蒙古鉴》、萧一山的《清代通史》、余元庵的《内蒙古历史概要》、陶克涛的《内蒙古发展概述》、戴学稷的《呼和浩特简史》、袁森坡的《康雍乾经营与开发北疆》、赵云田主编的《北疆通史》、乌云毕力格、成崇德、张永江的《蒙古民族通史》第四卷、集体编著的《蒙古族简史》、泰亦赤兀惕·满昌的《蒙古族通史》、《准噶尔史略》编写组编著的《准噶尔史略》、周清澍主编的《内蒙古历史地理》等。

制度史方面的著作有：赵云田的《清代蒙古政教制度》《清代治理边陲的枢纽——理藩院》《中国边疆民族管理机构沿革史》，中国台湾学者李毓澍的《外蒙政教制度考》、赵令志的《清前期八旗土地制度研究》、日本学者田山茂的《清代蒙古政教制度》。综合性的著作有马大正主编的《清代的边疆政策》《中国古代边疆政策研究》、成崇德的《十八世纪的中国与世界——边疆民族卷》等。

这些研究清史、蒙古史、清代边疆政策和清代蒙古政教制度的综合著作中对绥远城将军多有论述。对绥远驻防或多或少均有一定程度的涉及，进行了有益的探讨，这些著作对本书的写作都有着直接或间接的借鉴作用。关于清代绥远驻防的研究目前虽然尚未出现以绥远驻防为研究对象的专著，但相关的一些论文对此进行了有益的探讨，一些观点颇有新意。

绥远城建城的兴工及竣工时间是研究绥远驻防的一项重要内容，对于绥远城的始建和竣工时间，目前学术界仍存在争议，尚未达成一致。一些学者根据相关史料对其进行考证，提出了各自不同的观点。金启孮《呼和浩特旧城的变迁和新城的兴建》（《内蒙古大学学报》1960 年第 2 期）认为绥远城兴建于乾隆二年二月初七日。蒙林先生的《绥远城城工始建时间考》（《内蒙古社会科学》1996 年第 2 期）是对这一问题进行专文探讨的最早文章，作者根据《清实录》等史籍的记载，结合缜密的分析认为绥远城动工兴建于乾隆元年十月初七日，乾隆四年六月二十六日竣工；后出的两篇论文，分别利用新整理出的满文档案和相关史料对绥远城兴工和竣工时间进行了考证。一为边晋中的《清绥远城修筑时间和过程考》（《内蒙古师范大学学报》2007 年第 1 期），利用新出档案《军机处满文月折包》和《乾隆朝上谕档》及奏折等，基本勾勒出绥远城建筑的大致经过。考订绥远城于乾隆二年二月初七日正式动工兴建，乾隆四年六月二十二日全部竣工。一为张慧君、伟丽、斯钦布和、胡玉花的《绥远城兴工竣工档案查考》（《内蒙古文物考古》2007 年第 2 期），利用《清代边疆满文档案目录》《土默特左旗档案》《乾隆朝汉文录副奏折》等，得出绥远城开工兴建于乾隆二年二月初七日，竣工于乾隆四年六月二十二日的结论。对这一问题的迷雾似已基本廓清了。但需要说明的是，在此之前一些学者虽没有具体考证这一问题，但在有关论述中，一直使用乾隆二年初建、乾隆四年竣工的观点。其他分歧还有认为雍正十三年建、乾隆元年始建、乾隆二年始建；乾隆二年竣工、乾隆三年竣工之说等，以上诸说皆有学者采用，各具理由，除依据的史料记载不同外，还有观点不同等原因造成的。

有清一代绥远城将军共有多少任目前学术界也有分歧，《绥远城驻防志》记载为 68 任；《绥远通志稿》记载，绥远城将军为 75 任；蒙林先生根据《清实录》记载，认为有 79 任。还有人认为清政府正式授封的有 75 任，实际到任 72 任之说。之所以出现这种差异，可能与各种史料的记载不同或统计方法不同而出现了分歧。特别是有的绥远城将军虽被任命，但由于种种原因未能赴任，更易造成统计上的误差。因绥远城将军更迭频繁，任期长短不一。真正实心任事，有所作为的不是太多。目前绥远城将军人物的研究成果不多，尚处于起步阶段，对绥远城将军贻谷的研究相对较多，且侧重于他在放垦蒙地中的历史活动，限于篇幅，此不罗列。

其他有关绥远城将军的研究论文有：金启孮的《归化城喇嘛暴动传说考——从民俗材料看召庙与汉商的关系》（《内蒙古大学学报》1989 年第 4 期）中对费扬古与喇嘛传说的相关史实进行了考证，对费扬古稳定归化城一带社会秩序，保护农商利益的史实进行了论述，纠正了传说之谬。李铁钢的《清代绥远城将军德勒克多尔济其人及"御赐碑记"》（《内蒙古文物考古》1995 年第 1、2 期）和赵秀琴的《绥远城将军德勒克多尔济功德碑》（《内蒙古文物考古》2006 年第 1 期）两篇文章对将军德勒克多尔济的"御赐碑记"、其生平事迹及其与公主府的关系等进行了考证和说明。孟和套格套的《德勒克多尔济与道咸之际中俄边境交涉》（《中国边疆史地研究》1998 年第 2 期）对德勒克多尔济在中俄边境交涉中的历史活动及作用进行了论述。

关于绥远城驻防的八旗来源，蒙林先生发表了系列论文，《绥远城八旗源流考述》（《前沿》1994 年第 1 期）、《绥远城驻防八旗考源》（《内蒙古社会科学》1994 年第 5 期），对绥远城驻防的八旗来源进行了考证，指出绥远城驻防八旗是京师满洲八旗户下人（家选兵）演变成的汉军与右卫八旗蒙古兵联合驻防。后汉军八旗因八旗生计问题而出旗，其缺由京师八旗满洲兵补充，最终形成满蒙旗兵联合驻防的格局。《绥远城八旗蒙古初探》（《内蒙古社会科学》2000 年第 6 期）对绥远城八旗蒙古的由来、驻防、变迁、官制、人口、俸饷、分布、名姓、教育、风俗及归宿等进行了探讨。此外蒙林先生还撰有《清代右卫和绥远城关系初探》一文，对右卫、绥远两地驻防之间的关系及官兵的相互调补做了探讨。

其他专题研究论文有：定宜庄的《清代北部边疆八旗驻防概述》（《中国边疆史地研究》1991 年第 2 期）对清代北部边疆的军事驻防体系

进行了概述。他指出对蒙古地区的控制，重点在漠南蒙古，一则它处于京师肩背的位置，一旦有事，京师立危；一则它横亘于内地与漠北和漠西之间，又东与东三省相接，如有不测，对满族统治者的后方有极大威胁。

达力扎布的《清初对蒙古右翼三万户的政策及其背景》（《社会科学辑刊》1997 年第 6 期）论述了清朝对蒙古右翼三万户实行不同于左翼三万户政策的原因和历史背景，指出清朝通过控制右翼三万户与明朝传统的互市贸易达到共享市利的同时，迫使其他蒙古诸部和喀尔喀陆续归附，而右翼三万户中与明互市占主导地位的是靠近明边的归化城土默特部。清朝对归化城土默特部不设扎萨克，编为内属旗，原因正在于此。

孙驰的《乾隆初"近疆固守"的方略与建立绥远城》（《中国边疆史地研究》1998 年第 2 期），论述了乾隆初实施"近疆固守"方略的历史背景、内容及其确立的经济原因和外部条件，认为建立绥远城是"近疆固守"方略的重要举措。

乌云格日勒的《清末内蒙古的地方建置与筹划建省"实边"》（《中国边疆史地研究》1998 年第 1 期），对清末内蒙古的地方建置与筹划建省"实边"的相关史实进行了考述。

张友春的《绥远城的象征——将军衙署》（《理论研究》1999 年第 6 期）对绥远城将军衙署的情况进行了介绍，特别是对将军衙署的历次增置、改建情况进行了叙述。

铁达的《清绥远城驻防八旗史实纵览》（《内蒙古文物考古》2003 年第 2 期）对绥远城的设置、驻防八旗的几项规制及驻防八旗所担负的若干项任务进行了探讨，较为全面地论述了驻防八旗的史实。

翁道乐、王玉海的《清右卫建威将军探微》（《内蒙古大学学报》2006 年第 1 期）对右卫建威将军设置的背景、设置过程、职掌、建制、薪俸等进行了探讨，指出是噶尔丹之使厄（额）尔德尼绰尔济等人挟噶尔丹书札散布内属蒙古，煽惑其叛清归附于噶尔丹和怀疑科尔沁土谢图亲王沙津有异心这两件事，迫使康熙帝决定在右卫设置驻防。

宝音朝克图的《嘉道年间的大青山山后卡伦概述》（《清史研究》2007 年第 1 期）对大青山山后卡伦的有关情况，利用中国第一历史档案馆藏《录副奏折》和其他相关史料，论述、梳理嘉道年间该地区卡伦的来龙去脉，进而剖析内在因素及其功效。

张永江的《试论清代内蒙古蒙古族财政的类型与特点》（《清史研究》2008 年第 1 期）论文对清代归化城土默特二旗的财政制度由自主型转变为中央严格监管下的地方财政，在财政收入分配上也由主体走向边缘，旗民由不纳税变为纳税民这一历史转变过程和手段进行了精当的析论，深化了清代土默特部财政史的研究。

乌仁其其格的博士学位论文《18 – 20 世纪初归化城土默特财政研究》，利用满蒙汉档案资料，对归化城财政的起始兴衰进行系统研究，展现了土默特财政的演变进程。

一些国外学者对清朝初期的归化城情况进行了论述。〔日〕森川哲雄《十七世纪前半叶的归化城》（《蒙古学资料与情报》1985 年第 3、4 期）对 17 世纪归化城土默特旗的成立经过及归化城地区的农业商业情况进行了论述。〔日〕近藤富城《清代归化绥远市区的形成过程》（《蒙古学资料与情报》1996 年第 1 期）一文认为对归化、绥远两城历经明清的兴建直到民国，其市区形成和很多建筑物都发生了很大变迁；他指出清代归化、绥远市区是通过有清一代的发展而形成的。

以上这些论著分别从不同的角度对绥远驻防的相关内容进行了探讨，涉及的方面比较广泛，显示出这方面的研究正在逐步走向深入。大大便利了我们对绥远城将军的进一步研究。其他一些相关的论文虽然研究角度不同，但对绥远驻防的某些方面都有涉及，仍具有很高参考价值，本书亦有参考，限于篇幅，此处不再罗列。

绥远城驻防的设置是清朝政府政策在归化城地区得以实施的保证，也是清代边疆政策的重要组成部分。这些综合性专著、通史性著作、专题研究及相关论文，对绥远八旗驻防的研究多有论及，做了开创性工作，对本书的撰写提供了很好的借鉴和基础，但或限于篇幅抑或限于体例，对此一重要建置均未展开全方位的论述，使人难窥这一制度的全貌。所以绥远城将军研究中还存在一些需要深入解决和再探讨的问题。

其一，未能从宏观上把握有清一代绥远城驻防演变的趋势，研究者多从绥远城驻防的某个特定问题进行个案分析，或对某些片段和局部问题进行探讨，就事论事或以点带面，而且多集中在设置驻防的初期，而系统、全面的贯通研究著作目前尚未见到。

其二，驻防中的一些具体问题需要解决，如绥远城驻防的设置时间、建城时间、职能的演变、绥远驻防设置的原因、驻防的前身等，尽管已有各种说法，但仍有分歧，其原因在于研究者所依据的史料不同或观点视角不同。

其三，绥远城将军的职能，虽然研究者对绥远城将军的职能进行了列举，但对其职能的演化及其过程缺乏考察。其职能与初设时目的是否一致，特别是引起其职能演变的社会背景也未能仔细探讨。而从制度和政策演变的角度进行研究者尤为不多。

其四，对绥远城将军的一些细节问题，尚需进一步探讨，如右卫将军、安北将军、建威将军、归化城将军、绥远城将军的沿革与相互关系。它们是绥远将军在不同时期的称呼，目前在绥远城将军的研究中多以绥远城将军称之。其实，绥远城将军的称呼正式明文要求如此称呼始于乾隆二十六年（1761）（"改建威将军为绥远城将军"）[①]。

其五，重视对清前期绥远驻防的研究，而对后期历史研究不够，且清后期驻防研究内容多侧重于绥远将军在蒙地放垦中的历史活动。原因可能是绥远驻防的设置主要是在乾隆时期形成的，清廷对绥远驻防的诸项政策、制度的制定和确立基本上都是在乾隆年间完成的，对当时的一些重大举措都有较为详细的记载，而中后期状况的记载不多且较为零碎。

其六，绥远城驻防将军设置后对土默特蒙古权力的加速剥夺问题，对于右卫驻防在降低为城守尉级别后的隶属问题，仍有不同的记载；绥远城将军节制沿边诸道厅的时间问题等，需要进一步明晰。

其七，关于整个有清一代绥远城将军的任数和人数，史料记载不一。经查对相关文献记载，并借鉴前人已有研究成果，得出清代绥远城将军应为80任75人（见附录绥远城将军统计表）。

---

① 《钦定大清会典事例》卷 545《兵部》，文海出版社，1992，第 45 页。

（二）研究参考的档案史料及论著

史学研究以史料为基础，"没有史料，便没有史学"，下面将本书参考使用的文献资料做一简单分类介绍。

档案是政府机关等在办理公务过程中自然形成的记录，具有原始性、客观性、可靠性和系统性等特点，是各类材料中最有价值的。保存至今的有关绥远驻防的档案数量巨大，包括满、蒙、汉多种文字的档案。本书利用的有《雍正朝汉文朱批奏折汇编》、清代理藩院档、朱批奏折民族事务类、军机处录副奏折·民族事务类等。满文档案有《满文老档》、《清初内国史院满文档案译编》（上、中、下）、《康熙朝满文朱批奏折全译》《雍正朝满文朱批奏折全译》《军机处满文月折包》等。《康熙起居注》《乾隆帝起居注》《嘉庆帝起居注》《宫中档乾隆朝奏折》等。此外还有乾隆、嘉庆、道光等朝《上谕档》《钦差垦务大臣全宗》等。

史籍包括清代大型史书、诏令、奏议、时人政见、地方志和文人游记等。历史研究"首重官书"，清代官书数量巨大，系统性强。本书主要利用了大清历朝《实录》；康熙、雍正、乾隆、嘉庆、光绪等朝《会典》；嘉庆、光绪朝《大清会典事例》；乾隆、道光、光绪朝《理藩院则例》；《蒙古律例》《清朝通志》《清朝通典》《清朝文献通考》《清朝续文献通考》。此外，对《平定准噶尔方略》《清史稿》亦多有参考。《钦定八旗通志》是一部关于满族和八旗制度的重要典籍，内容十分丰富，其中对八旗各项制度、相关政策都有翔实的记载。

地方志是以记载地方历史与现实为主要内容的文献，对某些具体问题的记载尤为准确、详尽，被称为"一方之全史"。清末漠南曾出现修志的高潮，纂修了多部地方志，保存了大量史料。本书主要利用了地方志中的《山西通志》《朔平府志》《口北三厅志》《归绥道志》《绥远旗志》《绥远城驻防志》《绥远志》《土默特旗志》《古丰识略》《归绥县志》《绥远通志稿》等书中的有关记载。

私家撰述可补史之阙。本书使用了王常、补熙、德勒克多尔济、贻谷、三多、堃岫等人的奏稿；私人撰述《皇朝藩部要略》《蒙古游牧记》《圣武记》等。

笔记，是作者随笔记录的见闻，或为作者留心观察到的人事风情，搜求的逸闻趣事，载诸笔端。其涉及面之广泛，情节之具体细微，常常为其他载籍所不能及。所以从中可得到丰富的宝贵材料。本书参考了文人笔记中的《啸亭杂录》《詹曝杂记》等，并参考了清人王锡祺辑的《小方壶斋舆地丛钞》中收录的一些笔记游记见闻等。

其他一些外国人的调查资料也很有参考价值，如俄国学者阿·马·波兹得涅耶夫著《蒙古及蒙古人》，为作者在内蒙古的实地考察记录，也是研究清代内蒙古地区历史的重要资料。田山茂著《清代蒙古社会制度》（潘世宪译，商务印书馆，1987）书中对清代蒙古旗的建立、旗的组织和旗的机能进行了研究。其他日本人的调查研究资料也很多，此不枚举。

对于本选题而言，汉文史料为基本史料，数量多、种类全。民族文字文献也有一部分，本书主要利用了已编译出的少数民族文字文献以及俄文、日文版的汉文翻译本。

档案资料汇编所提供的历史资料，若从史源学及第一手材料的观念来看，其史料价值不大，但它为阅读和利用原著提供了很大方便，因此笔者亦有参考，如《清实录蒙古史料抄》《清季蒙古实录》《清史编年》《清代理藩院资料辑录》等。《内蒙古史志》（全国图书馆文献缩微复制中心，2002）收录了有关内蒙古的史志资料70种，编者搜求诸多图书馆及科研机构的藏书，内容包括清代、民国时期的方志、调查资料、个人撰述，等等，便利了读者查阅使用这些图书，笔者参考亦多。

关于绥远城驻防的资料的特点。综观清代至近代的历史文献资料，特别是清代档案和官方史书及内蒙古地方志等，其中涉及绥远驻防的资料是多方面的，其特点大体可以归纳为以下几点。

一是数量多而分散，清代有关绥远驻防的资料，由于历史时间跨度较长，其作为政府的统治机构，所保留下来的资料数量很大，包括档案、官书、奏折等。除了档案以外，多分散在《大清会典》《清实录》以及各朝朱批奏折等，这些资料缺乏相应的有机联系，使人难以获得整体全面地信息。二是不均衡性，有关绥远驻防资料的不均衡性体现在不同的历史时期、时代、内容等多方面。就时代而言，设置初期和清末新政时资料相对多，清代中期相对少，在和平时期的资料少，战争时期相对较多；就内容而言，记述其与中央政府的相互联系多，记述其内部运行机制的少。三是驻防为清朝的一种统治机构有其相对持续存在时间和特定的空间，由于绥远驻防作为清朝在内蒙古的统治机构有其存在的时间和空间特点，就需要有连贯的资料来阐述其历史发展轨迹，由于资料的不足，很难做到这一点，其存在的空间也具有其特殊性，驻防的管辖区域并不像内地行省那样明确，其和山西行省的管辖与乌、伊二盟的关系等，由于资料的匮乏而难以廓清。所以对绥远驻防的整体全面地再现，往往是很模糊和片面的，无法客观、准确地表现其不同历史时期的整体面貌。四是少数民族语言资料的整理，清朝统治者为满族，其规定公文写作必须使用满文，所以保留了大量的满文档案，这些档案虽被整理出版了一部分，方便了学术界的研究利用，但只是被翻译整理的满文档案中的极小一部分。

三　研究限制、研究方法与本书框架

（一）研究限制及解决办法

由于本书是对绥远城驻防历史的综合研究，其内容既是蒙古史研究的范围又涉及清史，这就无形中为本课题的研究增加了阅读范围，提高了研究的难度，其中涉及少数民族语言的史料，是此项研究的瓶颈，因为"要想对所研究的对象有真切和全面的理解，研究他们如何用自己的文字来描写他们自己是至关重要的"①。解决方法：一是作者本人继续学习蒙古语，争取使用原始档案记载，减少二手资料在诠释引证上之误差。二是随着科学研究的进一步深入和文献整理事业的发展，清代的一些少数民族语言档案已经被整理出版，这无疑为研究者提供了极大的便利。已经翻译出版的相关档案一定程度上可以弥补笔者撰写时因语言的障碍而造成的遗憾。

绥远城驻防是清代在漠南蒙古地区产生重要影响的清政府统治结构。其活动对当地的社会经济、文化事业、宗教活动等都产生了重要的影响。因此，在地方志中蕴藏着大量的相关记载，一些地方事件不为官书所载，而在地方志中却记载极详，这对廓清绥远城将军在当地的军政活动极有帮

---

① 定宜庄：《美国学者近年来对满族史与八旗制度史的研究简述》，《满族研究》2002 年第1 期。

助。但一些地方志书在北京不易找见，需赴内蒙古图书馆、内蒙古大学图书馆、内蒙古社会科学院图书馆、内蒙古将军衙署博物院等单位查阅。

（二）本书预期目标及研究方法

绥远城驻防研究：一，时间跨度大，从清乾隆二年（1737）右卫将军王常移驻绥远城至宣统三年（1911）最后一任将军坤岫共174年的时间，加上驻防前的萌芽、酝酿阶段，时间跨度超过二百年。二，历史演变曲折复杂，从顺治朝之归化城驻兵至乾隆二年正式设立绥远城驻防，历时近百年，驻兵多次。其间历朝俱有驻兵归化城之举，尚不包括在归化城附近的驻戍。经历了有防备漠北喀尔喀到防备漠西准噶尔的转变过程。绥远城驻防的设立缘起于防备准噶尔，在准噶尔被平定以后，其军事职能下降，管理、监督、隔离等职能上升，在清末朝廷为减少放垦蒙地的阻力而任命垦务大臣兼任绥远城将军。需要说明的是垦务不是绥远将军的正常职能，但在清末风云变幻的特殊条件下，逐渐演变为其职责之一。此时绥远城将军已成为清政府在这一地区各项政策的主要执行者。这一过程曲折复杂。

本书通过对绥远城驻防设立的原因、时代背景、组织结构、运行机制、职能的演化及历史作用进行探讨，一方面反映绥远城驻防本身的历史发展轨迹，同时又把它放在清朝跌宕起伏的历史洪流中去考察，多角度地勾画出清朝绥远城驻防的历史面貌。把绥远城将军的活动和清朝在归化城土默特的政策结合起来，从而准确把握绥远城驻防的性质和特征，对绥远城驻防做出较为客观的评价，以此来认识清朝的边疆民族政策。

主要研究方法：采用传统的历史资料搜集法，对各种档案史料进行对比、分析、鉴别、综合，在广泛阅读档案、清代官书、地方志等历史资料的基础上，比较对照公私记载，做出系统的排比、叙述、分析，参考现代学者已有的研究成果，结合实地考察的材料，辅以制度史、军事史、民族史以及文献学、历史地理学的研究方法，同时也借鉴了统计方法，对驻防满营的相关问题进行定量分析。对所研究的课题提出自己的见解。

（三）篇章结构

本书在章节安排上共分六章若干节，大纲概略如下。

绪论，主要说明本书的研究意义与目的，相关研究动态，研究所参考的档案资料及研究的限制与论文大纲。

第一章绥远城驻防设置前漠南蒙古概况。本章主要介绍归化城土默特地区的自然地理条件及人文环境。其在历史上处于农耕文化和游牧文化的交会地带，是游牧民族进入中原的跳板之一，战略位置重要，历来是兵家必争之地。在明代后期此地成为漠南蒙古的政治、宗教、经济中心。明末清初土默特部由于统治阶级的争权夺利而分崩离析，加上迷信佛教已经使其衰弱不堪，为察哈尔所破。至皇太极亲征察哈尔，土默特部顺义王俄木布等率众来投，皇太极命其仍领部众，仍驻牧原地，后来清太宗利用其和明朝特殊的通贡贸易关系，让其成为明清之间贸易的中介，以此缓解后金的经济困窘。《满文老档》和《太宗实录》中多次记载皇太极遣人赴归化城进行贸易的情况。后以毛罕事件为契机剥夺了土默特贵族对其属民的领有权，将其部众编为两旗，由清廷直接管辖。清廷对土默特的特殊政策，与当时清朝的国情和明、清对峙局势密切相关①。

第二章绥远城驻防设置的经过。对于绥远城将军的设置，多数学者认为是为防备准噶尔部而设，诚然，正是以清准之间的议和罢兵为契机，清廷把右卫将军移驻绥远城，在归化城附近设置了将军级驻防。然而，从清初的历史记载去考察，就会发现，在乾隆二年绥远城驻防设置以前，清政府就在这里多次驻兵，从天聪六年（1632）皇太极亲征林丹汗，土默特部投附，历经顺治、康熙、雍正、乾隆四朝都曾在归化城设置驻兵，尽管这些驻防是临时派遣性质的，因形势而增撤，但亦足见其地理位置是对西北用兵、保持北部边疆稳定的不可替代的特殊地位。

康熙帝时，蒙古内争，准噶尔侵喀尔喀，迫使喀尔喀内附。因噶尔丹继续南进，逼近京师，清准进入战争状态，归化城渐成为塞外用兵的军事重镇。为对准用兵清政府在归化城设立了安北将军，同时设置了右卫将

---

① 详见达力扎布《漠南蒙古历史研究》，内蒙古文化出版社，1997，第321~336页。

军。通过对安北、右卫将军设置的原因、经过，职掌及功绩、成就、作用等的考察，理清绥远驻防的渊源。

雍正帝即位后视准噶尔为隐患，所以一直寻找机会消弭隐患。当策旺阿拉布坦死，子噶尔丹策零初立地位不稳之时，兵分两路进军，准备一举解决准部之患。为处理西北军务，雍正帝还特地设立了军机处，以及时处理西北军务。然而结果却是事与愿违，自雍正七年（1729）议令进兵，至雍正十二年（1734）双方罢兵议和，前后历时六年，交战双方均有重大伤亡，各有胜负。清有和通泊之败，亦有额尔德尼召（光显寺）之捷。但双方相持日久，难分伯仲，彼此皆劳。雍正十二年，准噶尔遣使议和，清朝马上应准，并派人赴准商谈议和及划定喀尔喀与准噶尔之间游牧界线。以此为契机，清朝开始议修绥远城。绥远城的最终修筑完成、驻防官兵及家属的移驻、官员的设置，及相关制度等都是在乾隆年间最终完成的。

第三章绥远城驻防设置的起因——绥服蒙古与对付准噶尔。本章主要从政治、经济、宗教、军事这几个角度来说明清廷在此设置驻防的原因。毋庸置疑，一项政治制度的产生必然有其产生的特殊背景，驻防制度也是如此，先有临时性质的驻防，逐渐转变为固定的驻防制度，也是经过了多年的尝试、探索的。绥远将军作为漠南的最高军政长官，坐镇于绥远城173年。李毓澍先生说"西北两路换防将军大臣特殊体制的形成，系根源于两种因素，一由于对准噶尔的用兵，一由于满人对于非其族类的防范政策"（《外蒙政教制度考》第2页）。绥远城驻防的设置也不出此窠臼。防备准噶尔是外在因素，而控驭抚绥蒙古，则是其内在因素，也正是这内外两种因素促成了绥远城驻防的设置；军事上归化城处于喀尔喀与京师之间，位置适中，既可作为西北用兵之兵源、粮饷的中转地，又可以在京师、归化城、清准前线之间形成一个梯度的军事供应线。另外作为漠南的政治、商业、宗教中心的归化城，无论从地理位置上，还是从军事战略地位上，特别是在控驭蒙古方面，都是其他地方无可比拟的。

第四章绥远城驻防的组织机构及职能。本章主要对绥远城驻防的机构及其演变过程进行撰写。绥远城地处要冲，驻扎重兵，清廷在此地的军事、民事、民族、经济及其他各种政策均要有完备的组织结构负责贯彻执行。绥远驻防的内部机构主要包括绥远城将军衙门、归化城（副）都统衙门、左右司、粮饷厅衙署等。清政府根据形势的变化因应制宜不断调整完善绥远城驻防机构。比如绥远厅的设置及改隶等。本章还对绥远城驻防官兵的组成、沿革、防区、编制、职责及奖惩办法等进行论述。

第五章绥远将军的职权及其嬗变。绥远城将军的职权包括政治、经济、军事、文教和其他方面的职能,通过对《清实录》《会典》等各种史料的分析,对其职能及变迁过程理出一个大概的脉络。绥远城将军的职能也不是一成不变的,处在不断的演化之中,既然土默特部的传统权力被褫夺是一个潜移默化的过程,那么绥远城将军的权力也是不断地增强的,即把土默特地区的蒙古王公、台吉的权力剥夺,实现削弱蒙旗而强化驻防将军的权力。随着汉族移民的增加,这一地区道厅县的设置逐渐增多,绥远将军对民事的管理节制权不断扩大。特别是在清代末期垦务大臣都兼任绥远城将军,绥远将军的职权也随之扩大。乌兰察布盟、伊克昭盟是外藩蒙古,隶属于理藩院。绥远城将军对乌盟、伊盟的统驭,只限名义上的,从清末贻谷在乌、伊两盟办理垦务的经过中可以看出。

另外,归化城都统的演变也是经过由蒙古世袭到由京拣选的一个反复变化过程。对官员的任用、薪俸等也做简要的论述。

第六章绥远城驻防的历史作用。本章主要析论绥远驻防的最后归宿及影响。清代的八旗驻防制度是清朝统一多民族国家形成发展过程中的产物。清朝规定将军、都统的职责为"镇守险要,绥和军民,均其政刑,修举武备",有权向皇帝奏报地方政情与民事,佐理内外政务。这一职能的实施有效地保证了驻防地区社会秩序的稳定。绥远城将军管理归化城土默特二旗以及乌兰察布、伊克昭二盟,有关民政与山西巡抚会商。它的设置对巩固西北边防、抵御外来势力侵略、促进国家的统一和巩固,发挥了重要作用。另外,绥远城驻防设置在农牧交错、中原农耕地区和漠北漠西蒙古游牧区交会的归化城地区,绥远城将军的活动不同程度地促进了边疆少数民族地区与中原内地的经济文化交流,促进了边疆少数民族地区经济文化的发展,有利于清朝多民族国家的统一和巩固,因此,其历史功绩是不可磨灭的。

同时我们也应该看到它的历史局限性,绥远城驻防作为统治阶级的工具,在镇压农民起义中充当了统治者的工具。作为军事驻防,只注重军事的震慑作用，而轻视了对驻防地区经济建设的规划和筹措。特别是清后期，绥远城将军作为清政府在蒙古地区的代表，秉承清政府旨意，不顾蒙古王公和广大牧民的反对，在漠南地区推行移民，强制开垦牧地，以实行新政为名加紧对蒙古牧民的勒索，使广大牧民生计维艰，加上所属官吏的腐败，导致这一地区阶级矛盾、民族矛盾十分尖锐。最终，绥远城驻防也不得不随着清朝的灭亡而改弦更张。

总之，绥远城驻防的设立，对巩固、加强清中央政权对蒙古的统治，保持漠南蒙古社会的稳定，增强西北边疆的防务力量都具有重要意义，起到了维护国家统一和领土完整的积极作用。

四　需要说明的两个问题

（一）对绥远驻防制的界定

对于绥远城驻防制度，有人称其为军府制，最早称绥远驻防为军府制的历史文献是贻谷修、高赓恩纂的《绥远旗志》（光绪三十四年刻本），在该书卷七中把绥远城将军的设置称为军府制，但并没有对其进行进一步的界定。赵云田先生在其《清代蒙古政教制度》中对军府制进行定义说："是清政府统治蒙古进入比较稳定阶段形成的一种制度，即军府制度"①；管守新先生所著《新疆军府制度研究》一书中对新疆军府制度进行了界定，认为"清朝政府在新疆实行的军府制度，是一种军政合一、以军统政的行政管理制度"②。比之于绥远城驻防，可以看出其实清政府在土默特地区设置的绥远驻防，仍然具有边疆统治政策的共性（有别于清朝在中原地区的驻防制度），因地制宜地在少数民族地区制定统治政策，具有军政合一、军民兼管的特点，是以军为主的行政管理制度。但它并不像新疆和东北三省的驻防将军那样，驻防始设时就是军民兼管、军政合一体制。绥远城驻防有其自身的特点，即前期驻防更多的是军事管理，中后期行政权力不断加强，并最终形成军政兼重的管理体制。

为了行文的方便，本书在写作过程中仍以绥远城驻防称之。

---

① 赵云田：《清代蒙古政教制度》，中华书局，1989，第 105 页。
② 管守新：《清代新疆军府制度研究》，新疆大学出版社，2002，第 2 页。

（二）绥远城将军与安北将军、建威将军的关系

"将军"一称，起源较早，《事物纪原》中这样写道：《周礼》：天子六军，军一万二千五百人，其将皆命卿，盖在国称大夫，在军称将军。自晋献公作二军，而公将上军，故将军之名特出于此。《左传》阎没、汝宽皆谓魏献子为将军。《后汉书·百官志》云："初，汉武将军，始自秦、晋，以为卿号，七国皆有其事，汉以来其命官之称极多，谓之杂号也。"①

而具体到清代，将军又有四种不同的情况：其一，为临时出征的统帅，如康熙雍正年间，有靖寇、安远、奉命、平逆、平寇、建武、讨逆、宁远、靖边、定边、绥远、振武将军等名，有时亦在将军前加大将军称号，如顺治十二年，铸大将军、将军诸印：曰镇海大将军、镇海将军、扬威大将军、扬威将军……平北将军、平北大将军、镇南大将军、征东将军、征北将军、征南将军、平南将军……"以上大将军、将军，有大征伐则置，凯旋则省，以王贝勒贝子公及都统亲信大臣充之，品级各从其原职。"②

其二，为驻防全国各地的八旗最高长官③，均由旗人充任，"将军"一称正式用于八旗驻防的最高将领，始于顺治十八年（1661）的江宁将军，此后各地驻防总管陆续改称将军④，内地各直省驻防将军，掌管驻防地军事及八旗内部行政职务，不干涉地方行政事务，边疆地区驻防将军为当地最高军政长官，但具体又略有不同。

其三，为满洲宗室爵号，如，奉国将军、奉恩将军等。

其四，为绿营虚衔，清初沿明制，绿营总兵官有勋劳者，递加都督金事、都督同知、右都督、左都督诸名目。其最优加将军之名，如赵良栋勇

---

① （宋）高承撰：《事物纪原》，（明）李果订，金圆、许沛藻点校，中华书局，1989，第278～279 页。
② 《钦定大清会典事例》卷 542《兵部》。
③ 昭梿在其《啸亭杂录》卷 10 中对清代将军解释说："古有'伏波''楼船'诸将军名号，未有以将军为官名者。国初四方未定，多有以重臣佩诸将军印将劲旅屯戍者，后遂沿为满人总兵之名号。惟察哈尔、乌鲁木齐及天津水师称都统，余皆称为某处将军，秩一品视提督上。盛京初名内大臣，后亦改今名云。"第 329 页。
④ 定宜庄：《清代八旗驻防研究》，辽宁民族出版社，2003，第 121 页。

略将军、潘育龙绥远将军、杨捷昭武将军。至乾隆十八年（1753），乾隆帝厌其名近虚伪，乃皆裁革。①

作为绥远城驻防的八旗最高长官绥远城将军，在《清实录》《清史稿》《东华录》《清朝文献通考》等文献中对其称呼的使用也极不一致。为了在下文论述的方便，有必要对其相互关系做一梳理说明。

清廷在归化城最早设置将军与用兵准噶尔的关系密切，在康熙三十一年（1692）十月，清廷以西北用兵需要，命户部尚书马齐、兵部尚书索诺和，往勘归化城驻兵之地，而马齐等提出两个地方可以筑城驻兵，一为右卫，一为归化城西南浑津巴尔哈孙旧城基址。而归化城之浑津巴尔哈孙无城，右卫现有城，且近归化城，大宜驻兵。康熙帝下令在右卫城外建造官兵房屋，大军即行驻扎于此，"此满兵有事即行，不必授田，大臣官员宜给予口粮，马给草料，务使势力有余。至于绿旗官兵遇调用，则宣大绿旗兵在近，调发甚便"。② 于是授都统希福为建威将军，噶尔玛等为护军统领，令驻于右卫地方。虽然康熙帝本欲于归化城设置驻军，但因当时准噶尔兵锋甚锐，逼近京畿，军事行动频繁，而右卫有城，基础较好，故决定暂时驻扎于此。"此满兵有事即行，不必授田，大臣官员宜给予口粮"，可知康熙帝并未下决心在此地设置永久驻防。在此设置的建威将军因驻于右卫，因此也称右卫将军。

但是不久兵部又题奏，归化城乃总要之地，增戍之兵很多，应专设将军一员，总管归化城都统、副都统，训练官兵。如有当行事务，协同右卫将军而行。康熙也认为，归化地方，总管官兵整饬训练，关系甚重，因此命领侍卫内大臣伯费扬古为安北将军管理。③ 在归化城又设置了安北将军，此后因其驻在归化城，所以也称其为归化城将军，如康熙三十四年（1695）五月，康熙帝言"归化城将军费扬古处，前已有侍郎满丕前往，应令相机行事"④。八月又让议政大臣等传谕沙木巴戴青、墨尔根济农，值雨雪时，噶尔丹侵略其界亦未可定，宜简发其兵于诸处防守，远置塘

① 昭梿：《啸亭杂录》卷6《绿营虚衔》，第177页。
② 《清圣祖实录》卷157，康熙三十一年十月壬寅。
③ 《清圣祖实录》卷159，康熙三十二年四月庚戌。
④ 《清圣祖实录》卷167，康熙三十四年五月壬午。

哨，探听消息。"凡有动静，一面速报归化城将军，一面奏闻"。① 说明安北将军有时亦称归化城将军。

接着康熙帝又以右卫地方甚要，将军责任甚重，命费扬古为右卫将军，仍兼摄归化城将军事务。② 这样右卫建威将军和安北将军合二为一，成为后来绥远城将军的前身。康熙三十四年十一月，费扬古被授为抚远大将军出征漠北，此后安北将军之称再未见到记载，何时裁撤不清楚。③

乾隆二年（1737），根据议政王大臣会议的奏请，右卫建威将军移驻绥远城，此后称绥远城建威将军或绥远城将军，有时也称归化城将军，在乾隆五年至乾隆十四年担任绥远城建威将军补熙的称呼，最具代表性和最能说明问题，即下面行文中的称呼：

乾隆五年十月，大学士等议复，"绥远城将军补熙奏，绥远城已垦、未垦地亩，前后查报，数目不符，积年弊窦多端"。④

乾隆六年八月，"绥远城建威将军补熙奏称，绥远城驻防兵米，改为全云本色"。⑤

乾隆八年二月谕："向来山西巡抚，兼管提督事务，刘于义办理政务为有余，而整饬营伍，非其所长，著归化城将军补熙，暂行兼管。"⑥

而最终规定统一绥远城建威将军的称呼，是在乾隆二十六年（1761）时，军机大臣等奏，"查各省将军名号，皆按驻防处所编定，惟京口将军，向称镇海将军；绥远城将军，向称建威将军。今镇海将军之缺，既经裁汰，其建威将军，请嗣后于奏事行文，俱称绥远城将军，并请改铸印信颁给"。⑦ 此后绥远城建威将军之称不见记载，但称归化城将军仍有出现，尽管比较少见。

概而言之，右卫建威将军有时称右卫将军，安北将军有时亦称归化城

---

① 《清圣祖实录》卷168，康熙三十四年八月丙申。
② 《清圣祖实录》卷168，康熙三十四年八月癸巳。
③ 《清圣祖实录》卷231，康熙四十六年十月丙申，安北将军何时裁撤未见记载，应当在对准噶尔的军事行动告一段落时，西征大军撤回之后。
④ 《清高宗实录》卷129，乾隆五年十月己未。
⑤ 《清高宗实录》卷149，乾隆六年八月庚申。
⑥ 《清高宗实录》卷185，乾隆八年二月乙巳。
⑦ 《清高宗实录》卷633，乾隆二十六年三月丁卯。

将军，右卫建威将军移驻绥远城后称归化城将军、绥远城建威将军、绥远城将军、绥远将军，后来文本中亦有根据归绥的名字改为呼和浩特而将绥远城将军称为呼和浩特将军。

用图1、表1表示如下：

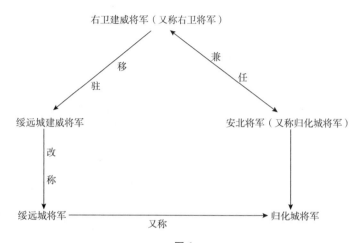

图1

表1　绥远城将军与右卫将军安北将军的关系

将军名称	设置时间	撤销时间	撤销原因	别称
右卫建威将军	康熙三十一年十二月	乾隆二年三月	移驻绥远城	右卫将军①
安北将军	康熙三十二年四月	康熙三十五年二月	出征②	归化城
绥远城建威将军	乾隆二年三月	乾隆二十六年三月	将军名号均按处所编订	归化城将军/绥远城将军/绥远将军

① 《绥远城驻防志》序中金启孮先生认为：右卫将军后又改称绥远城将军，那时还没有绥远城，右卫的绥远将军移驻这座新城时，就把这座新城因"绥远将军"之号，称作绥远城了。李克仁在其编注的《清将军衙署公文选注》（第2页）中也认为，绥远城兴建之初，山西右卫的建威将军即改为绥远将军。

② 一般认为费扬古被任命为抚远大将军在康熙三十五年二月出征漠北后，安北将军即撤销了，但在康熙四十六年十月丙申，有"先是建威将军兼理归化城将军事务宗室费扬固等疏言、归化城附近之处居住喇嘛所属人丁甚众请将伊等编作佐领、以便差遣奉旨、此事著蒙古都统苏满、前往会查确议具奏……"因安北将军有时称归化城将军，此时期归化城并无新置别的将军，由此判断这里归化城将军应仍是安北将军的别称，似可断定此时安北将军并未随费扬古的西征而废除。

续表

将军名称	设置时间	撤销时间	撤销原因	别称
绥远城将军	乾隆二十六年三月	民国三年	改称绥远将军	归化城将军①、绥远将军，后改称绥远都统；1928年改都统为主席

① 乾隆二十六年规定奏事行文有绥远城将军称呼以后，归化城将军这一称谓就很少使用。据史料记载：绥远城将军乌尔图那逊曾三次被任为绥远城将军，最后一次是在嘉庆三年春正月，以正蓝旗护军统领任为绥远城将军。未到任以前。以正蓝旗蒙古都统永庆署理。数月之间一直由永庆署理，乌尔图那逊没有实际莅任绥远城将军，直到嘉庆三年五月乙亥（5月12日），清廷实授永庆为绥远城将军，那么乌尔图那逊在此相应时间应去职。但是在嘉庆四年六月己亥，即四年六月十二日，"以归化城将军乌尔图纳逊为理藩院尚书兼镶白旗蒙古都统，调正红旗汉军副都统禄康为镶黄旗满洲副都统"。（《清仁宗实录》卷46，嘉庆三年五月乙亥）的记载，既然乌尔图那逊已不任绥远城将军，且嘉庆四年六月乌尔图纳逊并未被新任命为绥远城将军，那么归化城将军之说又从何而来？让人颇为费解。

第一章 绥远城驻防设置前漠南蒙古概况

本章主要介绍归化城土默特地区的自然地理条件及人文环境。其在历史上处于农耕文化和游牧文化的交会地带，是游牧民族进入中原的跳板之一，战略位置重要，历来是兵家必争之地。在明代后期此地成为漠南蒙古的政治、宗教、经济、文化中心。明末清初土默特部由于统治阶级的争权夺利而分崩离析，缺乏强有力的统治人物，加上佞佛使其兵力受到削弱，经济也处于衰弱状态，为左翼察哈尔所破。至皇太极亲征察哈尔时，土默特部首领顺义王俄木布等率众来投，皇太极命其仍领部众，驻牧原地，后来清太宗利用其和明朝特殊的通贡贸易关系，让其成为明清之间贸易的中介，以此缓解后金的经济困窘。《满文老档》和《太宗实录》中多次记载皇太极遣人赴归化城进行贸易的情况。后以毛羊事件为契机剥夺了土默特贵族对其属民的领有权，将其部众编为两旗，由清廷直接管辖。清廷对土默特的特殊政策，与当时清朝的国情和明、清对峙局势密切相关。[①]

第一节 漠南归化城地区在历史上的战略地位

一 明中期以前归化城地区的历史演变

明清之际，蒙古族形成了漠南内蒙古、漠北喀尔喀蒙古和漠西厄鲁特蒙古三大部。其中漠南内蒙古在清朝尚未入关之前即为清朝所征服，清军入主中原，内蒙古成为清朝的藩属。归化城所处的地点正是漠南蒙古的中心位置，即建在大青山南麓平坦开阔的土默川平原上，这里处在东通京师，西去河套，北扼大青山隘口，南渡黄河的交通要道上，人们称此地东控北平，西连甘肃，南为山西之门户，北扼蒙古之咽喉，四冲之要地也，是传统的中原农耕区和蒙古游牧区的交会之地，因明清时代为蒙古族土默

---

① 参见达力扎布《漠南蒙古历史研究》，内蒙古文化出版社，1997。

特部居住地而得名。今天的土默特平原又称前套平原或呼和浩特平原，位于内蒙古自治区中南部。西起包头市郊区东乌不拉沟口，东至蛮汉山，北靠大青山，南濒黄河及和林格尔黄土丘陵。东西长约 330 公里，南北窄，西部平均宽 19 公里，东部宽达 200 多公里，总面积约 1 万平方公里，系由黄河及其支流大黑河冲积而成。地势西、北、东三面向南倾斜，海拔1000 米左右，最低处在黄河沿岸一带。整个平原地势平坦，气候条件适宜，土壤肥沃，水源丰富。特殊的地理位置和优越的自然地理条件决定了其可耕可牧，可战可守，战略位置极为重要，历来是游牧民族与中原王朝的必争之地，这种争夺可以追溯到先秦战国时代。

战国中后期，在阴山山脉以南的河套地区生活着游牧部落匈奴、东胡、林胡和楼烦等游牧民族，不时南下劫掠农耕地区，秦、赵、燕三国常受其侵扰。面对精于骑射、来去飘忽的游牧民族，"战国七雄"之一的赵国国君赵武灵王采用"胡服骑射"的方式，打败了林胡、楼烦等北方游牧民族，解除其对赵国的威胁。并在其故地设立了云中郡，开始在其处筑城戍兵，沿阴山山脉向西修筑长城，以防游牧民族南下。秦汉之际，匈奴勃兴，在其首领冒顿单于的领导下，"西击走月氏，南并楼烦、白羊河南王。悉复收秦所使蒙恬所夺匈奴地者，与汉关故河南塞，至朝那、肤施，遂侵燕、代"。[1] 控制了中国北部、东北部和西北部的广大地区，拥有骑兵三十余万，实力十分强大。公元前 201 年（汉高祖六年）匈奴单于冒顿发兵南下围攻马邑，次年攻晋阳（太原），为了解除来自匈奴的威胁，汉高祖刘邦亲率大军 30 万迎击匈奴，结果被围困于平城白登山（山西大同南）七天七夜。高祖采纳陈平之计以财物贿赂匈奴单于阏氏才得以脱险。此后，汉朝对匈奴采取"和亲政策"，以消除北部边患。汉武帝时，随着汉朝经济的恢复，反击匈奴贵族的条件成熟，开始对匈奴采取强大攻势，汉武帝派卫青等数次出击匈奴，大败匈奴，匈奴力量得到极大削弱，被迫西迁，"是后匈奴远遁，而幕南无王廷"。[2] 西汉占有漠南，设置朔方郡、五原郡等，派兵屯垦和发戍卒进行开垦。

---

[1] （汉）司马迁：《史记》卷 110《匈奴列传第五十》，中华书局，1959。
[2] （汉）班固：《汉书》卷 94《匈奴传》，中华书局，1962。

东汉末至隋朝统一的 300 余年里，这一地区成为各民族政权你方唱罢我登场的大舞台，先后为匈奴、鲜卑、柔然、突厥等游牧民族所占有。在此期间不断与中原王朝争战，不时南下威胁中原王朝的统治。隋朝占有漠南后，把这一地区划归榆林郡管辖，不久又复为突厥占据。唐太宗讨平突厥之乱，设单于督护府来管辖，唐中宗景龙二年（708），唐王朝在今呼和浩特周围地区设立了东、中、西三个"受降城"，进行屯垦。五代以后，宋朝在夺取幽云十六州失败后，积贫积弱，始终未能把漠南地区收入版图。而兴起于北方的少数民族政权辽、金、元均在此地设置州县进行管辖，各民族间交易频繁。迨至元帝撤出大都，在明军的压力下，退回漠北，明朝占据漠南，在此设立丰州、云内州和东胜卫、宣德卫、玉林卫等。至正统年间，蒙古渐强，迫于蒙古的压力，明代卫所均迁入内地，土默特复为蒙古所据。1715 年，达延汗统一蒙古诸部，分封其子为各部首领，并世袭。达延汗死后，蒙古又重新陷入分裂。而以驻牧于土默特平原的俺答汗最为强大，雄于诸部。

二　明中后期归化城地区的发展

达延汗统一蒙古诸部后，进行社会政治改革，废除经常威胁汗权的太师和丞相职位，结束了他们专横擅权的历史，恢复蒙古传统的济农制，将蒙古地区重新划分为六个万户，分左右两翼，左翼三万户由大汗直接领有，右翼三万户由巴尔斯博罗特济农管辖。右翼三万户的巴尔斯博罗特济农死后，其领地、属民等为儿子们瓜分。后来，在不断的兼并整合中，巴尔斯博罗特济农的二子俺答汗实力最强，统率土默特万户，并逐渐控制了右翼三万户。俺答汗带领土默特部众驻扎"大同边外，大青山、昭君墓、丰州滩"[①] 之地，也就是今日呼和浩特为中心的一带地区。俺答汗统治时期是归化城地区历史发展的重要时期，并使这一地区渐成为漠南蒙古政治、经济、文化中心。

俺答汗率领土默特部由开平北面草原移驻牧丰州滩以后，利用这里的优越自然地理条件，发展畜牧业、手工业和农业。为解决部属的粮食问

---

① （明）肖达亨：《北虏风俗》，黑龙江人民出版社，1979。

题，俺答汗让战争掳掠来的汉人在丰州地区从事农耕，不仅如此，还对明朝的农民等采取招揽政策，对来投的人给予安置，让其耕种粮食和蔬菜，因丰州田土膏腴，雨雪常调，河流纵横，麦谷可种。农业得到一定程度发展，"开田丰州地万顷，连村数百"。① 形成了有名的大板升城。其次，俺答汗还利用汉族的工匠从事手工业的制作，如木匠、画匠、铁匠等，但是人数很少，主要用于建寺庙。主要的消费需求仍需从内地获得，这是由于游牧经济的单一性决定的，游牧经济不能生产其所需的全部产品，决定了其必须和外部进行交换。尽管俺答汗利用北迁的汉人开垦牧地，制作手工业品，但生产力低下，产量不高，远远不能满足牧民的衣食生活需要。明人记载当时蒙古的情形是"锅釜针线之具，缯絮米药之用，咸仰给汉"。② 但在明蒙处于对峙状态，明廷禁止"以牛羊易粟豆"，禁止蒙汉交易，造成土默特平原上的蒙古牧民"视汉一尺布如锦绣，一斗粟如珍珠"的景象。俺答汗为与明朝互市贸易，多次请求通贡，甚至不惜采取军事掠夺的方式。经过俺答汗的不懈努力，明蒙最终实现了和平互市。明朝在张家口、大同等地先后开设了十三处马市，定期互市。但每年明朝给蒙古贵族的"市赏"，成为明朝沉重的经济负担。蒙古部通过互市获得中原地区的粮食、布匹、茶叶以及铁锅等生活物品，明朝边境也得以安宁。③ 在这样的背景下，俺答汗创建了归化城。目的是要仿忽必烈建造大都城，除此之外，还为内地来蒙的商人建立开展贸易的场所，如俺答汗自己所说"每年春秋二季，（明）军民出边，在我城内交易粮食"④，使之成为明蒙贸易的中心。这座城建成后，明万历帝赐名为"归化"，归化城的兴建对后来这一地区的发展影响深远。此外，俺答汗在其晚年还将藏传佛教的格鲁派引入蒙古，促进了蒙藏之间的经济文化交流。

总之，俺答汗以此地为基地，惨淡经营，建立起强大的威震蒙古诸部的游牧帝国，其驻牧地东至独石、三间房；西至黄河丰州滩、昭君墓、威

---

① 瞿九思：《万历武功录》卷 8《俺答列传下》，中华书局影印本，1962。
② 瞿九思：《万历武功录》卷 8《俺答列传》，中华书局影印本，1962。
③ 对于明蒙双方互市之后，边境的和平景象及土默特各项事业的发展，前人论述颇多。
④ 郑洛：《抚夷纪略·答虏王求新城开市及不治通事罪》，载《名臣宁攘要编》，转引自杨绍猷《俺答汗评传》，中国社会科学出版社，1992，第 43 页。

宁海、九十九泉；南至明朝的长城边界，在山西宣府、大同边外；北至大青山等处。[①]并且通过与明朝互市等经济手段，使土默特部富冠蒙古，成就了俺答汗的霸业。

三　明末清初归化城中心地位的加强

俺答汗在明万历九年（1581 年）去世以后，土默特部在三娘子的主持下，继续与明朝保持和平通贡互市的关系，并没有因俺答汗的去世而中断，一直至明朝末年。明朝与蒙古的交易主要在长城沿线的各边口，但可以肯定的是归化城的商业也得到了迅速的发展，并且出现了很多坐商。明末路过此地的俄国使者巴依柯夫所看到归化城的商业情况如下："城的街道很宽大。小卖店是石头造的，后面修筑了庭院。小卖店像俄国那样挂着幌子。（商品）交易以银两计算。他们的一两重十索罗特，按我们的重量算是九索罗特。买小东西以茶计算，一两茶合十四别契。小卖店的中国商品，都是中国制造的各种颜色的缎子、棉布，还有许多各种颜色的绢。他们那里有很多铁和铜。"[②]可见当时归化城的商店已经很多，交易的商品主要是来自中原内地的茶、布、绢等，已具有商业都市的性质。不仅如此，归化城还成为其他地区蒙古部落的贸易地。"每年，卫拉特蒙古和喀尔喀蒙古都有大批的商队到呼和浩特进行贸易"[③]，这表明明末漠南与中原的贸易，不仅满足本部落的需要，还部分供应漠北喀尔喀和漠西厄鲁特的需要。这种情况一直到清初，都没有大的改变。

虽然土默特部的经济得到发展，但是俺答汗去世后，土默特部再也没有出现像俺答汗一样的领军人物。特别是俺答汗四世孙博硕克图即位顺义王后，土默特部更是分崩离析，"五六年间部落自相仇杀，盗贼并兴，水草枯落，遂至衰弱"。[④]而左翼部蒙古宗主林丹汗逐渐强大，为挽回日趋衰退的大汗权威，开始采取武力统一的政策。他首先从左翼部落入手进行

---

① 〔日〕和田清：《明代蒙古史论集》（下），潘世宪译，商务印书馆，1984，第598～633页。

② 〔日〕森川哲雄：《十七世纪前半叶的归化城》，《蒙古学资料与情报》1985年第3、4期，第18页。

③ 戴学稷：《呼和浩特简史》，中华书局，1981，第39页。

④ 《大清一统志》卷483，光绪丁酉夏，杭州简齐石印。

统一。但是此时辽东兴起了后金政权，成为察哈尔统一左翼的障碍，科尔沁蒙古与后金结成军事联盟，共同对抗察哈尔。察哈尔部林丹汗的兼并政策不得人心，反而使一些蒙古部落投奔后金，使自己在辽东地区陷入孤立，被迫西迁。① 林丹汗在西迁过程中，利用右翼蒙古部落力量薄弱之机，兼并诸部，占有其地。

林丹汗占据右翼以后，不仅可以得到明朝的市赏，还得到了当地农业经济的支持，从而增强了自己的经济力量；林丹汗在击败右翼部落占据了土默特地区后，他并没有像后来的后金军队那样，将板升烧绝，将归化城抢劫一空，而是维持了归化城的社会秩序。通过兼并土默特等部，既增强了军事力量，又提高军事威信。利用归化城地区的地理优势，向东可再次返回故地招抚旧部，对抗后金；向西可退守青海；向南靠近大同可得明朝市赏，以此为基地经营蒙古诸部，条件得天独厚。只是后金并没有给察哈尔喘息和经营这一地区的时间，一次次西征，不灭察哈尔决不罢休，历史最终没有成就林丹汗。而后金在击败察哈尔，占据归化城后，马上利用归化城土默特与明朝的特殊关系，开展与明朝的互市，获取市赏，以缓解后金在明朝封锁下所造成的经济困窘。②

四　归化城地理位置的重要性分析

归化城所处的土默特地区位于阴山以南，此地幅员辽阔，沃野千里，水草丰美，是理想的牧场，又是北方游牧民族进入中原地区的重要跳板和孔道，以此为根据地，可逼视中原。而当中原王朝强大之时，则把此地作为防御北方游牧民族的前哨，在此设立郡县，建筑城垣，驻兵屯垦，移民开发，可使边境安宁。因此中原王朝与游牧政权之间对这一地区反复争夺，正体现了这一地区的重要性。元室北撤，漠南为明所有，设置开平、东胜、官山、云川等卫所，屯田戍兵，边境安宁，及至正统年间，蒙古复强，重驻漠南游牧，明代卫所内移，长城为防御蒙古的前线。自此以后，边境无宁日，先后发生了"土木堡之变""庚戌之变"，蒙古骑兵可以从

---

① 达力扎布：《有关察哈尔部西迁的若干问题》，《清史研究》1997 年第 4 期。
② 达力扎布：《清初对右翼三万户的政策》，《社会科学辑刊》1997 年第 6 期，第 258 页。

驻牧地长驱直入明朝境内，由大同南下，破雁门关直捣太原。向东南下，经怀柔、顺义可达京城，对京师威胁极大。正如《钦定蒙古王公功绩表传》卷12中所说："考今蒙古诸部，其人率元之部族，其地则辽之故疆，自辽初上溯于汉初，攻伐之事未尝绝；自元末下迄于明末，攻伐之事亦未尝绝。"① 清代吸取明失去漠南后，以修筑长城为防御手段而付出沉重的教训。改变消极防御的政策而以蒙古为屏藩，牢牢控制这一重要地区。

可以说这一地区辽金因之以蹂躏中原，雄踞黄河以北；俺答汗据此，威逼明朝，成就霸业；清朝入关，亦以收服内蒙古各部为前提。从历史的角度看，中原王朝在此地的进退，成为国力盛衰的标志，其重要性是由其独特的自然地理条件决定的。

第二节　明、后金、察哈尔的三方态势与清太宗统一漠南

元朝退出中原后，曾企图重新恢复对中原地区的统治。而明朝统治者也一再北伐，仅明成祖就"五出漠北，三犁虏庭"，但都未彻底征服蒙古，永乐以后双方进入相持状态。而在明朝威胁解除的时候，蒙古统治阶级内部发生了争权夺利的斗争，黄金家族的权威遭到挑战，异姓贵族争权，内部一片混乱。其间虽然经历了达延汗的短暂统一，即成吉思汗第十五世孙达延汗在皇后满都海的帮助下重新统一了蒙古诸部。他对自己的子孙实行分封，把蒙古划为六万户，分左右两翼，左翼为蒙古大汗本部，由其长子图鲁博罗特支系子孙继承汗位；右翼为达延汗第三子巴尔斯博罗特的后裔统率，居蒙古西部，至巴尔斯博罗特的次子俺答汗时，右翼势力强大，迫使左翼由原来宣府塞外的驻牧地东迁到兴安岭的西拉木伦河流域。史载"打来孙始驻牧宣塞外，俺答方强，惧为所并，乃徙帐于辽"②。漠北喀尔喀蒙古为达延汗末子格埒森札札赉尔的封地，格埒森札札赉尔又将其封地分给自己的七个儿子，形成了后来的喀尔喀七旗，明末清初形成土谢图、

① 《四库全书总目提要》卷58《史部十四·传记类二》，《钦定蒙古王公功绩表传》卷12。
② （清）张廷玉等撰《明史》卷327《鞑靼传》，中华书局，1974。

札萨克、车臣三汗部和赛因诺言部鼎立的格局。达延汗的分封措施一方面巩固了黄金家族的统治；另一方面也为汗国的分裂埋下了伏笔。达延汗死后，蒙古重新陷入分裂割据的状态，出现四十几个独立的领地，其中右翼三万户的俺答汗最为强大。"酋惟俺答为雄，其分住宣府境外，把都、辛爱等五部，皆其亲支子弟。一有煽动，即为门庭燃眉之灾。视吉囊三子，散处河西僻隅者，不可同语，故今之制驭诸夷，要在此一酋而已"。①

正当明朝政府内部宦官专权，政治腐败，外部农民起义风起云涌，统治处在风雨飘摇之时，居住于我国东北松花江和黑龙江流域的女真人开始崛起，曾历任明朝地方官建州左卫指挥使的努尔哈赤，在万历十一年（1583）以报父、祖之仇为名，以父、祖所遗十三副盔甲召集部人起兵，开始统一女真各部的战争。万历四十四年（1616），努尔哈赤在赫图阿拉建立后金政权，建元"天命"，公开反明。天命十一年（1626 年，明天启六年）努尔哈赤病死，其八子皇太极继位，改元"天聪"，天聪十年（1636 年，明崇祯九年）皇太极改女真为满洲，改国号为大清，标志着满族正式形成。从努尔哈赤建立后金政权起，就积极为入主中原而努力，他说"天地间，国不一也，岂有使大国独存，令小国皆没耶？""不要幻想汉人政权是永久的，我是暂时的"；"大而变小，小而成大，古来兴亡变迁之道"；"南京、北京、汴京，本非一人所居之地，乃女真、汉人轮流居住之地"。② 体现了他的立国之道和入主中原的政治抱负。然而，对于刚刚兴起的地方小政权，首先面临的是解除周边敌人的威胁，努尔哈赤针对当时女真"各部蜂起，皆称王争长，互相战杀，甚且骨肉相残，强凌弱，众暴寡"③ 的形势，实行"招徕各路，归附益众，环境诸国，有逆命者，皆削平之"④ 的政策，国势日盛，明亦遣使通好，岁以金币聘问。后金政权的壮大和他的统一战争，首先遭到了其邻边部落的仇视。扈伦四部、科尔

---

① 《明世宗实录》卷374，嘉靖三十六年六月壬戌。
② 《重译满文老档》卷41，李林译，清太祖天命七年四月，清初史料丛刊本，辽宁大学历史系刊印，1978。
③ 《满洲实录》卷1，《长白山》（缩微版），全国图书馆文献缩微中心，2003。
④ 《清太祖实录》卷2，戊子年（1593）四月。

沁蒙古朱舍哩、纳殷等组成九部联军，"九国兵马，汇聚一处，分三路而来"① 向后金大举进攻，准备一举消灭后金政权，然而事与愿违，九国联军反而被努尔哈赤挥师击溃，纳殷等部被后金兼并。此后努尔哈赤采取远交近攻的策略，不断兼并附近部落，并对漠南蒙古采用军事斗争与抚绥手段并用的策略，利用蒙古各部之间的矛盾，争取漠南蒙古的归附。漠南蒙古最早归附后金的是地缘较近的蒙古科尔沁部和喀尔喀部。努尔哈赤对漠南蒙古的不断蚕食，引起了蒙古宗主大汗的极度警惕，当时蒙古名义上的宗主大汗是察哈尔部的林丹汗，虽然林丹汗是宗主大汗，但大汗权威已经一落千丈，在蒙古诸部中已经没有多大的号召力，林丹汗企图凭借自己的"士马强盛"，重新统一蒙古各部，但是他迷恋于武力统一，"从者收之，拒者被杀"②。遭到漠南蒙古各部的强烈不满和反对。

当时在中国北方形成了明、后金、察哈尔三个民族政权博弈的态势，对后金来说，要取得对明战争的优势，入主中原，必须取得和漠南蒙古联盟，以增强自己的力量。因此努尔哈赤密切关注西边蒙古诸部之间的风云变化，寻找时机，兼并蒙古。努尔哈赤曾具真知灼见地把漠南蒙古诸部的关系比作天上的云，"蒙古之人，犹此云然，云合则致雨，蒙古部落和则成兵，其散犹如云收而雨止也。俟其散时，我当蹑而取之耳。"③ 对蒙古宗主大汗的林丹汗而言，不断蚕食漠南蒙古诸部的后金，和自己统一蒙古诸部的目标针锋相对，这是不可调和的矛盾，对自己的威胁更大，于是，林丹汗采取了联明抗金的战略，一方面可以从明朝那里获得巨大的经济利益，充实自己的力量；另一方面可以抵制后金的兼并，同时完成自己统一蒙古的大业。天命四年（1619）十一月，林丹汗赍书给努尔哈赤说："汝数苦明国"，"吾将牵制汝"。④ 从明朝方面来看，国内阶级矛盾尖锐，宦官专权，政治腐败，天灾人祸，民不聊生，农民起义此起彼伏，令统治者

① 《满洲实录》卷2，癸巳年九月。
② 《清太宗实录》卷5，天聪三年三月戊午。
③ 《清太祖实录》卷8，天命八年五月乙未。
④ 《清太祖实录》卷6，天命四年十月辛未，蒙古国察哈尔林丹汗及喀尔喀五部落众贝勒遣使来。林丹汗使臣康喀儿拜虎所赍书曰：统四十万众蒙古国主巴图鲁成吉思汗、问水滨三万人满洲国主英明皇帝、安宁无恙耶。明与吾二国、仇雠也。闻自午年来、汝数苦明国。今年夏，我已亲往明之广宁，招抚其城，收其贡赋，倘汝兵往广宁，吾将牵制汝。

镇压不暇。明朝对蒙古采取"今日大势,用虏则安,不用虏则危","止有用虏一着,舍此无术矣"。① 所以,面对后金的崛起,采取"以西虏制东夷"的策略。一边加强辽东的防卫,同时采取支持林丹汗以牵制后金的策略,给予其大量的"市赏";另一方面亦避免两面受敌,既防止林丹汗的侵扰,又可以牵制后金。由于林丹汗有"宋康武乙之暴",采用武力统一的策略,"从者养之,拒者杀之"②,在喀尔喀部被后金击溃之时,林丹汗不采取措施给予援助,反而趁机兼并其部,这使其他各部心怀畏惧,担心为察哈尔所并,林丹汗的武力统一政策,不但没有达到预期目的,反而使本来独立的漠南蒙古诸部落,转而投靠了后金,使自己陷入了孤立无援的境地,面对后金的压力不得不向西迁移。尽管漠南蒙古的很多部落都已经归附了后金,但在漠南仍然存在着一个名义上并且有和自己一样要收服蒙古各部雄心的蒙古大汗,这无疑对后金既有现实的威胁又有心理上的压力。因此,皇太极继位之后,首先就要排除察哈尔林丹汗这个障碍。

察哈尔的敖汉、奈曼两部东投后金以后,察哈尔汗廷直接暴露在后金的兵锋之下,察哈尔林丹汗为了避免后金的直接攻击,被迫西迁,在西迁的过程中征服了右翼三部土默特、永谢布和鄂尔多斯。天聪二年(1628年,明崇祯元年)九月,皇太极亲率蒙古各部联军出征林丹汗,准备对林丹汗发动一次毁灭性的打击,但因科尔沁部奥巴的失约而破产。③ 林丹汗为了躲避后金的威胁,被迫西迁,而此时的右翼诸部是各部落之间为互征属民和财物自相仇杀,甚至为"市赏"分配而大动干戈,加上佞佛,渐至衰弱,为林丹汗所攻破,或远走逃避,或为林丹汗所并。林丹汗据有右翼部落的牧地,并获得明朝给予右翼的"市赏"。后金并不给林丹汗休养生息的机会,天聪六年(1632年,明崇祯五年),皇太极再次同蒙古各部联军远征林丹汗。后金军队"有精骑五六万,即红衣大炮亦装载十余具随行,声势甚重"④,察哈尔林丹汗欲拒战,而所部解体,不得已,林丹汗

---

① 王象乾:《请发帑金以充抚赏疏》,《皇朝经世文编》卷463,第5083页。
② 中国第一历史档案馆、中国社会科学院历史研究所译编《满文老档》下册,中华书局,1990,第808页。
③ 达力扎布:《明代漠南蒙古历史研究》,内蒙古文化出版社,1997,第294~303页。
④ 王灵皋辑录《崇祯长编》卷61,全国图书馆文献缩微中心,2003。

"遍谕部众，弃本土西奔，遣人赴归化城，驱富民及牲畜尽渡黄河，察哈尔国人仓卒逃遁，一切辎重皆委之而去"①。后金军队至归化城地区，"烧绝板升"②，仅有几座召庙幸免于难。林丹汗西走至青海大草滩病死，所部溃散。天聪九年（1635 年，明崇祯八年）二月，皇太极命其弟多尔衮等人率军西渡黄河征讨林丹汗余部，林丹汗部众纷纷归附，林丹汗妻及子额哲也都无奈归降，并献上象征正统汗权的传国玉玺。右翼三万户各部落也先后归附后金。至此，整个漠南蒙古基本为后金所有，后金尽服内蒙古。

第三节　皇太极时期对归化城土默特部的统治政策

皇太极在收服右翼三万户之后，采取了和左翼部落不同的政策。③ 鄂尔多斯及喀喇沁与本书关系不大，不做论述。其中对土默特的政策，可以分做三个方面。

一　剥夺黄金家族后裔的权力

归化城土默特投附后金以后，皇太极命顺义王子俄木布，仍住牧原地，领有其原来部众。天聪九年（1635），后金命和硕墨尔根戴青贝勒多尔衮、贝勒岳托、萨哈廉、豪格等征察哈尔。收服察哈尔额哲后，即往抄略明山西一带地方。贝勒岳托因脚病留守归化城，恰在此期间发生了俄木布事件，具体过程《清实录》记载如下：

> 方三贝勒入边后，贝勒岳托驻守归化城，有土默特人密告，言博硕克图之子遣人往阿禄部落喀尔喀处，还时，必有与之同来者。岳托因遣阿尔津、吴巴海、喀木戚哈、尼堪四人候于途。阿禄喀尔喀百

---

① 《清太宗实录》卷之 11，"天聪六年四月乙酉。是夜，镶黄旗固山额真额驸达尔哈家旧蒙古二人盗良马六匹，潜奔蒙古察哈尔国，告以满洲已举大兵无数，来征汝国，我等从军至哈纳崖，先逃来（报信）。"
② 王灵皋辑录《崇祯长编》卷 61，全国图书馆文献缩微中心，2003。
③ 参见达力扎布《清初对蒙古右翼三万户的政策及其背景》，《社会科学辑刊》1997 年第 6 期。

人，明使者四人，果与博硕克图子所遣人同至。时博硕克图子乳母之
夫毛罕密遣人告喀尔喀人云，满洲兵在此，汝等当回。阿禄喀尔喀人
闻信遂还。阿尔津、吴巴海、喀木戚哈、尼堪等兵追及之，擒毛罕所
遣十人及明使四人，获骆驼五十，马四十六，貂皮四百有奇。又得乌
朱穆秦部落贸易人四十六名，骆驼三十七，马一百有八，貂皮二百二
十。初，毛罕私称博硕克图之子为西土根汗，自称为吴尔隆额齐克
达尔汉贝勒，称其妻为太布精，称阿南为杜棱台吉，其扎木苏等皆
命以名。又杀害来归我国之察哈尔石喇祁他特、吴班札尔固齐、祁
他特台吉。又与明沙河堡参将通谋，称明国为一路，喀尔喀为一
路，土默特为一路。因遣人往喀尔喀，为土默特人密告，事觉，斩
毛罕并其党羽。以阿禄部民与喀尔喀人同谋藏匿马驼，遣土默特人
往剿之。分土默特壮丁三千三百七十名为十队，每队以官二员主
之，授以条约。①

　　岳托以此为口实，将毛罕杀死，俄木布带回沈阳，剥夺了其对土
默特属民的领有权，将其部众编为两旗，由清廷直接任命的古禄格和
杭高管理。清廷对土默特的特殊政策，与当时清朝的国情和明、清对
峙局势密切相关。自从察哈尔林丹汗西迁，收服右翼三万户，占其市
口，夺其"市赏"，土默特部经济生活受到很大的影响。在后金来征
时，林丹汗又驱归化城富民及牲畜渡黄河西奔，土默特部众或避于套
内或逃散布于山谷间，后金军队占领归化城，进行大肆抢掠，又烧绝
板升，使归化城遭受了极大的破坏，战乱之中土默特部的生活不免窘
迫，迫切需要与明朝的互市或获取市赏以解决生计问题。漠北喀尔喀
有利用归化城和明朝进行贸易的传统，所以毛罕这时约明朝和喀尔喀
在归化城进行贸易，应该是很正常的事情。但是后金却把这种贸易事

---

① 《清太宗实录》卷24，天聪九年八月庚辰。《内国史院档》所记相同。对于这次
"叛乱"，日本学者森川哲雄认为毛罕企图与明朝和外蒙接触并不是为了反叛后金，
而是为了在归化城与外蒙及明朝进行贸易。鉴于归化城是内蒙古最重要的地方，为
了加强监督，清政府在这里不设札萨克，而由统治者保留都统地位。与内蒙古其他
王公区别对待。《十七世纪前半叶的归化城》，《蒙古学资料与情报》1985年第3、
4期。

件看作对后金的反叛。岳托把俄木布带回盛京，且被废爵，但仍受到皇太极的礼遇，[①] 在清崇德元年（1636）十一月十五日赏赐归化城土默特部及鄂尔多斯部人时，还受到虎皮端罩三件，貂皮端罩三件，银十两的赏赐。[②] 崇德元年七月，皇太极命来进贡的土默特部落古禄格楚虎尔，把博硕克图汗子及博硕克图汗顺义王印带回。[③] 崇德三年六月，皇太极对土默特部进行编旗设佐，"以其众编立旗，分牛录，设立固山额真、梅勒章京、牛录章京，仍依品级各授以世职"。[④] 这一事件之后，黄金家族就丧失了对土默特的领有权，降为普通的庶民。

二　对土默特部进行编旗设佐

自俺答汗之后，黄教在土默特部有相当程度的发展，而政治则无足称述，被察哈尔林丹汗所击败，附属于察哈尔部。天聪六年（1632）皇太极及蒙古联军征讨察哈尔，林丹汗率部远避黄河河套，后西迁青海。土默特部众战乱中逃散山谷之中，并未追随林丹汗西迁。天聪八年五月，皇太极又亲率大兵往征明朝山西大同一带，兼收察哈尔来降之部众。土默特部顺义王博硕克图汗子俄木布收集逃散的部众来降，皇太极命其仍住其地游牧[⑤]，并恢复其顺义王爵。原系土默特部落博硕克图汗属下的土默特部落古禄格、杭高、陶虎、图美、多尔济、特济、拜都喇、大诺尔布、小诺尔布等22人，也未从林丹汗西迁，逃散居于山谷中。皇太极遣额尔德尼达尔汉喇嘛招抚其溃散之民，于是也都率领部属降于后金。漠南蒙古的四子部落、茂明安、鄂尔多斯、乌拉特等部也陆续归附后金。天聪十年（1636），漠南蒙古十六部四十九旗贝勒，及满汉文武百官共上皇太极"博格达·彻辰汗"尊号，皇太极改元崇德，改国号为清。后金将自己的八旗制度，推广于新征服的少数民族。清于崇德三年六月，正式在归化城土默特编设牛录，设立左、右翼二旗，以原俺答子孙的属民古禄格、杭高

---

① 参见达力扎布《明代漠南蒙古历史研究》，内蒙古文化出版社，1997。
② 《清初内国史院满文档案译编》上册，光明日报出版社，1989，第210页。
③ 《清太宗实录》卷30，崇德元年七月乙丑。
④ 《清太宗实录》卷42，崇德三年六月庚申。
⑤ "令鄂尔多斯济农收其部众，博硕克图汗之子集土默特部落人，各驻于移营处"。《清初内国史院满文档案译编》上册，天聪八年闰八月初九日，第103页。

二人为固山额真，统领二旗。①《清初内国史院满文档案译编》记载："土默特部落博硕克图汗所属，后察哈尔征服之，遂为察哈尔所属。及察哈尔汗为朕所败，奔唐古特部落时，而古禄格未随之去，留而散居山谷间，朕遣额尔德尼达尔汉喇嘛，尔收其溃散之民来降，以尔所收之民，编为旗分，授尔为固山额真，封为一等梅勒章京，准再袭十次。"②《清太宗实录》记载崇德三年六月土默特设旗时说："以其众编立旗分牛录，设固山额真、梅勒章京、牛录章京，仍依品级授世职。"③

后金收服漠南，起到了至少以下几点作用，一、开拓了兵源，清军入关时即有大批蒙古诸部兵的"从龙入关"。二、解除了入主中原的后顾之忧，避免腹背受敌。④ 三、开辟了新的攻明地点，后金与明在辽东的宁远进入相持状态，正面南下受阻，采取迂回战略，先服内蒙古，再由漠南蒙古所在的长城边口入关。⑤ 四、使明朝的战线拉长，不再限于东北一隅，而是整个北方，改变了后金和明朝的力量对比。⑥ 这种战线的形成，对处于防御状态的明朝极为不利。

---

① 中国历史档案馆译编《清初内国史院满文档案译编》上册，第 321 页。对于后金土默特编旗的时间，史料记载不一，《清皇朝文献通考》卷 184 记："太宗文皇帝亲征察哈尔，驻跸归化城，其部众悉降，九年以贝勒岳托驻守归化城。崇德元年编为二旗，即以其长古禄格为左翼都统，杭高为右翼都统，并世袭。"《清太宗实录》卷 42，崇德三年六月庚申条记："先是，土默特部落古禄格、杭古、陶虎图美多尔济、特济、拜都喇大诺尔布、小诺尔布等二十二人。原系土默特部落博硕克图汗所属，后察哈尔征服之，遂为察哈尔所属。及察哈尔汗逃奔汤古忒国，古禄格等遂散居山谷间。我国遣额尔德尼达尔汉喇嘛收其溃散之民，遂来降。至是以其众编立旗分牛录，设固山额真、梅勒章京、牛录章京，仍依品级，各授以世职。"《蒙古游牧记》卷 2 记载：土默特部"阿尔坦汗四传至博硕克图汗。博硕克图汗卒，林丹汗袭有其众。天聪六年，大军征察哈尔，林丹汗西奔唐古特。博硕克图子俄木布，及其头目古禄格、杭高、讬博克等集众降。俄木布寻以病废。崇德元年所属为二旗，不设扎萨克"。高赓恩纂《土默特旗志》卷 2《源流》中也将土默特编旗的年份定为崇德元年。笔者依据《清初内国史院满文档案译编》中的记载，定为崇德三年，相关文章参见达力扎布先生文章中所记。
② 中国第一历史档案馆编《清初内国史院满文档案译编》上册，第 321 页。
③ 《清太宗实录》卷 42，崇德三年六月庚申。
④ 察哈尔部的存在不但对后金统治归附蒙古各部不利，而且对其南征明朝也是一个后顾之忧。参见达力扎布《明代漠南蒙古历史研究》，第 307 页。
⑤ 《清太宗实录》卷 18，天聪八年五月丙申，"上问诸贝勒大臣。征明当由何路进兵。贝勒大臣俱以宜从山海关大路而入对。上曰，诸贝勒大臣所议，未协军机，今我大军宜直抵宣大。"
⑥ 达力扎布：《明代漠南蒙古历史研究》，第 336 页。

三　利用其与明朝互市

在明清对抗中，明朝采取对后金进行经济封锁的政策，防止汉地物资进入女真地区，禁止沿边对女真的贸易，这使处于农耕经济不发达的后金在布帛粮食等方面陷入困境，在与明朝的战争中掳掠也很有限。蒙古右翼三万户特别是土默特部，在俺答汗以来就与明朝进行互市，以顺义王的名义从明朝获得大量"市赏"，所以当后金收服土默特部以后，即利用土默特部顺义王的名义与明朝进行贸易，为了解决后金经济上的困窘，清廷也不让土默特部参加征明的战争，以保证与明朝互市贸易的顺利进行。[1]

后金对归化城的贸易非常重视，多次遣使去归化城及附近贸易，让其成为明清之间贸易的中介。《满文老档》和《太宗实录》中多次记载皇太极遣人赴归化城进行贸易的情况：

崇德二年（1637）六月，"命阿尔津为帅，偕俄莫克图、谭拜、谭台柱、孟库鲁、喇玛、尼堪、翁阿岱、张屯等率商人百余及八家官员，携货往归化城贸易。"[2]

崇德三年三月，"命八家及公以下梅勒章京以上各出银两赴归化城贸易。"[3]

崇德三年，分别遣人往土默特归化城和鄂木布楚虎尔处贸易。六月，八家以银两万五千两、貂皮等物往土默特贸易，易得大量的蟒缎、布帛等物而归。[4] 后不久又遣额尔德尼达尔汉囊苏喇嘛等40人，"携黑貂皮一千七百张，人参二千斤，前往土默特部落贸易"。[5]

崇德四年八月乙巳，归化城土默特各章京以所得明国岁币来献。计蟒缎二十八匹、妆缎、闪缎各二匹，并贡其地所产马匹。

崇德六年八月丁未，以土默特部落古禄格在章京下诺木习礼解送逃人，及舍雷来报互市信息，各赐银两。

---

[1]　参见达力扎布《明代漠南蒙古历史研究》，第322~336页。

[2]　《清太宗实录》卷36，崇德二年六月癸丑。

[3]　《清太宗实录》卷41，崇德三年三月丙寅。

[4]　《清初内国史院满文档案译编》上册，第323页。

[5]　《清初内国史院满文档案译编》上册，第328页。

对于归化城与明朝的贸易，清朝控制极严，漠北喀尔喀在明末是通过归化城与明朝进行互市。清朝占领这一地区后，喀尔喀与明朝在归化城的贸易受到清朝的禁止。崇德元年春，皇太极以车臣汗部私与明市马，责怪他说："明，朕仇也。前者察哈尔林丹汗贪明岁币，沮朕伐明，且欲助之，朕故移师往征。天以察哈尔为非，故以其国予朕。今尔与明市马，是助明也。尔当以察哈尔为戒，其改之！"喀尔喀部硕垒遣伟征喇嘛等来朝贡，请与明绝市，皇太极很高兴，命察罕喇嘛往赍貂服、朝珠、弓、刀、金币。但喀尔喀部一面和清朝周旋，一面在清朝控制的夹缝中与明朝互市，其中有多次去归化城与明朝贸易，遭到清的征讨被迫返回。在交市不成的情况下，喀尔喀则对已归附清的漠南蒙古部落进行抢掠，有时甚至深入归化城。① 清朝为此不得不在归化城及其附近驻戍，以防喀尔喀侵扰。

---

① 达力扎布：《明末清初喀尔喀与明朝的短暂贸易》，2008，提交中国蒙古学第二届国际学术讨论会论文。

第二章　绥远城驻防设置的经过

对于绥远城将军的设置，多数学者认为是为防备准噶尔部而设，诚然，正是以清、准之间的议和罢兵为契机，清廷把右卫将军移驻绥远城，在归化城附近设置了将军级驻防。然而，从清初的历史记载去考察，就会发现，在乾隆二年（1737）绥远城驻防设置以前，清政府就多次在这里设置驻兵，从天聪六年（1632）皇太极亲征林丹汗，土默特部投附，历经顺治、康熙、雍正、乾隆四朝都曾在归化城设置驻兵，尽管这些驻防是临时派遣性质的，因形势而增撤，但亦足见其地理位置是对西北用兵、保持北部边疆稳定的不可替代的特殊地位。

康熙帝时，蒙古内争，准噶尔侵喀尔喀，迫使喀尔喀内附。因噶尔丹继续南进，逼近京师，清准进入战争状态，归化城渐成为塞外用兵的军事重镇。为对准噶尔用兵清政府在归化城设置了安北将军，同时设置了右卫将军。通过对安北、右卫将军设置的原因、经过，职掌及功绩、成就、作用等的考察，理清绥远驻防的渊源。

雍正帝即位后视准噶尔为隐患，所以一直寻找机会消弭隐患。当策旺阿拉布坦死，子噶尔丹策零初立地位不稳之时，兵分两路进军，准备一举解决准部之患。为处理西北军务，雍正帝还特地设立了军机处，以及时处理西北军务。然而结果却是事与愿违，自雍正七年（1729）议令进兵，至雍正十二年双方罢兵议和，前后历时六年，交战双方均有重大伤亡，各有胜负。清有和通泊之败，亦有额尔德尼召（光显寺）之捷。但双方相持日久，难分伯仲，彼此皆劳。雍正十二年，准噶尔遣使议和，清朝马上应准，并派人赴准商谈议和及划定喀尔喀与准噶尔之间游牧界线。以此为契机，清朝开始议修绥远城。绥远城的最终修筑完成、驻防官兵及家属的移驻、官员的设置，及相关制度等都是在乾隆年间最终完成的。

第一节　防备喀尔喀与归化城设置驻兵的关系

对于绥远城将军的设置，多数学者认为是为防备准噶尔部而设，固然，正是以清准之间的议和罢兵为契机，把右卫建威将军移驻绥远城，设置了绥远城驻防，然而，从清初的历史记载去考察，就会发现，在乾隆二年绥远城将军设置以前，清政府就在这里设置了多次驻兵，从天聪八年（1634）土默特部投附，历经顺治、康熙、雍正、乾隆四朝都曾在归化城设置驻防，尽管这些驻防是临时派遣性质的，因战争形势而增撤，但亦足见其是对西北用兵、保持北部边疆稳定中占有不可替代的地位。

从中我们亦可发现，绥远城驻防和过去历次驻防并非完全隔离的。而是与先前多次临时驻防具有直接继承关系。而且清政府在康熙中期以前在此驻防的目的并不是防备准噶尔，而是防备喀尔喀蒙古，当时喀尔喀尚未隶属清朝版图，只是到了康熙二十九年（1690），喀尔喀南下投奔清朝，这一防守对象才发生根本性转变。其后为了与准噶尔进行战争，清朝把归化城变成了一个进攻准噶尔的军事基地。

一　皇太极时期喀尔喀对归化城的侵扰

天聪八年（1634），在后金的招降政策下，土默特部顺义王子俄木布率领属民投附了后金，并在归化城一带驻牧。天聪九年（1635），皇太极命岳托同贝勒多尔衮、萨哈廉、豪格前往鄂尔多斯收降察哈尔林丹汗子额哲，"时贝勒岳托有疾，分兵一千驻营归化城，防守察哈尔降民"。① 显然，后金统治者对刚刚投附的察哈尔及其他部落的降人还不是十分放心。②

---

① 《清太宗实录》卷24，天聪八年（1634年）八月戊寅条。魏源：《圣武记》卷三《外藩》第96页中记"我太宗亲征察哈尔，跸归化城，降其部众编为二旗，以其部长为左右翼都统，并还其世所守顺义王印，而遣将军贝勒岳托、副都统吴巴海驻其城镇守之"。误，还其顺义王印在崇德元年，其后并未遣岳托、吴巴海驻守归化城。

② 皇太极将进征之大同，谕行军事宜时说："其大凌河蒙古及归化城俘获蒙古与各处所获新蒙古等，不必率往。……如将蒙古内不足凭信之人，擅行携去，以致脱逃者罪之。"《钦定大清会典事例》卷581《兵部·出征军令一》，《清太宗实录》卷18，天聪八年五月丙申。所记相同。

恰巧在这期间发生了"俄木布事件"，引发了后金和喀尔喀在归化城附近的首次冲突，喀尔喀与明朝交易未成。此后，喀尔喀在后金控制归化城以后，仍企图恢复与明朝的互市贸易，而喀尔喀与明朝的贸易损害了清的利益，皇太极曾谕车臣汗："今尔又以马鬻于明人，贪其财物非助明而何。"① 因此遭到清的严厉谴责和禁止。但"喀尔喀部落七固山及厄鲁特四部落皆往（与明）交易"②，清禁而不止，便采用武力措施阻止喀尔喀与明的直接贸易，因此双方在归化城等地区摩擦不断。③ 崇德三年（1638）正月，归化城土默特部落头目遣查甘等三人向清报告："侦得归化城北有阿禄喀尔喀部落查萨克图汗率兵及家口至其地周围驻营，似欲侵犯我城，"④ 请发兵救援。皇太极召集大臣会议，并决定亲统大军前去征讨。三月，清得到消息说，来归化城的喀尔喀蒙古，从汉人那里了解到清兵将至归化城，大为惊惧，被迫返回，"并未犯我归化城中一物，亦并未与汉人交市"⑤，清军方才罢征。

漠北喀尔喀在明末一直以归化城和明朝进行间接贸易。自土默特部投附后金以后，后金即利用其顺义王的名义为中介与明朝进行互市贸易。⑥ 所以对归化城的互市贸易控制极严，外人不得染指。早期俄木布事件其实也"不过是归化城的贸易问题"⑦，其后清军曾遇到车臣汗部来明朝贸易的商人，尽夺其马、驼。这使喀尔喀与明的贸易受到很大限制，为此喀尔喀车臣汗和土谢图汗遣使清廷，表示愿意与清廷共同派人去西藏延请达赖喇嘛，试图与清和平相处，以便继续与明朝贸易，但清廷采取坚决控制蒙古地区与明朝贸易市口的措施。⑧ 这使喀尔喀与明朝的贸易受到很大的限

---

① 《清太宗实录》卷27，天聪十年二月丁丑。
② 《清太宗实录》卷32，崇德元年十一月辛亥。
③ 达力扎布：《清初漠北喀尔喀与明朝的短暂贸易关系》，中国蒙古学第二届国际学士研讨会论文，2008年9月。
④ 《清太宗实录》卷40，崇德三年正月庚辰。
⑤ 《清太宗实录》卷41，崇德三年三月甲子。
⑥ 达力扎布：《明清蒙古史论稿》，民族出版社，2003。
⑦ 〔日〕森川哲雄：《十七世纪前半叶的归化城》，《蒙古学资料与情报》1985年第3、4期。
⑧ 达力扎布：《1640年喀尔喀—卫拉特会盟的召集人及地点》，《民族研究》2008年第4期，第78页。

制。清对喀尔喀与明朝的贸易持坚决征讨的政策，甚至使喀尔喀因此面临被武力阻挠的危险。崇德三年七月，皇太极对蒙古喀尔喀部落札萨克图汗的使臣达尔汗囊苏喇嘛曰：

> 国主察哈尔汗之子现在朕手中，尔主既在朕处，尔等即应归顺，以安其生。今反兴兵构怨，来犯我归化城，堪非尔份所当为也。理应加兵于尔，尔亦当以加兵是惧。然尔等反欲犯于我，亦甚可耻罢。尔等心中与我为仇，欲前往征占我所不至之处而偷安旦夕。尔等所能至，我师岂有不能至者乎？昔辽、金、元三国之主征战时，西伐厄讷忒黑，东抵朝鲜，北及黑龙江，南至于海。其亦是同样之人、同样之马矣。今尔等知罪而来则已，否则断不放过尔等，必讨伐之。①

因此喀尔喀部在贸易途中十分小心，尽量多带人马，明朝的档案记载反映了当时的紧张形势。

> 据杀胡堡守备高窝报称：本月初七日辰时，有西哈喇麻班的赶马一千余匹到边底，说称我从山前来，闻得奴酋因屡次差人与我们讲和，往来卖马，我们西哈王子不依，又要马匹、骆驼，我们王子又不与。今奴酋差达子一支有三四千，从北山后边往西行走，口声说要往我们家买马，其实是暗暗的偷抢厮杀来了，我们已是防着。今密报天朝，当十分严备。我卖了马再等些人来一齐回去，人力大些途中好走。沿途多有与奴贼通信的等语。……崇祯十一年八月十一日。②

上述引文反映了喀尔喀蒙古虽然实现了和明朝的贸易但冒有很大风险，有时贸易不成，甚至出现被后金军队抢劫杀害的情况，使贸易受到极大限制。

面对清朝的压力，喀尔喀部被迫遣使议和。崇德三年，札萨克图汗派兵扰归化城后不久，即遣使盛京，"贡马及独峰驼，无尾羊"。③ 同年，土

---

① 季永海、刘景宪译编《崇德三年满文档案译编》，辽沈书社，1988，第128～129页。
② 崇祯十年八月十一日《兵部尚书臣杨等谨题为塘报事》，见《明朝档案总汇》，第25册，第一九六零件。转引自达力扎布《清初漠北喀尔喀与明朝的短暂贸易关系》。
③ 《皇朝藩部要略》卷3《外蒙古喀尔喀部要略一》。

谢图汗衮布和车臣汗硕垒遣使贡马、貂皮及俄罗斯鸟枪等物。于是，皇太极命漠北喀尔喀三汗部，"每年只供奉白驼一只，白马八匹，谓之'九白'之贡，以为常，它物勿入献"。①

尽管双方确立了"九白"之贡的藩属关系，但清朝并没有解决喀尔喀互市的需求，所以不能有效约束漠北喀尔喀的任何内侵活动。因此，崇德六年（1641）五月，皇太极敕谕驻防归化城固山额真古禄格章京、杭高章京等曰：

> 尔等所居城小壕狭，倘敌人来侵，难容屯驻。人口牲畜有一被掠，实损军威。尔等可于城外筑墙，酌量足容尔部之人。其墙高一丈五尺，宽可驻营，墙上遍驻垛口，四面留门，每门可俱置瓮城。况尔地产木甚多，门上及四角各建楼望角，墙外俱掘深壕，修理完备，尔等各率官属兵丁登之分汛防守。敌人若来，可立于垣上御战。今遣牛录章京万塔什、笔帖式色冷赍敕前往，督工完日方可令还，（钦哉）勿得违误。②

希望通过扩建归化城，增筑城墙、护城壕、敌楼等增强归化城的防御力量，以有效遏制喀尔喀的侵扰。但直到崇德六年（1641）七月，仍有"……闻喀尔喀查萨克图心怀不轨，欲图归化城"③之奏。

然而，皇太极时期既严密禁止喀尔喀部与明朝的贸易，使明朝与喀尔喀的贸易面临很大的风险，在夹缝中进行，随时可能遭到后金的抢掠和劫杀。又没有解决喀尔喀的互市问题，因此也不可能杜绝其对漠南等部的侵扰，喀尔喀蒙古甚至趁清军入关、忙于对农民军的镇压和消灭南明政权无暇北顾之际，对漠南蒙古的侵扰反而变本加厉了。

二　顺治朝归化城驻防之缘起

清军入关后，致力于全国的统一战争，清除南明残余势力，重建中原

---

① 赵尔巽：《清史稿》卷521，中华书局，1976。
② 《清太宗实录》卷55，崇德六年五月壬寅。
③ 《清太宗实录》卷56，崇德六年七月丁酉。

统治秩序，无暇北顾，暂时放松了对漠北蒙古的进一步征服。当时漠北喀尔喀虽与清朝保持纳贡关系，但仍游离于清政权之外，并未纳入清朝版图。① 所以，喀尔喀一方面遣使贡驼、马，另一方面又不时南下抢掠人、畜。甚至利用漠南蒙古苏尼特部长腾机思与清朝摄政王多尔衮不和，诱使腾机思率所部叛清归己。

顺治三年（1646），太宗之额驸苏尼特部落腾机思，因与睿亲王多尔衮不和，与其弟腾机特各率所部，叛奔喀尔喀。清政府集外藩诸蒙古兵于克鲁伦河，以和硕德豫亲王多铎为扬威大将军，同多罗承泽郡王硕塞等率内外大兵征讨。清军自土拉河西行，追及腾机思部，擒其家口、辎重、牲畜十余万，迎下嫁格格还京，腾机思远遁。清军至查济布喇克地方，遭到喀尔喀部土谢图汗两子率兵二万和车臣汗硕雷第四子本霸巴图鲁台吉等所率兵三万的阻击，清军迎战，击败蒙军，追逐数十里，斩杀甚众。问及俘卒，言硕雷家口部众悉走塞冷格地方。众议将欲前进，因马疲乏而班师。② 顺治四年，喀尔喀部额尔克楚虎尔私掠巴林人畜。③

顺治五年（1648）十一月，摄政王得知喀尔喀部落二楚虎尔行猎向清边界行进。连忙召集诸王大臣商议，决定遣和硕英亲王阿济格、多罗端重郡王博洛、多罗承泽郡王硕塞、固山贝子拜尹图、公傅勒赫、岳乐、护军统领鳌拜巴图鲁等统兵戍守大同。④ 十二月，又命多罗郡王瓦达克、固山贝子尚善等率兵赴和硕英亲王军前，协同戍守大同。并调八旗游牧蒙古官兵之半，戍守阿尔齐土苏门哈达地方。为防备喀尔喀部，清朝在大同边塞附近频繁大量调动驻扎满蒙军队，引起了明朝降将的猜疑，导致大同总兵姜瓖闭城反叛。为此，顺治帝特地下诏招抚姜瓖曰：前因有事北方蒙古，故命英王至大同，与尔等全无干涉。若尔等有罪，安用此诡计，为天下

---

① 《清世祖实录》卷3，顺治元年（1644）正月庚寅，"上诣堂子行礼……行礼时，上顾见阿禄喀尔喀部落使臣跪拜参差，问侍臣曰，此何国人，乃行礼若是。奏曰：此北方投诚阿禄喀尔喀使臣也，岁贡驼马，未尝有缺，因尚未入我版图，是以未娴礼节耳。"

② 《清世祖实录》卷27，顺治三年八月乙酉。

③ 《清世祖实录》卷31，顺治四年四月丙子。

④ 《清世祖实录》卷41，顺治五年十一月癸未。

主，倘举动如此，其谁信之。此必有奸人煽惑离间尔等。今尔等如悔罪归诚，仍宥其过恣照旧恩养。①

顺治六年（1649）二月，摄政王多尔衮总统内外官兵征剿大同。获悉有喀尔喀硕雷汗兵马距清仅有十日程，散处于野。多尔衮因此停止征剿大同，准备出张家口，前往驱逐喀尔喀。当多尔衮师到达察喜儿土察罕脑儿时，发现军马瘠弱，并且蒙古道路缺水，于是停止了征讨喀尔喀，率军返回。②后来顺治帝以敕谕的形式追溯了几年来清与喀尔喀的关系，尽管为一面之词，但亦可窥见两者间关系的概貌：

> 今喀尔喀方以信使通好，乃遣人诱我苏尼特部落腾机思反叛，挟之而去。及我师追腾机思时，土谢图汗丹津喇嘛、硕雷汗无故出兵，两次拒敌，惟天将罚，使之败衄。二楚尔虎又无故侵我巴林，杀人掠畜。俄木布额尔德尼又无故加兵于我，及闻我出师，始还。巴尔布冰图又来侵我土默特部落，杀其人民，劫马二千四。此辈每起兵端，朕能默然处之耶。③

顺治七年（1650），札萨克图汗属下俄木布额尔德尼诡称行猎，私入归化城界掠夺牧产，清政府遣官饬令其归还所掠夺之畜产。④顺治十年（1653）六月，清政府派侍郎毕哩克图往土谢图汗部，调查巴林部被掠夺人畜的情况。土谢图汗衮布藏匿起来未完全归还。土谢图汗的"不遣子弟来朝，不进九白之贡，不尽偿巴林人畜"⑤作为报复和惩罚，清朝接纳喀尔喀部的逃人，并给予很高的礼遇，拒绝遣还逃人。同时命摄政王多尔衮率王、贝勒、贝子、公等征喀尔喀部落二楚尔虎，十二月，摄政王多尔衮率大军无果而还。数年以来，漠北喀尔喀部频犯内蒙古诸部，劫夺牛马，拒敌官兵，威胁抢掠。使清政府对北部蒙古始终放心不下，屡行遣官晓谕，多兴兵次征讨，因种种原因，终无结果。造成内蒙古的不稳定情势。

---

① 《清世祖实录》卷41，顺治五年十二月庚子。
② 《清世祖实录》卷42，顺治六年二月癸卯。
③ 《清世祖实录》卷46，顺治六年十月壬辰。
④ 《清史稿》卷521《列传三百八》。
⑤ 《清世祖实录》卷76，顺治十年六八月庚申。

顺治十年清朝闻报喀尔喀部落相约举兵内向侵犯，"命多罗安郡王岳乐为宣威大将军，统领官兵戍防归化城，"①并安排岳乐说如喀尔喀兵至，相机而行，因利乘便，攻其不备；倘喀尔喀来兵甚多，则速行驰奏朝廷，以便派遣援兵。这是清朝在归化城的初次驻防，主要是防备喀尔喀的侵扰。②

至顺治十三年（1656）八月，西北各蒙古部落频繁内犯，劫夺牛马，拒敌官兵，率领番彝，威胁抢掠，仅边臣奏报即达二十余次。可见内犯次数之频繁。顺治十二年十月，漠北蒙古土谢图汗、车臣汗、墨尔根诺颜等与清朝和好约誓。十一月，各部又分别遣使恢复向清政府进"九白之贡"。清政府"赏赉如例，并赐宴"③。此后，清与喀尔喀各部的关系进一步加强，顺治十七年，重申了喀尔喀部落土谢图汗、车臣汗、毕席勒尔图汗等每年的"九白之贡"。对其管旗汗、贝勒及台吉、为首大臣、喇嘛等准许其来京进贡。至小台吉、喇嘛等若欲置买茶帛等物及携马贸易等，俱令于归化城交易。④

顺治朝的归化城及其附近大同的驻扎清军，主要目的是为了防备喀尔喀，尽管清军多次征讨喀尔喀，但因八旗劲旅南下忙于平定南明残余势力，兵力不敷等种种原因，始终未能消除喀尔喀的扰边威胁。至顺治朝末年，喀尔喀恢复"九白之贡"，清允许其部属在归化城贸易。清与喀尔喀的关系开始缓和并有不断增强的趋势，但根本性的转变直至康熙二十七年（1688）准噶尔部首领噶尔丹率兵侵入喀尔喀，喀尔喀三部悉众南下内附时才完成。

三　康熙朝前期的归化城遣将驻兵经过

康熙初年，漠北喀尔喀各部岁进"九白之贡"，且解决了其互市贸易问题。喀部每年进贡，清朝均依例给予丰厚的赏赉，与清朝之间倒也相安无事。但喀尔喀的内部矛盾、喀尔喀和漠西厄鲁特蒙古的矛盾却日

① 《清世祖实录》卷77，顺治十年七月辛酉。
② 后金虽在天聪九年，岳托曾领兵驻于归化城，但那时仅是临时用兵经过此地，并非在此驻防，首次驻防应在顺治朝，即此次驻防。
③ 《清世祖实录》卷94、95，顺治十二年十月庚申，十一月辛丑。
④ 《清世祖实录》卷143，顺治十七年十二月己亥。

益激化，厄鲁特与喀尔喀部落都是"请安上贡"之部落，清政府鉴于当时的国内国际形势，尽力使两部落保持和平的局面，所以派大臣出面予以调停。

（一） 噶尔丹的崛起

蒙古以瀚海为界，其部落之大类有四：曰漠南内蒙古，曰漠北喀尔喀蒙古，曰漠西厄鲁特蒙古，曰青海蒙古。清初，漠南蒙古距清最近，臣服亦最先；而卫拉特、喀尔喀与清远隔瀚海，遥远而音信不通。清初忙于砥定中原，无暇远略，但厄鲁特部与喀尔喀部都与清朝保持着职贡关系，"贡献本朝，往来不绝"[①]。厄鲁特蒙古分为准噶尔、杜尔伯特、土尔扈特、和硕特四部，其中以准噶尔部最强，特别是其首领噶尔丹夺得汗位以后，积极向外扩展势力，攻略邻部，控制了天山南路各回城，势力达到青海、西藏地区。并在西藏黄教势力的支持下，将势力扩张到喀尔喀。

喀尔喀蒙古内部札萨克图汗与土谢图汗因为属民问题，纷争不休。当时清朝面临的局势是"三藩之乱"刚刚平定，北方黑龙江流域又面临着沙俄的侵略，尚无足够的影响力制止两部的纷争，[②] 鉴于喇嘛教在蒙古诸部的普遍信仰，喇嘛在其政治生活中起着举足轻重的作用。因此，清朝企图利用达赖喇嘛的影响，来平息喀尔喀内部争斗，以企保持西北部边疆的稳定。甚至在准噶尔入侵喀尔喀之后，清仍遣使入藏请达赖喇嘛遣使噶尔丹，让准、喀两部尽释前怨，仍前协和，永息兵戎。[③] 康熙二十四年（1685）正月，五世达赖喇嘛所遣谕和喀尔喀七旗之参巴陈布胡土克图，行至归化城病故。[④] 达赖喇嘛又派其大弟子噶尔丹西勒图为特使赴喀尔喀主持调解。康熙遣尚书阿喇尼、台吉巴忒马什、毕力克图、喇嘛阿齐图绰尔济前往。又分别遣人至左右翼汗、台吉处通知会盟。[⑤] 康熙二十五年八月，清朝使者与达赖喇嘛使者及喀尔喀左右翼汗、济农、台吉等会盟于库

---

① 《清圣祖实录》卷 69，康熙十六年十月甲寅。
② 达力扎布：《蒙古史纲要》，中央民族大学出版社，2006，第 215 页。
③ 《清圣祖实录》卷 139，康熙二十八年正月丁亥。
④ 《清圣祖实录》卷 119，康熙二十四年正月甲子，达赖喇嘛已于康熙二十一年圆寂，第巴桑结嘉措隐瞒真相，以达赖喇嘛之名行事。
⑤ 《清圣祖实录》卷 125，康熙二十五年四月乙酉。

伦伯勒齐尔，一世哲布尊丹巴也与会。会盟中决议："两翼互相侵占之台吉人民，令各归本主。""济农台吉等设立重誓，自今以往，当永远和协。"① 然而，土谢图汗部察珲多尔济并不遵会盟精神，只将所收逃众的一半归还札萨克图部，札萨克图转而与噶尔丹结盟，两部矛盾又趋激化。康熙二十七年（1688）六月，噶尔丹之弟多尔济扎卜遭土谢图汗袭杀身亡。② 噶尔丹以库伦伯勒齐尔会盟时，哲布尊丹巴与达赖喇嘛使者噶尔丹西勒图"抗礼踞坐，大为非礼"③，又怨察珲多尔济曾助鄂齐尔图汗攻己，加上为报杀弟之仇，大举入侵喀尔喀。土谢图汗与噶尔丹两军相遇于鄂罗会诺尔，鏖战三日。厄鲁特兵击溃喀尔喀兵，土谢图汗力弱，乃越瀚海，与泽卜尊丹巴南下投清。④ 面对准噶尔与喀尔喀的混乱局势，康熙命领侍卫内大臣佟国维、费扬古等："今喀尔喀、厄鲁特交恶作乱，境上急宜防守。……令归化城两旗备兵一千，都统阿拉纳、副都统阿第等将之。于彼两旗拔人材雄健、善于约束之员，即令屯驻归化城内、以备紧急调遣。"⑤ 对喀尔喀通国各弃其庐帐器物、马驼牛羊，纷纷南逃，昼夜不绝，康熙帝"命尚书阿喇尼等往抚之，发归化城、张家、独石二口仓储以振其乏、且足其食"⑥。

　　清廷以喀尔喀"累世恭顺，职贡有年。今为厄鲁特所败，其国残破"⑦"特遣大臣收集流亡，使喀尔喀等安插得所"⑧，妥善安插他们附牧苏尼特诸部界游牧，而对噶尔丹提出的"泽卜尊丹巴来投天朝，或拒而不纳，或擒以付之"⑨。加以拒绝，并遣使入藏请达赖喇嘛派有名大喇嘛赴噶尔丹处与清廷一起调解准噶尔与喀尔喀的纷争。⑩ 同时以绝准噶尔互市

① 《清圣祖实录》卷127，康熙二十五年十月戊午。
② 温达等编《御制亲征平定朔漠方略》卷4，康熙二十七年六六月癸丑，第15页。
③ 温达等编《御制亲征平定朔漠方略》卷4，康熙二十六年五月丁酉，第6页。
④ 《清圣祖实录》卷136，康熙二十七年八月丁卯。
⑤ 《清圣祖实录》卷136，康熙二十七年八月丁卯。
⑥ （清）嵇璜等撰：《皇朝文献通考》卷191，《兵考十三》，《藩部各旗》，鸿宝书局，清光绪二十八年（1902）刻本。
⑦ 《清圣祖实录》卷137，康熙二十七年十月乙巳。
⑧ 《康熙起居注》，康熙二十八年九月五日戊戌条，第1897页。
⑨ 《清圣祖实录》卷136，康熙二十七年七月甲戌。
⑩ 《清圣祖实录》卷139，康熙二十八年正月丁亥。

相威胁迫其让步。[1] 然而，五世达赖喇嘛遣使调解准噶尔与喀尔喀和解的意见是："但擒土谢图汗、泽卜尊丹巴胡土克图，畀噶尔丹，则有利于生灵。此两人身命，我当保之。"[2] 这种安排清廷当然不能接受。噶尔丹坚持索取土谢图汗及哲布尊丹巴，而清廷不欲准噶尔吞并已归顺的喀尔喀，坚决保护土谢图汗及哲布尊丹巴，双方不能达成一致，矛盾无法解决。[3] 为了切实保护清在内蒙古的既有权益，树立清帝国的正统权威，清朝与准噶尔的战争是不可避免的。

（二）喀尔喀蒙古的归顺与驻兵防备对象的转变

喀尔喀内附以后，清廷将其安置在内蒙古北部沿边汛界附近，而噶尔丹则占据漠北喀尔喀故地。清廷一边遣使往来宣谕，一边进行军事部署。康熙二十九年（1690）噶尔丹追击喀尔喀进入清朝汛界，南下到乌珠穆沁劫掠。遭到清朝理藩院尚书阿喇尼军的袭击。噶尔丹将其击败，乘胜南下进军到乌兰布通，距北京不足千里。清廷急忙命和硕裕亲王福全为抚远大将军出古北口；和硕恭亲王常宁为安北大将军出喜峰口，北击噶尔丹。和硕康亲王杰书军驻扎归化城，调外藩兵之半至康亲王所。前所拨宣府镇标兵一千并藤牌手一百候调遣者，令许盛率之；大同兵二千备杀虎口者令鲍敬率之，俱速赴归化城康亲王军前，以为呼应。[4] 康熙二十九年秋，双方相遇于乌兰布通，展开激烈战斗，厄鲁特兵于林内隔河高岸横卧橐驼以为障，清军以激烈的炮火轰击，准噶尔损伤惨重，以济隆胡土克图出面向清军讲和，麻痹清军，趁机退回漠北。清政府在击退准噶尔后，在漠南的多伦诺尔召开会盟，确立了清朝与喀尔喀的臣属关系。此后，清朝在归化城的驻兵，由原来的防备喀尔喀转而为防备准噶尔为驻兵的首要目的了。

---

① 《清圣祖实录》卷140，康熙二十八年四月己卯。遣理藩院尚书阿喇尼、散秩大臣吴巴锡、归化城札萨克大喇嘛阿齐图绰尔济、一等侍卫阿南达使厄鲁特谕曰：尔等闲论时，当以己意，语济尔噶郎寨桑曰："噶尔丹倘不奉诏，则绝尔等每年进贡贸易之路，厄鲁特人众，必大失利矣。"
② 《清圣祖实录》卷143，康熙二十八年十二月辛未。
③ 达力扎布：《蒙古史纲要》，中央民族大学出版社，2006，第219页。
④ 《清圣祖实录》卷147，康熙二十九年七月戊申。

第二节　康熙时期清准战争与归化城驻防

一　右卫将军与安北将军的设置

清廷虽然击溃了噶尔丹，但并没有彻底将其消灭，噶尔丹仍占据漠北，喀尔喀一时尚无法返回旧牧，康熙帝意识到"此人志不在小，必将窥伺中原"①，所以，战争一时不可能结束，必须做长远的谋划，在康熙三十一年（1691），鉴于乌兰布通之战之后，噶尔丹退往漠北科布多，清准战线的西移，为寻找适宜驻兵之处，康熙帝命都统郎谈、副都统硕鼐，酌带人员，沿边直至宁夏、延绥、西宁，"往勘大军可行可止之地"。②另外又以西北形势不稳，不时有警，命户部尚书马齐、兵部尚书索诺和"往勘归化城驻兵之地"③。经过查勘，马齐提出右卫与归化城相近，可将右卫内人民移出城外，令其住于外城，城内盖造房屋，驻扎官兵。并且杀虎口外往北五十里，东西五十里内，有熟荒地亩，可以分给兵丁大臣官员等。而归化城较小，地荒田卤难以耕种。归化城西南三十余里外有浑津巴尔哈孙旧城基址，城北有大土尔根河，周围三里余，宜展此基址，一面三里，筑土为城，造房驻扎官兵。城之四围，所有田地，可取以给官兵耕种。提出了两处可以驻兵之地，康熙与议政王大臣认为"归化城之浑津巴尔哈孙无城，右卫见有城，且近归化城，大宜驻兵"④。商议后决定在右卫驻兵。康熙帝之所以选择在归化城勘查驻兵之地，是因为归化城从明代起就是漠南蒙古唯一的城市，战略地位重要。但在后金征察哈尔时为后金军队所焚毁，仅剩几所召庙，至此时似未恢复到明朝时的规模，故称其城小。归化城南三十里的浑津巴尔哈孙旧城基址，地面宽阔。可筑城，可授田，但康熙帝认为此满兵有事即行，不必授田，大臣官员宜给口粮，马给草料，加上当时处于战争时期，建

---

① 《亲征平定朔漠方略》卷首《御制亲征朔漠纪略》。
② 《清圣祖实录》卷152，康熙三十年七月戊戌。
③ 《清圣祖实录》卷157，康熙三十一年十月壬寅。
④ 《清圣祖实录》卷157，康熙三十一年十二月壬寅。

造城垣，工程浩大，不大现实。所以"右卫①现有城，且近归化城"，成为驻兵首选位置。但是右卫驻兵并不能替代归化城的战略地位，所以在康熙三十二年五月，右卫驻防设置后仅五个月，兵部提议："归化城乃总要之地，增戍之兵甚多，应专设将军一员，总管归化城都统、副都统，训练官兵。凡有当行事务，协同右卫将军而行。"② 得到康熙帝的批准，命领侍卫内大臣伯费扬古③为安北将军，④ 总管归化城官兵，整饬训练。康熙三十三年五月，噶尔丹使人带男妇近二千人至归化城，声言将入贡，被费扬古遣兵阻止。此外需说明的是，当时喀尔喀在边外驻牧，主要在内蒙古东部一带，康熙三十六年才返回故地，因此，此处驻兵除防御准噶尔外，亦有保护喀尔喀的目的。

二　安北将军与右卫将军的合二为一

安北将军设置以后，和右卫建威将军内外联络，表里相依。安北将军费扬古在归化城整顿军律，训练士卒，探听噶尔丹声息，秣马备兵，众皆心服。康熙帝称赞他说："费扬古，勋旧大臣，今驻防归化城，军民皆心

---

① 右玉城历来为边陲重镇，明洪武二十五年（1392 年）设定边卫，城内设营守备 1 员，官军 1630 名。永乐七年（1409 年）设大同右卫、城内驻指挥使 7 名，指挥同知 13 名，指挥佥事 29 员，经历司一员，前、后、中、左、右 5 所千百户与镇抚总旗 76 员，驻城旗军 6477 名。正统十四年（1449 年），将长城外的玉林卫并入右卫，改称右玉林卫，辖域跨越长城内外，这在长城沿线是少有的，明代被誉为"九边门阀"。

② 《清圣祖实录》卷 159，康熙三十二年五月庚戌。

③ 费扬古，姓栋鄂氏，满洲正白旗人，生于顺治二年（1645 年），卒于康熙四十年（1710 年），内大臣鄂硕次子。

④ 《钦定大清会典事例》卷 542，《兵部》，"十二年，铸大将军、将军诸印：曰镇海大将军，镇海将军；扬威大将军，扬威将军……安东将军，安南将军，安西将军，安北将军……以上大将军、将军。有大征伐则置，凯旋则省。以王贝勒贝子公，及都统亲信大臣充之，品级各从其原职。"都统郎谈，内大臣国舅佟国纲等都曾任过安北将军。费扬古所任安北将军有时亦称归化城将军。此后亦有宗室费扬古担任是职，见《清圣祖实录》卷二三一，"康熙四十六年十二月丙申，先是，建威将军兼理归化城将军事务宗室费扬固等疏言，归化城附近之处居住喇嘛所属人丁甚众，请将伊等编作佐领，以便差遣。"第 16 ～ 17 页。因右卫将军又称建威将军，在康熙年间安北将军又称归化城将军。故此处所言即是右卫将军（建威将军）和安北将军你（归化城将军）合二为一后由费扬古担任，费扬古被任命为抚远大将军出征后，由宗室费扬古接任此职，且兼归化城将军之任。非如一些人所说费扬古之后，再无此人担任此职。

服，于此事无不能办也。"① 三十四年十月谕大学士等："右卫地方甚要，将军责任甚重，惟伯费扬古堪任是职，著授为右卫将军，仍兼摄归化城将军事务。"② 由于战时需要，安北将军和归化城将军合二为一，将军仍驻在归化城处理事务。

康熙三十四年，噶尔丹再次进兵至巴颜乌兰屯聚，且声言："现今领俄罗斯炮手、鸟枪兵六万，再俟俄罗斯兵六万至，即顺克鲁伦河而下直抵科尔沁。"③ 鉴于噶尔丹侵扰外藩蒙古，来去无定，大军既至，追之无及，徒劳兵马。康熙帝决定以计将噶尔丹诱至近地，加以歼灭。④ 康熙三十四年，清军分三路进剿噶尔丹，"东一路仍派盛京兵二千、宁古塔兵一千、黑龙江兵将军萨布素酌派。再派科尔沁兵四千令定期会合沿克鲁伦进剿；西一路征调各处官兵总辖于费扬古，由归化城进剿；中一路以京城每佐领下所余预备兵六名及火器营兵与费扬古所请宣化府绿旗兵停其发往西路，皆定为中路进剿。"⑤

康熙三十五年五月，康熙亲自率领的中路军逼近噶尔丹，会噶尔丹登克鲁伦河之纳兰山，望见御营黄幄龙纛，军容山立，大惊；尽弃庐帐器械，拔营宵遁。在西撤的过程中，与费扬古所率西路师遭遇于昭莫多（蒙古语：大树林也，直译为百棵树）；双方展开激战，清军人数和技术上的压倒优势早已注定了战役的结局。⑥ 因清军袭击噶尔丹后队辎重，致使准军崩溃，噶尔丹率准军以数十骑遁走。在塔米尔河地方收集部众，复聚集五千余人，但由于天气渐寒，而无庐帐衣食，部众渐次离散，或投奔策妄阿拉布坦或投奔清朝。清朝从准军降人中获知噶尔丹的窘迫，多次遣使招

---

① 王钟翰校注《清史列传》卷 11，中华书局，1987。
② 《清圣祖实录》卷 168，康熙三十四年十月癸巳。
③ （清）温达等奉敕撰《清圣祖御制亲征朔漠纪略》，第 6 页。
④ 先是，上密谕科尔沁土谢图亲王沙津曰：噶尔丹为人极其狡猾，朕欲发大兵往征，恐彼闻风远遁，及至撤兵，彼又复来扰尔蒙古。今必立克图获噶尔丹遗书内，既有乞尔遣人于彼之语。尔可藉此遣人语噶尔丹云，我科尔沁十旗，俱已附尔矣。尔可前来，我等当从此地接应。以此说之，诱至近地。于时朕亲统大军，风驰电掣。彼不及远遁，断可灭矣。尔可仍遣前所差鄂齐尔再往，诱噶尔丹至近地。至是，沙津来朝，遣侍郎西拉，与沙津同往，密授鄂齐尔说噶尔丹之计。视其起行，即以遣鄂齐尔之故，密谕达尔汉亲王班第及诸台吉。《清圣祖实录》卷 168，康熙三十四年八月己酉。第 5~6 页。
⑤ 《清圣祖实录》卷 169，康熙三十四年十一月壬戌。
⑥ 兹拉特金：《准噶尔汗国史》，马曼丽译，商务印书馆，1980，第 294 页。

降，均为噶尔丹所拒。康熙三十六年（1697），噶尔丹病死①。清准历时七年的战争结束，喀尔喀返回原来的游牧地，准噶尔部策妄阿拉布坦收集噶尔丹部余众，执掌准噶尔部政权，清准关系进入一个新的历史阶段。

早在康熙三十四年十二月，西路师出发以后，康熙将预备出征的王、贝勒、贝子、公等，酌情拨往归化城屯守。因大兵进剿，归化城地方紧要，必须驻守可靠之人。除土默特二千余兵外，又增拨宣化府绿旗兵一千驻防，命安郡王马尔浑、辅国公赖士、副都统迓图统领防守。②康熙帝此举的目的很明显，一来可以历练宗室子弟，增加军事阅历，以备将来差遣；二来可以防范满洲大军北出漠北后，内蒙古出现反叛等异常情况，归化城作为京师和西征大军之间联络的关键枢纽，绝不能发生意外，故康熙帝对马尔浑等说"尔等往归化城，务扬军威，以示兵力强盛。各处远行侦探，最为紧要"③。当时喀尔喀出征之人及家属都在清朝边界驻牧，而距离清准前线较远，清朝此举显然是向内蒙古诸部和住在汛界以内的喀尔喀蒙古看的，各处远行侦探，不仅仅哨探准噶尔，也包括内蒙古各部。

第三节 雍正朝清准战争与议设绥远城

一 清准新一轮的角逐

策妄阿拉布坦，僧格之长子，因受到噶尔丹的迫害而率部众迁移博罗塔拉，在噶尔丹侵喀尔喀之时，乘机返回伊犁，"收其父旧属及噶尔丹余众，复成部落"，④掳走了噶尔丹的后方辎重及家属。使噶尔丹无法返回到故地伊犁。噶尔丹失败后，准噶尔部众纷纷投奔策妄阿拉布坦，其势力

---

① 吕一燃：《噶尔丹"服毒自杀"说辨伪》，《准噶尔史论文集》第二集，中国社会科学院民族研究所、新疆维吾尔自治区社会科学院民族研究所、《准噶尔史略》编写组编印，1981，第191～193页。
② 《清圣祖实录》卷170，康熙三十五年正月壬午。
③ 《清圣祖实录》卷170，康熙三十五年正月甲申。
④ 《钦定皇舆西域图志》卷首1《天章一》，《准噶尔全程纪略》，兰州古籍书店，1990。

渐强。在其执政早期，致力于内部权力的巩固，发展内部的社会经济，同周边国家保持了和平的关系也避免和清朝发生争端及冲突，并不断遣使进贡、贸易。

康熙五十四年（1715），策妄阿拉布坦因哈密阻截准噶尔商队而遣兵攻打哈密，哈密从噶尔丹灭亡后即归附清朝，故清廷调甘肃、西安兵出嘉峪关支援哈密。同时命："右卫兵应选三千名，令将军费扬固预备。八旗察哈尔、尼鲁特、巴尔虎之兵选千名，令总管铿特、傅尔丹、常济保、阿礼浑管领，速往归化城。鄂尔多斯兵派二千名，令王董罗布、贝勒甘珠尔管领。厄鲁特贝勒额驸阿宝兵五百名，归化城土默特两旗兵一千名，令都统新泰、副都统齐式预备，令将军费扬固统领兵马事务。若嗣后有事，著都统新泰为将军参赞。"① 不久费扬古即受命领兵前往推河驻扎，防守准噶尔侵犯喀尔喀部。康熙五十八年，策妄阿拉布坦企图利用西藏宗教势力与拉藏汗不和之机，派策凌敦多布袭据西藏，以利用宗教号召蒙古。清朝政府不能容忍喇嘛教中心和喇嘛教的领导权落入准噶尔汗之手，因此派遣大军入藏，准噶尔军战败，退回准噶尔。清廷任命四个噶伦管理西藏事务，结束了蒙古族在西藏的统治。

策妄阿拉布坦在西藏失败以后，力量受到很大削弱，暂时无力和考虑发动新的征伐活动，清朝也因西北荒远，粮饷不济，加上康熙晚年内部多故，使清朝的平准计划一再延迟。雍正帝即位后，致力于内部皇权的巩固，因此也没有平准的精力。加上准噶尔遣使吹纳木喀到北京向清廷议和②，雍正帝也考虑到康熙末年西北两路大军，仅和准噶尔兵互相袭击，彼此进退，并无多大进展，因此也倾向于议和。于是清廷也遣内阁学士众佛保、喇嘛班第往准噶尔部议定疆界，谕该部首领策妄阿拉布坦云："今尔深省前非，来使奏词恭顺，朕意嘉悦。尔若有诚心，可与朝廷使者妥议，归于和顺。"③ 双方关系趋于缓和。由于双方就边界问题未能达成一致协议，而且准噶尔还收留反叛清朝的青海罗卜藏丹津，清朝屡索不予，

---

① 《清圣祖实录》卷263，康熙五十四年四月庚辰。
② 傅恒等编《平定准噶尔方略》卷11，雍正元年正月丙午条，全国图书馆文献缩微复制中心，1990，第6~7页。
③ 《清世宗实录》卷17，雍正二年三月十八日壬辰。

又唯恐准噶尔入侵喀尔喀蒙古，① 雍正帝将准噶尔部视为西北一大隐患，暗中筹划对准噶尔用兵。雍正四年六月初三日甲子，川陕总督岳钟琪折奏准噶尔部军情。雍正帝于朱批中命其暗中准备，未雨绸缪。雍正五年二月，雍正帝与岳钟琪筹划对准噶尔部用兵事。言及军费时，朱批云："至于糜费钱粮之处，不必介意。朕常常有言舍千万帑金，除却策妄一大患，所得亦可偿所失矣。凡遇一劳永逸之举，朕从不惜费。况户部库帑今岁可至五千万，斯何足虑！此事尚非目下急务，徐徐详议具奏。"②

　　雍正五年八月，西藏发生了阿尔布巴等人杀死首席噶伦康济鼐的内乱事件，这场统治阶级内部争权夺利的内讧，清朝认为与准噶尔有关。"西藏阿尔布巴、隆布鼐、扎尔鼐等济恶同谋，将实心为国效力之贝子康济鼐杀害，此等叛逆罪状皆因准噶尔与伊处相近，而逃去之罗卜藏丹津原系伊等姻戚，彼此相依，是以敢于悖逆，迨其窘迫仓促之时，则必投奔准噶尔，亦属显然。因颇罗鼐奋勇直前，截其去路阿尔布巴等未得前进，即被擒获。"③ 清廷认为青海罗卜藏丹津反清和阿尔布巴事件的发生原因是因为准噶尔的存在为反叛者提供了可能的退路，准噶尔的存在对清朝的边疆归附蒙古增加了不稳定性。因此雍正帝决定对准噶尔用兵，"今拟问噶尔丹策零索取罗卜藏丹津，料必不予。己酉年命两路整大军勒取，相机声罪致讨，必灭此而后朝食，则我国家内外可望永远安静矣"。④ 正在筹划之时，策妄阿拉布坦死，子噶尔丹策凌立，雍正帝认为有可乘之机，以准噶尔部噶尔丹、策妄阿拉布坦二人世济其恶，扰害生灵，现噶尔丹策零亦甚属凶暴，将来必至生事妄为，则喀尔喀蒙古、青海、西藏必被其扰害，甚属可虑⑤。"若不及时剪灭，实为众蒙古之巨害，且恐将来贻国家之隐忧"。⑥ 召集诸

---

① 《清世宗实录》卷104，雍正九年三月甲子。雍正九年三月初一日，谕喀尔喀蒙古王公、贝勒等："倘准噶尔兵入尔等游牧之地，尔等当乘时努力，报恩雪耻。朕遣兵进剿准噶尔，原非利其土地人民，特为尔等不能安宁之故耳。其深悉朕意，各加奋勉毋忘。"

② 《宫中档雍正朝奏折》第七辑，雍正五年二月二十二日己卯，台北故宫博物院，1978年影印。

③ 傅恒等撰：《平定准噶尔方略》卷18，雍正七年二月癸巳，全国图书馆文献缩微复制中心，1990，第314页。

④ 《鄂尔泰奏折》，《雍正五年十一月十一日折朱批》，《掌故丛编》，第14～15页。

⑤ 《清世宗实录》卷78，雍正七年二月癸巳。

⑥ 《清世宗实录》卷82，雍正七年六月癸未。

王大臣会议，决定出兵两路出师征准噶尔部①。以领侍卫内大臣傅尔丹为靖边大将军，出北路。以川陕总督岳钟琪为宁远大将军，出西路。

　　此次用兵准噶尔部雍正帝准备十分充分，早在雍正四年即命怡亲王、大学士张廷玉、蒋廷锡密为办理军需一应事宜。其西路军营办理事宜，由川陕总督岳钟琪负责。"两路军机，朕筹算久矣。"② 数年之间"细加筹划，计议再三，凡命将遣官、派兵运饷，以及车马甲胄、兵器耕具之属，无不经理周详，备办丰足，弘纲细目，具有规条"③。为用兵西北特设立军机处④以处理紧急军需事务，务求"将噶尔丹策零速行歼灭，永靖边陲"⑤。清朝这次主动出击，雍正帝十分自信，认为天时人事，因缘际会。在战术上兵分两路，分进合击，互为犄角，互相支持，相互呼应。后勤准备充分，供应充足，兵多饷足等。战略上，远交近攻，派使者出师俄国，消除俄国的疑虑，联合在伏尔加河游牧和准噶尔部有矛盾的土尔扈特部，共同对付准噶尔。联合哈萨克共同进兵。君臣都踌躇满志，志在必胜。雍正帝特于七年五月初十日在将士出征前于京城南苑检阅车骑营兵，大赏将士。并作《己丑夏南苑大阅》诗云："风拂榆槐晓角鸣，筑坛选将命专

---

① 据《啸亭杂录》卷3，廷议时，大学士朱轼等以为天时未至，不宜出兵。张廷玉力主出兵，并荐傅尔丹为帅。都统、公爵达福力谏不可，言：策妄阿拉布坦虽死，其老臣固在，"我以千里转饷之劳，攻彼效死之士，臣未见其可。"但雍正帝决意出兵。

② 《世宗实录》卷82，雍正七年六月癸未。

③ 《清世宗实录》卷81，雍正七年五月乙巳。

④ 王昶《军机处题名记》记为雍正七年，英和《思福堂笔记》记为七年，弘旺《松月堂目下旧见》记为七年六月，《清史稿·军机大臣年表》《清史稿·允祥传》记为七年六月。梁章钜《枢垣纪略》记为八年，《清史稿·张廷玉传》记为八年。《清史稿职官志》记为十年。据庄吉发《故宫档案述要》考证：雍正四年下半年，办理军需大臣实以存在，即允祥、张廷玉、蒋廷锡，均以户部大臣兼办军需事宜。但因拣选之司官、笔帖式、书吏等处理文案，且为保持机密，需另设办公衙门，雍正七年六月，户部遂于隆宗门设立军需房，以便秘密集议及处理军需事宜。十三年九月二十二日，果亲王允礼、大学士张廷玉、内大臣署户部尚书海望等奏："查得雍正七年派拨官兵前往西北两路出征，一切军务事关机密，经户部设立军机房，拣选司官、笔帖式、书吏专办，唯总理户部事务怡贤亲王同户部堂官一二人管理。"（《宫中档》）因此，叶凤毛《内阁小志》云："时西北两路出师征策妄，户部别立均需方，司官翁藻主之，于是袭其称，亦曰军需房，渐易为军机房，渐又以房为处。"（《清史编年》第426页）南炳文：《军机处设立时间考辨》，《清史研究集》第四辑，中国人民大学清史研究所编，四川人民出版社，1986年。文中认为军机处设立于雍正七年二月十八日至五月十日之间。

⑤ 《清世宗实录》卷82，雍正七年六月乙未。

征。""万里玉关平虏穴，三秋瀚海度天兵。""裹粮带甲需珍重，扫荡尘氛远塞清。"① 岳钟琪亦疏言：征讨准噶尔可期必胜。略云："举王师之十胜，决逆夷之必败。一曰主德，二曰天时，三曰地利，四曰人和，五曰糇粮之广备，六曰将士之精良，七曰车骑营阵之尽善，八曰火器兵械之锐利，九曰连环迭战攻守之咸宜，十曰士马远征，节制整暇，又加以期日之宽舒，机宜之详密。凡此全胜之宏略，咸出圣心。"②

二　光显寺之战与和通泊之战

雍正七年十月　因准噶尔使者特磊至京③，清廷决定暂缓一年进兵，并遣官偕特磊往谕该部："以受封定界，敦族睦邻，速将逃匿送出，伊若一一听命，朕当宽宥其罪。"④ 命大将军傅尔丹、岳钟琪于九月十五日前后到京计议军机。

雍正八年十二月二十一日，准噶尔部出兵二万余，乘西路军营疏于防范，突然进犯阔舍图卡伦，将西路军准备进征用之数万马、驼抢走大半。迫使清朝改变对准噶尔战略，因"军营驼马大半为贼偷盗，今年断不能徒步进剿"⑤。前议两路军直捣伊犁之计难以施行。雍正帝命于西路巴尔库尔、北路之卡伦外各筑一城，以重兵驻扎，时出游兵掩击准噶尔；如其退避，则再进数百里，西路于乌鲁木齐、北路于额尔齐斯河筑城屯种，然后再前进筑城，则其势日促，其众必离，再合土尔扈特、哈萨克之兵以逼之，我军捣其巢穴，则三四年间敌人必败。⑥ 雍正九年正月十一日，为防准噶尔兵，又命蒙古科尔沁等部发兵五千往归化城驻扎，以备随时调遣前去支援。雍正九年六月，大将军傅尔丹驻军科布多，不听部下谏言，听信降俘之言，率军一万往袭准噶尔。在博克托山谷中伏，被围于和通泊⑦，

---

① 《清世宗实录》卷81，《畿辅通志》卷8。

② 《清世宗实录》卷82，雍正七年六月癸未。

③ 《清世宗实录》卷87，雍正七年十月甲寅。硕磊称：原解送罗卜藏丹津前来，行至中途，闻朝廷大军从哈密一路来，因请示噶尔丹策零，将罗卜藏丹津仍回伊犁。

④ 《清世宗》卷94，雍正八年五月丁丑。

⑤ 《宫中档雍正朝奏折》第17辑，台北故宫博物院，1978年影印。

⑥ 《宫中档雍正朝奏折》第17辑，台北故宫博物院，1978年影印。

⑦ 和通泊，在阿尔泰山侧，科布多西北约500里处。察罕叟尔，在科布多以东1400里。

清军经拼死苦战，且战且退，逃回科布多城时，仅剩两千残兵。其他清军大营归化城土默特及察哈尔、土默特、喀喇沁等部蒙古兵也在准军攻击下全部溃败。七月十二日，朝廷得知败讯，命西路军加意防守，傅尔丹回军察罕叟尔。① 和通泊之战，清朝军队，全军失利，损失惨重，此后清朝的战略进攻转入防御阶段。"傅尔丹之既败也，虏势日张，无敢撄其锋者"，② 于是清廷又增兵北路，加强防御。和通泊失败之后，清准双方态势已发生重大转变，清由进攻转而防守，准噶尔由守转而攻。雍正九年七月十九日，谕北路军官兵：前在科布多筑城，原为驻兵进剿之意。今宜以保固疆域为要务，敌军退走之后，将科布多驻防兵丁尽行撤回，于察罕叟尔、扎布韩等处驻扎，靠近喀尔喀牧区，使彼此易于策应。雍正九年七月二十四日，傅尔丹奏报准噶尔兵退回阿尔泰山。雍正帝闻讯惊喜，于李卫奏折上朱批"此次贼之即回，甚为奇异，实出意望之外，乃上天再造之恩也"③。北路军失败之后，清廷惶恐、失措之态可以想见。小心谨慎，出人意料。雍正九年七月，雍正帝命傅尔丹"总之目前进兵之议，且不必言，而防守之策，倍当加意"④。再谕岳钟琪等应以防边固本为先，"凡事图维，临时权变，勿贪功前进，勿坐失机宜"⑤。当准噶尔在雍正九年九月犯科布多时，命锡保、丹津多尔济等防敌侵扰，保护军需、马匹，二人不可轻离察罕叟尔。随又谕：如敌侵库伦，即将泽卜尊丹巴胡图克图迁至多伦瑙儿（多伦诺尔）。同时加强了在归化城地区的军事力量。雍正九年九月二十六日，命马尔赛率八旗汉军兵四千、喀尔喀兵一千往归化城北翁滚地方驻扎。并为长期战争做准备，"拟先竭力固守，整备兵马，三年之后，如有机会，即可长驱直入"⑥。雍正九年十月，派京城八旗兵二千往

---

① 昭梿：《啸亭杂录》卷3，《记辛亥败兵事》，第60～63页。据兹特拉金《准噶尔汗国史》载：雍正十年（1732）噶尔丹策零对俄国军官言：前年（雍正八年），朝廷派二万人攻巴里坤湖，消灭其一万人。去年（雍正九年），朝廷派四万人来打阿尔泰，几乎全军覆没，俘虏一万人。战后有一万蒙古人归附我们。又据逃往俄国之满洲兵言：准噶尔兵三万人，我军有四万人，我军战败，七千人被俘。此后有七千蒙古人归附准噶尔。

② 昭梿：《啸亭杂录》卷10《书光显寺战事》，第358页。

③ 《宫中档雍正朝奏折》第18辑，台北故宫博物院，1978年影印。

④ 《清世宗实录》卷108，雍正九年七月癸酉。

⑤ 《清世宗实录》卷108，雍正九年七月己丑。

⑥ 《宫中档雍正朝奏折》第18辑，雍正九年十月初二日壬辰，台北故宫博物院，1978年影印。

归化城。命康亲王崇安暂驻归化城候旨。

正当清廷军事行动毫无进展之时，额驸策凌摧挫准噶尔之锋，取得了厄尔得尼召（光显寺）大捷，使战事出现又一次转折。雍正十年七月，准噶尔首领噶尔丹策零率大军三万人由北路进犯，绕过清军察罕叟尔大营，出杭爱山，抢掠泽卜尊丹巴胡土克图不成。乃突袭策凌[①]牧地，掠其妻子及牲畜等以去。策凌闻讯大怒，断发誓天，反旆驰救。于八月初四日追及准噶尔兵于厄尔得尼召，绕间道出山背，居高临下向准军突击，准噶尔兵梦中起，人不及甲，马不及鞍，大败，被斩杀万余，"尸遍山谷，河流尽赤"。噶尔丹策凌率残兵数百人骑骆驼逃走。朝廷得策凌捷报，给策凌"超勇"名号，有功官兵各予升赏。[②] 准噶尔遭此大败，退回伊犁，无复远征之力，被迫遣使议和。

雍正朝积极准备，冀希直捣伊犁，消灭准噶尔，至雍正七年，雍正帝以为"今天时人事，机缘辐辏，时不可迟，机不可缓"[③]，以准噶尔无意定界反欲侵占地界、收纳罗卜藏丹津等罪，决定进剿准噶尔。但平准战争并不顺利，雍正八年，西路军马、驼为准噶尔所掠，直至伊犁，捣其巢穴的计划不能实现，只得改变策略，筑城缓进，而接下来的和通泊之战，更使清军实力大损，由进攻转而固守。此后，雍正帝及其大臣将领论进军之事，皆以防边固本为先，"凡事图维，临时权变，勿贪功前进，勿坐失机宜"。[④] 直至额驸策凌在光显寺大败准噶尔军，但此时清朝统兵将领仍然心有余悸，行动迟缓，措置失宜，时马尔赛驻扎克拜达里克城，有兵万余，如出兵拦截，可使准噶尔兵一骑不返。但却"贼过不行堵截，贼去又不尾追，端坐空城，视同秦越"[⑤]。雍正帝得报，怒责马尔赛误国事、负深恩，将其在军前正法。

在清军与准噶尔相持的几年里，归化城作为进兵大道，位置适中，且自然条件适宜驻兵，在此驻兵可作为出征部队的梯队，可攻可守，调用亦

---

① 策凌：博尔济吉特氏，喀尔喀蒙古人，康熙三十一年来归，入内廷教养，四十五年尚康熙帝和硕纯愨公主，授和硕额驸，赐贝子品级。雍正元年封郡王，九年以功晋亲王。

② 魏源：《圣武记》卷3《外藩》，中华书局，1984，第143~145页。

③ 《清世宗敬实录》卷78，雍正七年二月癸巳。

④ 《清史稿》卷296《列传八十三·岳钟琪》。

⑤ 《清世宗实录》卷124，雍正十年十月甲子。

方便。所以，清军在归化城及其附近地方驻扎多次。雍正九年九月，副将
军丹津多尔济以汉军驻扎在四子部落，皆旷野之地，如遇雪大之年，必无
柴薪。请将此兵驻扎于归化城相近有柴之处等语。雍正帝认为归化城北翁
滚地方适中，调度亦属容易，命大将军马尔赛带领汉军兵四千，会同喀喇
沁兵一千名，驻扎翁滚地方。① 雍正九年十月，以归化城地方紧要，派京
城兵二千名，令副都统胡琳、归化城副都统席尔塔带领前往归化城驻扎。②
后由副都统绰尔多同胡琳在十一月带往归化城驻扎。③ 雍正九年十月，令
马尔赛暂在归化城驻扎。

　　详见表 2 - 1。

表 2 - 1　归化城历朝临时驻防

驻防朝代	驻防起止时间	驻防地点	驻防原因	统领将领	驻防兵额	备注
太宗朝	天聪九年	归化城	防守察哈尔降民	岳托、吴巴海		
顺治朝	顺治十一年	归化城	闻喀尔喀相约举兵内向，以为防备	多罗安郡王岳乐		
康熙朝	康熙二十七年八月至二十八年五月在家预备，以俟调遣	归化城	喀尔喀与厄鲁特边境交战，屯兵以备紧急调遣	都统阿拉纳、副都统阿第等	备兵一千	
康熙朝	康熙二十七年九月	归化城	防御边塞	右翼公苏努率之。左翼公化善率之。以苏努为统帅		以噶尔丹殊为恭顺且遣使请安，暂停起行
康熙朝	康熙二十九年六月至康熙二十九年十月	归化城	噶尔丹深入乌尔会河二十九年，以厄鲁特噶尔丹叛，命率兵往会抚远大将军裕亲王福全；旋命驻防归化城。[碑传选集（二）]	康亲王杰书		外藩兵之半，大同兵两千、宣府并一千，俱驻归化城。康亲王之军，今已无事，具撤回，左翼四旗察哈尔之旗兵未撤

① 《清世宗实录》卷 110，雍正九年九月丙戌。
② 《清世宗实录》卷 111，雍正九年十月戊戌。
③ 《清世宗实录》卷 112，雍正九年十一月辛酉。

驻防朝代	驻防起止时间	驻防地点	驻防原因	统领将领	驻防兵额	备注
康熙朝	康熙三十二年五月至康熙三十四年十一月	归化城	归化城乃总要之地，增戍之兵甚多，应专设将军一员，总管归化城都统、副都统，训练官兵	安北将军费扬古		凡有当行事务，协同右卫将军而行
康熙朝	康熙三十四年十一月	归化城北山后厄勒苏台	防备噶尔丹	宁夏将军觉罗舒恕	一千五百	
康熙朝	康熙三十五年一月至康熙三十五年十一月	归化城	归化城地方紧要，西路师出征，防守空虚	安郡王马尔浑、辅国公赖士、副都统逞图	三千	归化城地方紧要，土默特二千兵外，增拨宣化绿旗兵一千驻防
康熙朝	康熙五十四年四月十五日至康熙五十四年五月初二日	归化城	策妄阿拉布坦侵哈密，预为之备	右卫将军宗室费扬固		若有事，都统新泰为将军参赞
雍正朝	雍正九年正月十一日乙亥	归化城	为防准噶尔兵扰青海，命蒙古科尔沁等部发兵五千往归化城驻扎			
雍正朝	雍正九年九月二十六日至十一月初三日	归化城北翁滚	防备准噶尔	大将军马尔赛	五千	命马尔赛率汉军兵四千、喀尔喀兵一千往归化城北翁滚地方驻扎
雍正朝	雍正九年十月初八日	归化城	归化城地方紧要	副都统胡琳、归化城副都统席尔塔	二千名	后暂且停其前往，仍令伊等预备

续表

驻防朝代	驻防起止时间	驻防地点	驻防原因	统领将领	驻防兵额	备注
雍正朝	雍正九年十一月乙酉	归化城	防守归化城	图尔赛等	一千名	归化城亦属紧要，马尔赛至扎克拜达里克时，令将图尔赛等，所领土默特兵丁一千名，遣回归化城
雍正朝	雍正九年十一月辛酉	归化城	防守归化城	副都统绰尔多	一千名	令副都统绰尔多统领，在归化城驻扎

表 2 - 1 依据《康熙朝汉文朱批奏折》《雍正朝汉文朱批奏折》《清实录》《清史稿》《康熙起居注》《大清会典等》《清史列传》等制作而成。

三　清准双方态势与清准议和

额尔德尼召之战后，准噶尔实力受损"始敛兵戢众，微吐和意"①。清朝大学士鄂尔泰从西路军营返回后，也主张与准噶尔罢兵言和，密奏言："准噶尔乃荒要地方，得其地不足守，得其人不足臣。我以大军临之，彼恐失其世守，必合力死拒。若弃之化外，必不敢内侵，自然悔罪降服"②。不久查郎阿又奏报：噶尔丹策零欲来请和，何人为使尚未定。雍正帝命密咨两路大将军，准噶尔部如"引罪请和，需派亲信台吉、寨桑，将应行事理详议前来"③。在数年的战争之后，清准双方均露议和之意。而清军地方将领认为现在西北两路，兵力强盛，军械整齐，马驼健壮，粮饷充足，近在准噶尔边境，应进兵征讨；雍正帝则认为"彼地辽远，我往则我师徒劳，彼来则彼师受困"④，不欲劳师远涉；而驻兵防守边界又未免时日耽延，将士久劳。因此，决定与准噶尔议和。雍正十二年八月，雍正帝遣侍郎傅鼐、内阁学士阿克

---

① 昭梿：《啸亭杂录》卷 10《书光显寺战事》，第 361 页。
② 鄂容安等：《襄勤伯鄂文端公年谱》，中国社会科学院历史研究所清史研究室编《清史资料》第二辑，中华书局，1981。
③ 《清世宗实录》卷 139，雍正十二年正月甲申。
④ 《清世宗实录》卷 145，雍正十二年七月戊戌。

敦等前往准噶尔部，谕噶尔丹策凌："朕并无将准噶尔必行剿灭之意，但如此相持日久，彼此皆劳，非徒士卒苦累，而马匹牲畜亦多损伤。今特遣使臣侍郎傅鼐①等前来宣谕朕意，与尔商议彼此罢兵之事。尔果欲遵旨罢兵，同享安逸，即与遣往之大臣明白定议。是非利害，尔宜酌定，欲构兵，欲止戈；欲安逸众庶，欲残害生灵，亦唯尔择而行之。"②

对双方罢兵息戈的真实原因，早有学者指出，庞大的军费开支和各自内部愈益严重的矛盾，已使双方难以再支撑下去。③《军营档》乾隆十一年十一月十四日抄录奏片：查雍正年间，西路军需用过银三千五百三十万三千两零，北路军需用过银一千九百零九万一千两零，西北两路总共享过银五千四百三十九万四千两零。④ 据魏源《圣武记》记载：康熙六十一年，户部库存八百余万，雍正间渐积至六千余万，自西北两路用兵，动支大半。⑤ 庞大的军事开支使双方逐渐陷入经济崩溃的边缘，人民不满情绪高涨，战事进入进退维谷的境地，议和为双方共同的愿望和需求。雍正十二年十二月，傅鼐、阿克敦等一行抵准噶尔部之伊犁，见噶尔丹策零，交给敕书，噶尔丹策零就敕书所言各节表示意见。表示愿意休兵宁人，与喀尔喀分游牧界限。命宰桑表示：厄鲁特不过阿尔泰山，喀尔喀不过哲尔格西拉呼鲁苏，将其间置为空地。傅鼐等表示："果如此，议近于成矣！"⑥当傅鼐一行返回时，准噶尔部使者亦同来，与清朝商议划定疆界之事。对于准噶尔的议和方案，雍正帝征求策棱的意见，策棱谓："向者喀尔喀游牧尚未至哲尔格西喇呼鲁苏，此议可许。惟准噶尔游牧，必以阿尔泰山为

---

① 傅鼐，富察氏，满洲镶白旗人，精骑射，年十六侍雍正帝于藩邸。雍正二年补兵部侍郎。既抵准噶尔，噶尔丹策零欲得阿尔泰地，思以利害动之，使众头目谓之曰："议不成，公不归矣！"傅鼐曰：出嘉峪关而思归者，庸奴也。某思归，某不来矣。今日之议，事集，万世和好；不集，三军暴骨，一言可决。而戋戋如儿女子，吾为尔之羞也。翌日噶尔丹策零如约缮表，求转奏，并遣宰桑同来，献橐驼、明珠等物，和议乃定"（昭梿：《啸亭杂录》卷7，第195页）。

② 《清世宗实录》卷146，雍正十二年八月丙午。

③ 孙驰：《乾隆初"近疆固守"的方略与建立绥远城》，《中国边疆史地研究》1998年第2期，第55页。

④ 参见庄吉发《故宫档案述要》，台北故宫博物院，1983。

⑤ 魏源：《圣武记》，中华书局，1984，第473页。

⑥ 阿克敦：《得荫堂集》卷13，《碑传集》卷26。

界，空其中为瓯脱。"① 此后，双方使者往来，就具体的定界问题难以达成一致，直到雍正帝去世，双方仍未达成一致意见。所以乾隆帝即位后，对大将军庆复说，"朕以为请和不请和在彼。我惟固我疆域。伊设来时，不过自取亏败而已，此言至要、至细惟汝知之。"② 既然确定了不管和与不和，惟固我疆域，那么筑城驻兵，以为久远之计就被提上日程。在雍正朝虽然议和，但议而未定，故作漠北、漠南分别筑城驻守的计划，归化城驻兵未及行，雍正崩，乾隆帝即位，经过反复讨论和论证，决定在归化城附近筑一新城驻兵防守。

四　绥远城的兴建及右卫将军移驻绥远城

纷繁复杂的满城建设，从选定地点到制定规划，从具体施工到建筑完成，清政府都经过周密部署。《钦定大清会典》卷五十八记载："兴建城垣、衙署、祠庙、仓厫、营汛等工，皆由督抚、将军、大臣等酌定规制奏准，后饬委勘估，造册具题，覆定兴工。"

（一）雍正朝的筹划

早在康熙三十年（1691），清廷就派人"往勘归化城驻兵之地"，提出在归化城西南三十余里外有浑津村建城的提议，但因清准双方尚处于战争阶段，建造城垣，工程浩大，头绪繁多，故未能在归化城建立永久驻防。但归化城控扼冲要的重要地位并没有改变，清廷依然在此地驻有重兵。俟至雍正末年，清准双方开始议和，清也为节约军需粮饷而计划从漠北撤兵。雍正十三年（1735）二月，雍正帝又下旨："归化城地理位置重要，派满兵几千前往，并修建城池。"③ 史料证明在雍正年间，雍正帝就有在归化新筑城池的安排，这条史料出自满文档案，可信度较高。某些论述认为，雍正在位期间没有提出筑归化城，是准备在喀尔喀屯驻重兵，值

---

① 《清史稿》卷 296《列传八十三》。
② 《清高宗实录》卷 7，雍正十三年十一月癸丑。
③ 中国第一历史档案馆藏《军机处满文月折包》，档号：1540 - 001. 缩微号：039 - 0348。（转引自边晋中《清绥远城修筑时间和过程考》，《内蒙古师范大学学报》2007 年第 1 期，下同不注）又见《清代边疆满文档案目录》，雍正十三年闰四月初七日，"大学士鄂尔泰奏于归化城附近筑城驻兵折"。

得商榷。雍正帝指示在归化城筑城的意图有二。一是清朝和准噶尔虽然求和，但和议尚未达成，疆界尚未议定，不可深信。难保喀尔喀不复萌生侵扰喀尔喀之心。所以，清朝在此驻兵可以援助喀尔喀，虽然满兵驻扎归化城，喀尔喀有事，满兵不能速到漠北，但是从归化城出兵相对京师而言，在古代交通不便的情况下，省出十多天的时间是没有问题的。归化城都统丹津曾奏："皇上曾旨，归化城位于山西杀虎口外，为援助喀尔喀蒙古，在此地方修城，设将军，领官兵 5000 多户。"① 二是此时雍正帝命归化城筑城派兵有解决八旗生计和八旗驻防的整体考虑。康熙四十九年时，京师八旗已因户口繁衍，出现兵丁无房居住的现象，康熙曾谕大学士等曰："满洲户口滋息甚繁，兵丁内无屋可居者有之，右卫见有所造空房，若增驻兵丁，极是善策。"② 同年五月，即议定将京城八旗骁骑二千四百名，汉军火器营兵六百名，拨派右卫，以现在空闲官房拨派居住。③ 到雍正十三年，满洲已出现八旗生计问题，雍正帝也有意识地全面安排八旗驻防，既然"论钱粮在京在外皆属一体，亦不为枉费"④。地方多驻满兵亦为有益。所以雍正帝说：满洲"滋生甚繁，将来若敷用时，能各省皆令有驻防满兵方为全美"⑤。所以此时雍正帝在位期间归化城筑新城驻防八旗满兵，既有援助喀尔喀蒙古的因素，也有对全国八旗驻防做全面安排和解决八旗生计的一面。而不是后来所说的，筑城是为了安排从漠北准噶尔前线撤退下来的兵丁，因为"今噶尔丹策零虽遣使求和，而疆界尚未定议，不可深信，俟准噶尔倾心归顺，始可酌量撤兵"⑥。驻兵中心仍在漠北的鄂尔坤城。此时的筑城应与漠北撤兵关系不大。雍正十三年六月二十四日，右卫将军申慕德奏：内蒙古大青山地方特木尔章奇塔尔两村间宜筑城驻兵及训练兵丁。其后"遵旨，在归化城至特木尔章奇塔尔之间选一地方修建城池"⑦，当为建城选址尚未最后确定之时。雍正帝去世，乾隆帝继位。乾

---

① 中国第一历史档案馆藏《军机处满文月折包》，档号：0388 - 004. 缩微号：011 - 2944。
② 《清圣祖实录》卷 242，康熙四十九年四月辛酉。
③ 《清圣祖实录》卷 242，康熙四十九年五月庚寅。
④ 《宫中档雍正朝奏折》第 12 辑，台北故宫博物院，1978 年影印。
⑤ 《宫中档雍正朝奏折》第 12 辑，台北故宫博物院，1978 年影印。
⑥ 《清世宗实录》卷 154，雍正十三年四月甲寅。
⑦ 中国第一历史档案馆藏《军机处满文月折包》，档号：1180 - 009，缩微号：027 - 2842。

隆帝面对当时清朝与准噶尔的形势，与大臣反复商酌筹划，终议定筑城于归化城附近。①

（二）乾隆朝的筹建

雍正末年，清准双方遣使往来，议和划界，但直至乾隆帝即位，双方仍未就划界问题达成一致，双方的敌对关系并未结束，对付准噶尔的形势未变。乾隆在雍正帝去世后担心准噶尔部或因雍正帝之逝而有异动，命查郎阿仍暂掌大将军印，驻扎肃州。命北路大将军平郡王福彭整顿军备，坚固防守，皆不必来京叩谒梓宫，乾隆帝就准噶尔是和是战，是否撤回北路军一事，征求喀尔喀四部的意见，而"四部落喀尔喀所议。请我兵者有

---

① 对于绥远城的始建和竣工时间，目前学术界仍存在争议，尚未达成一致。一些学者根据相关史料对其进行考证，提出了各自不同的观点。为了廓清这种认识分歧的原因，姑将各种史料记载的差异胪列于下。雍正十三年始建，乾隆二年工竣之说史料来源：《绥远旗志》及《绥远城驻防志》均记载："雍正十三年奉旨兴工建造城垣，至乾隆二年工竣。"《归绥县志》记载："绥远城，在归化城东北五里，清雍正十三年兴建，乾隆二年工竣。"《山西通志》卷30记载："绥远城，在归化城东北五里。清雍正十三年兴建，乾隆二年工竣。"《归绥识略》《归化城厅志》《归绥道志》记载与上相同。

乾隆二年动工兴建说：《归绥县志》《金石志》《敕建绥远城碑》记载："于乾隆丁巳季春三月即工，乾隆己未之夏六月工竣，钦定佳名曰绥远城。"丁巳为乾隆二年，己未为乾隆四年。《绥远通志稿》卷70《城市》记载："乾隆二年兴工，四年告成，赐名曰绥远城。"

其他有雍正十三年建、乾隆元年始建、乾隆二年始建、乾隆三年工竣、乾隆四年工竣等，以上诸说皆有学者采用，各具理由，除依据的史料记载不同外，还有观点不同等原因造成的。是以绥远的兴建，初有雍正帝的降旨，继有军机大臣等的议定，并于乾隆二年正式动工兴建。

雍正十三年（1735年）兴建，乾隆二年完工。"绥远城，在归化城东北五里，清雍正十三年兴建，乾隆二年竣工。"（《归绥县志》，《建置制·城市》，第1页）

乾隆元年（1736年）兴建，《归绥县志》载："高宗乾隆元年于城东北五里建绥远城。"（《归绥县志》，《舆地志·沿革》，第6页）；乾隆三年（1738）工竣，依据乾隆三年二月二十八日的一份咨文："绥远将军王昌为本处营建工程竣工。故将归佐领劳扎尔遣回事。咨文归化城都统。"（佟鸿举：《呼和浩特地区满文估计文献综述》，王钟翰主编《满族历史与文化》，中央民族大学出版社，1996，第302页）；乾隆四年（1739）竣工，据曾参与修筑绥远城的都统通智乾隆四年所撰《敕建绥远城碑》记载："务于乾隆丁巳（乾隆二年）季春三月即工，乾隆己未（乾隆四年）之夏六月工竣，钦定佳名曰绥远城"（《归绥县志·金石志》《敕建绥远城碑》，第9页）同治九年（1870）《重建绥远北门城楼记碑》载："建于乾隆四年。"（《归绥县志·金石志》，第14页）1983年版的《满族社会历史调查》则说，雍正十三年开始勘探地形，乾隆四年竣工。（《满族社会历史调查报告》，1983）；《呼和浩特沿革纪要稿》记载：绥远城从雍正十三年（1735）开始勘查地形，至乾隆四年（1739）奏报完工，实行移驻。

三，议息兵者一处而已，看来我兵似难遽议撤回"①，乾隆帝也担心准噶尔心甚诡谲，在两三年间，尚不至起事，惟数年之后，清军尽已撤回，准噶尔若潜过阿勒台山梁，扰动喀尔喀等游牧地方，归化城兵又不能速到，必致喀尔喀等受到侵害。从清朝方面看也是出于没有机会消灭准噶尔，而不得不暂时和议撤兵。乾隆帝曾言："准噶尔一事，从前我皇祖、皇考屡申挞伐，而彼部落藩篱完固，未得机会，是以暂议撤兵。"② 然而旷日持久在极边屯驻，而靡费国帑，劳瘁兵力，非国家之长计远虑，且戍守之处太远，仍属无济，当量其近边要害之地以镇守之。这样于蒙古生计与清朝兵力国帑，俱受其益。③ "若一味坐守，则数万兵丁，远戍鄂尔坤等处，何时休息"，"现在之粮，虽足充数年之用，若数年后，又作何计较"。"现在大军情形如此，钱粮情形又如此，总未得一久远全善之策"。④ 在这种困境下如何使边境永固，是乾隆不得不细加思考的事。此时乾隆帝仍处于犹豫不定的阶段，但考虑到将士久劳，漠北钱粮军需运输困难，在确保喀尔喀无事的情况下，倾向于撤兵。雍正十三年十二月二十一日总理事务王大臣等奏言："大兵既撤，若喀尔喀蒙古等必须内兵防护，请酌留东三省兵五千名驻扎鄂尔昆。……归化城路当通衢，地广土肥，驻兵可保护札萨克蒙古等，调用亦便。请于右卫兵四千内酌拨三千，并军营所撤家选兵二千，热河鸟枪兵一千，并令携家，驻归化城。若喀尔喀等自能防守，鄂尔昆不必留驻内兵，则归化城请再酌增兵四千为一万人，令其戍成。设将军一员总理，副都统二员协理。所留右卫兵一千名，以副都统一员领之，仍隶归化城将军管辖。并请特命大臣一人驰往，会右卫将军岱琳卜、归化城都统丹津、根敦、尚书通智等，相视形势，其戍兵如何分驻及筑城垦田以足兵食等事，详悉确议具奏。"⑤

　　这样就基本确定了在近边要害之归化城地区再筑新城以设置驻防的决定，但具体筑于何地尚未确定，乾隆元年四月，稽查归化城军需工科掌印

① 《清高宗实录》卷7，雍正十三年十一月是月。
② 《清高宗实录》卷490，乾隆二十年六月己酉。
③ 《清高宗实录》卷4，雍正十三年十月乙亥。
④ 《清高宗实录》卷7，雍正十三年十一月是月。
⑤ 《清高宗实录》卷9，雍正十三年十二月丙戌。

给事中永泰条奏："归化旧城修整完固，于城东门外，紧接旧城筑一新城，新旧两城，搭盖营房，连为犄角，声势相援，便于呼应。"① 《军机处录副奏折》中记载永泰奏折较详："黑河离归化城二十里，似毋庸添城也。盖归化城旧城即古丰州，背山面河，出入咽喉，最为扼要，易于防御。今欲于黑河地方另筑一城，咫尺之间两城相望，既无款制亦无庇盖，殊为赘设。添造新城，周围约计六七里，设主门仓库，搭盖营房，创始经营，工程约需二三年，工费约得二三百万，旷日持久，糜耗浩繁。在国家蠲租敕赋动辄数百万，自不惜此，然以有用之钱粮终属无益之差费。似不如就归化旧城修整完固，于城之东门外地方开广，紧接旧城筑一新城，周围只须二三里。而旧城现有仓库、衙门，小民居住城内者隙地甚多，房屋无几，酌给价值，令民移居城外买卖、属业。新旧两城搭盖营房，连为犄角，较之黑河地形款制，声势相援，便于呼应，费用亦相去悬殊。"② 在归化城东选址建筑新城的建议并未得到清廷的明确答复。清廷将筑城开垦事件，交通智总管办理。乾隆元年六月，通智"奏请将熟练工程之长沙府都司胡正元发往归化城办理城工"，得到朝廷批准，并命"办理工程事务及修城匠人在归化城招选，不够可在山西招选"③。乾隆元年七月将办理归化城事务兵部尚书通智调回京城，由副都统瞻岱前往归化城，与丹津商办垦地建城事务。④ 不久兵部尚书通智，以协办归化城事务，任意更张，又将土默特官员恣意用刑，被革职。⑤

瞻岱到归化城后即会同尚书通智、都统丹津亲赴原奏之依克图尔根地方踏勘地形。该地周围百有余里，甚属辽阔。瞻岱认为"筑城驻兵事筑基重，务须风水常清，方向适宜，庶于来驻扎兵丁生齿有益，永存万年，筑固金汤之计。且城建房屋用砖瓦需设窑烧造，但城基未定，未敢冒昧措办。倘设窑辽远挽递维艰，如逼近城基恐有伤地脉"⑥。因此请朝廷选派

---

① 《清高宗实录》卷16，乾隆元年四月甲戌。
② 中国第一历史档案馆藏《军机处满文月折包》档号：03 - 8267 - 039，微缩号：605 - 0530。
③ 中国第一历史档案馆藏《军机处满文月折包》档号：0755 - 0062，缩微号：017 - 1193。
④ 《清高宗实录》卷23，乾隆元年七月己酉。
⑤ 《清高宗实录》卷28，乾隆元年十月乙丑。
⑥ 中国第一历史档案馆藏《军机处满文月折包》，档号：03 - 0984 - 006，微缩号：069 - 0027。

谙识风水官一员赴归化城察看筑城地基风水。乾隆元年九月二十一日，清廷所派户部员外郎洪文涧、钦天监监副李廷耀到达归化城，同瞻岱、丹津一起勘察依克图尔根后认为："依克图尔根地方殊在雨水之中，乃地势窒下，南面高而北面低，西首空而水直无阔无拦散漫无收，此要建筑城垣未为妥协。详视归化城之东北约五里许，后有大青山作屏障，前有依克图尔根、巴罕图尔根贰河之环抱，左有喀尔沁口之水，右有红山口之水，会于未方。其中地势，永固之城基，实军民久安之要。新城垣建筑于此，取壬山丙向甚为合理。"① 瞻岱、丹津等通过反复合计，认为归化城之东北五里许地方，实属风水合法形势。建议在此地筑城，并绘有地图，奏请于乾隆丁巳年二月初七乙丑日辛巳先在壬方动土兴工吉，请朝廷批准。据乾隆二年正月十八日瞻岱所奏："归化城地方建筑城工，臣等共同指定基址，择于乾隆二年二月初七日动土兴工，业经议复来旨准行钦遵。"② 可知，清廷同意了瞻岱等人的选址和动工兴建日期。乾隆二年二月，清廷又批准了瞻岱所提出的新城建城规模和工程银两预算。但新城建设刚开工不久，瞻岱被调走，筑城事务由郎中王山负责。据《乾隆朝上谕挡》记载：乾隆二年二月二十三日内阁奉上谕："古北口提督员缺，著副都统瞻岱补授。瞻岱所管归化城工程著王山前往管理。"③ 不久即乾隆二年的三月右卫建威将军王常移驻绥远城，《清高宗实录》记载："总理事务王大臣议奏，归化城盖造新城，去右卫仅二百里，毋庸添设将军，请将右卫将军移驻新城，止添副都统二员。"④ 这样王常成为第一任绥远城将军。作为新城的负责人将军王常不但专管新城兵丁驻防事宜，对新城的建设也负有管理的职责。

　　此后两年零四个月的时间里，绥远城的建设紧张有序地进行，塞外天气早寒，不到十月，天寒即无法施工，只能等到来年春融，再行动工。据《清代边疆满文档案目录》等史料中对其建筑的过程有个大致的记载。

------

① 中国第一历史档案馆藏《军机处满文月折包》，档号：03 - 0984 - 007，微缩号：069 - 0032。
② 中国第一历史档案馆藏《军机处满文月折包》，档号：03 - 1114 - 008，微缩号：079 - 0054。
③ 《乾隆朝上谕挡》，乾隆二年二月二十三日，内阁奉上谕。第158页。
④ 《清高宗实录》卷39，乾隆二年三月庚戌。

乾隆二年闰九月二十七日，绥远城将军王常奏因天寒归化城工不能继续暂令王山回京折。①

乾隆二年闰九月二十七日，郎中王山奏因天寒归化城工不能继续请准回京折。②

乾隆二年十二月十一日，绥远城将军王常奏请将敏廷枢由绥远城城工行走主事照例实授主事折。③

乾隆三年九月初六日，郎中王山奏绥远城城工暂停请准回京明春再来监工折。④

乾隆四年六月二十二日，绥远城将军王常奏郎中王山等于城工甚为勤奋效力折。⑤

乾隆四年六月二十六日，建威将军王常奏绥远城工于四年六月二十二日告竣。办理绥远城城工开垦军需事务建威将军王常奏："闻城工告竣事，窃臣等奉命建筑绥远城城垣、官员衙署、庙宇、兵房、仓廒、桥梁一应工程于乾隆二年二月初七日兴工，至乾隆四年六月二十二告竣。其形势壮丽，环山抱水，垣局周密，边疆保障，诚万年永固之基，实军民久安之业。除将用过钱粮细数另录结黄册报销，恭呈御览，所有工程告竣日期，理合恭折奏报伏乞呈上，宝鉴施行乾隆四年六月二十六日。"⑥

乾隆四年六月二十六日，建威将军王常等奏报，建筑绥远城城垣及衙署庙宇兵房仓廒堞楼桥梁工程告竣，共银一百三十万两有奇。奏入。报闻。⑦

绥远城的修筑工程，自乾隆二年（1737）二月七日动土，经过两年多的紧张施工，至乾隆四年（1739）六月二十二日告竣。绥远城建成后，城内设有将军衙署、钟鼓楼、万寿宫、神祠庙以及兵房、仓廒、堞

① 《清代边疆满文档案目录》第三册（内蒙古卷）P30，档号：0756－006 017－1294。
② 《清代边疆满文档案目录》第三册（内蒙古卷）P30，档号：0756－005 017－1289。
③ 《清代边疆满文档案目录》第三册（内蒙古卷）P30，档号：0019－004 001－0768。
④ 《清代边疆满文档案目录》第三册（内蒙古卷）P32，档号：0757－002 017－1328。
⑤ 《清代边疆满文档案目录》第三册（内蒙古卷）P35，档号：0216－001 006－1275。
⑥ 中国第一历史档案馆藏《乾隆朝汉文录副奏折地区检索目录》第七十七册。又见《军机处录副奏折》，乾隆四年六月二十二日条。档号：03－1114－028，缩微号：079－0164。
⑦ 《清高宗实录》卷95，乾隆四年六月辛丑。

楼、学校等建筑。城墙周边设四座巍峨壮观的城楼，其门额依方位的东西南北分署名为迎旭、承熏、阜安、镇宁。新城开始兴建不久，即在乾隆二年建威将军王常奏请乾隆帝为新城赐名，"乾隆二年闰九月二十七日，绥远城将军王常奏请赐归化城新城佳名折"[①]，乾隆帝赐满汉名曰"绥远城"。

（三）筑城经费

建造一座新城，动工数以万计，耗资数十万帑金，从勘察丈量、绘制图册、工程预算到筹备物料前后经过一年多的时间。其中工程造价的估算是一个困难的事情，因为中间包含着很多不确定的因素，比如农民收成、米粮物料的价格等。对新城建筑所需银两，《清实录》记载："办理归化城事务副都统瞻岱疏称，归化城建城，周一千九百六十丈，高二丈四尺，底宽三丈五尺，顶宽二丈三尺，将军、副都统官员等瓦房三千八十三间，土房一千六百五十三间，兵丁土房一万二千间，铺面房一千五百三十间，共估银一百二十四万一千九百两有奇，请敕户部解发。再归化城都统衙门，现存偿还商人在军营交纳银两，又买马余剩银共一十一万五千一百两有奇，请就近移作城工之用，从之。"[②] 但是在建筑过程中由于添建兵房、窑瓦、城垣加灰以及增建衙署，置买地基等项，都在于原来估价之外；又物价较前腾贵，不敷采办；前后年岁丰歉不齐，近则连年歉收，米粮昂贵，人工车脚，以及物料之价值，亦因之而顿加。因此王山奏请在原估银两数之外又需增添银五万八千一百九十四两零。乾隆帝认为："王常、王山均系实心办理工程之人，其所奏自是实情，无有浮冒，著照所请，增添银五万八千一百九十四两零。即于绥远城开垦银两暂挪散给，王常等不必交部。"[③]

（四）筑城的材料来源

建造绥远城城垣、衙署、营房等项工程。所需物料众多，而主要的则

---

① 《清代边疆满文档案目录》档号：0756－007 017－1298。

② 《清高宗实录》卷36，乾隆二年二月乙丑。

③ 《清高宗实录》卷100，乾隆四年九月己酉。

是木料、石灰、砖瓦等。新城动工修建之时，民工匠人和新驻兵丁数千，粮食难以筹措，因此清政府命将"归化城周围田地，悉行开垦"①，并如通智所请，"于修城之时，乘谷石价贱，买粮数万石收贮。将所买谷石数目及用过钱粮数目，奏闻报部题销"。② 对建造房屋所需砖瓦，就筑城附近选择适中之地，设窑烧造。其他兴工所需多通过商人贩运供给。建城所需钱粮，均由户部动用，建城人员将用过钱粮细数缮造黄册，汇总核实报销。

　　木材一项主要来自邻近归化城之大青山和穆纳山上之木植。归化城北边巍峨的大青山和穆纳山都有大片的原始森林，盛产林木材，其中大青山准许商人出资砍伐，售卖各地。而对相邻的穆纳山林木则采取封禁政策，禁止私自砍伐。然而在经济利益的驱使下，仍有人冒禁进山潜行偷砍，私运贩卖，借此牟利。仅雍正十二年被官府查到没收入官封存的就有十余万根，这些封存的木料成为后来绥远城建设中的木料。据《军机处满文月折包》记载雍正十三年六月二十四日丹津奏："为修城工程，所用石瓦等已经发来，但建房一万二三千间，需大小木材三十万余根，去年木纳山有大量盗伐木材，请将此木材已存的十万余根运往筑城地，以备修城。"③ 这一奏请经军机大臣允礼上奏雍正帝，获得批准。允礼奏称："雍正十三年六月二十九日归化城都统丹津等上奏，于木纳山将盗伐木材运往修筑新城。臣以为，筑城需木材三十万余根，现木纳山有盗伐木材，请将用于筑城，并严禁盗伐。从之。"④ 但是这些木料常年堆积山谷，雨淋风吹，并无遮掩，以致概多朽烂，斧斤难施。《军机处录副奏折》记载有修城负责人副都统瞻岱的调查："原议内将窃砍穆纳山之木料大小共堆积十三万根取用，如不敷用，即于穆纳山采取等语。臣委员前往查迹，现存大小木料三万余根。因与原数不符，复委员查验，该山内堆积木植大率年久朽

---

① 《清高宗实录》卷16，乾隆元年四月甲戌。

② 《清高宗实录》卷18，乾隆元年五月丙午。

③ 《军机处满文月折包》，《归化城都统丹津等奏调用黄河岸上积存木材及木纳山内已伐木材筑城建房折》，档号：0754－005，缩微号：017－1122。

④ 《军机处满文月折包》，《雍正十三年七月军机大臣允礼奏议复丹津所请调运木材筑城盖房折》，档号：0754－006，缩微号：017－1127。

烂……饬令率工匠上紧砍采新木，并将旧木选择可用者修断。"① 据此可知，丹津所奏穆纳山存有木材十余万根，但据瞻岱委员调查与实数不符，仅三万余根，且多朽烂。瞻岱一边将此旧木修断、改削以符使用，一边饬令率工匠上紧砍采新木。那么，是去哪里砍采呢？据《清实录》记载："乾隆元年，绥远城兴建城工衙署营房，于穆纳山招商砍运。后因黄河冻结，令该商段士英等就近在大青山买用，是以穆纳山存剩木植二十八万有余。"② 可知，筑城建房所用木材主要是来自口外穆纳山和大青山，而且是通过招商砍运。但在此过程中也产生了一些奸商舞弊行为，黄河每年十月立冬即结冰至次年三月清明冰融后方能行运。因黄河结冰木材改由大青山采买，而穆纳山所剩木植甚多，约 28 万根有余，被商人段士英等陆续私卖。由此引生了穆纳山木植案，此案数十年未结，曾惊动乾隆帝亲自过问，与本书关系不大，此不多述。

---

① 中国第一历史档案馆藏《军机处录副奏折》，档号：03 - 1114 - 008，微缩号：079 - 0054。

② 《清高宗实录》卷 267，乾隆十一年五月是月。

第三章 绥远城驻防设置的起因
——绥服蒙古与对付准噶尔

关于绥远城驻防设置的原因，目前史学界认为主要有以下几点：一是为防备准噶尔，并安置准噶尔战争中撤退下来的士兵；二是战略地位重要，据此作为进攻准噶尔的军事基地；三是监督地方防止叛乱，即镇抚蒙古。这些观点的归纳基本反映了清朝统治者的意图，很有见地，本书在此基础上对其做进一步的细化阐述，作为以上几点原因的补充论述。尽管这些原因甚至是隐蔽的不见诸官方公文的，但也是应该考虑在内的原因。

首先，不应忽略从明代以来归化城地区的战略地位，特别是在明代形成的政治经济文化中心的地位；其次，以上几点论述对清朝政府在归化城驻防军队防备对象的转变没有涉及；再次，忽略了经济、宗教的因素。我们不能以一种线性因果关系分析绥远驻防设置的原因，可以说绥远驻防的最终设立是归化城土默特地区政治、经济、文化等各种因素综合作用的结果，对此我们应该全面地认识。

第一节 政治上的原因

一 归化城战略位置的重要

归化城地区处于农牧地带的交会处，是中原内地和塞外蒙古贸易联系的孔道，更是关系蒙古稳定的敏感之地。北方游牧民族把这一地区作为他们进入中原的跳板之一，是历代北方游牧民族南侵肆扰凭借之地，所以竭力占有此地；历代中原王朝也都把这一地区作为抵御北方民族的前哨，在此地屯兵设治，固守边疆。所谓长城以北，瀚海以南，阴山所在，黄河所流，四望平旷之地。归化城就坐落在土默川的中心位置上。被称为"京畿之锁钥，晋垣之襟带，乌伊诸盟之屏障，库乌诸城之门户"（《土默特志》），是联系大漠南北的交通枢纽，控扼冲要，是兵家必争的咽喉之地。俺答汗以此地为基地，惨淡经营，建立起强大的威震蒙古诸部的游牧帝国，其驻牧地"东至独石、三间房，西至黄河丰州滩，昭君墓，威宁海，九十九泉，北至大青山等处"①，南至明朝的长城边界，在山西巡抚、大同边外，成就一代霸业。其位于清的西北，去中原无远，与山西、陕西、甘肃、漠西准部及漠北喀尔喀接壤，与晋省关系尤为密切，控扼草地，毗连大青山，为入漠北的两大门户之一（另一为张家口）。清初以来，经营漠北、漠西，无不以此为大本营，居中策应，始底于成，平时乌里雅苏台驻防兵丁之更换，粮饷文报之传递络绎，及边务咨商会办等，论者说："固南北孔道，商贾毕集；居长城边外，为西北锁钥重地。"清初诗人王循在其《归化城》的诗中写道："西北风云连九檄，古今形势重三边。"② 故绥远城建成以后，办理绥远城开垦军需事务的建威将军王常向清廷上奏绥远城建成的奏折中说："……其形势壮丽，环山抱水，垣局周密，边疆保障，诚万年永固之基，实军民久安之业。"③ 绥远城的建成及八旗兵丁的驻防，预示清廷完成了长城驻防线上的重要一环。彻底改变了清前期"闻警后，始遣大兵势不能朝发夕至。我进彼退，我还彼来，再三若此，凡蒙古诸部亦大遭其蹂躏矣"④ 的尴尬境况，一旦外蒙及邻近各省有事，则边警交驰，绥远亦告吃紧，清廷调兵遣将，筹饷备粮，无不由此。当乾隆二十一年和托辉特部青衮杂卜，发动"撤驿之变"⑤ 时，乾隆帝马上传谕绥远城建威将军富昌派绥远满兵两千名，作速起程驰赴乌里雅苏台，接续台

---

① 〔日〕和田清：《明代蒙古史论集》（下），潘世宪译，商务印书馆，1984，第598~633页。

② 张曾：《归绥识略》卷32《人部·诗词下》，内蒙古大学图书馆据光绪本手抄，第112页。

③ 中国第一历史档案馆：《乾隆朝汉文录副奏折地区检索目录》，第77册。档号：1114-028，缩微号：079-0164，分类号：R51-4。

④ 《清圣祖实录》卷168，康熙三十四年八月丁未。

⑤ 和托辉特部青衮杂卜在平定准噶尔部时，曾与阿睦尔撒纳交好，在清朝处死喀尔喀亲王额琳沁多尔济之后，心怀疑惧。担心祸将及与己，于是自军营私行逃归，遂将伊犁所有卡座台站兵丁，尽行撤回，并布散谣言，多方煽惑众喀尔喀人等。数年以来苦于战争频繁调拨，生活艰苦的驿站兵丁，纷纷响应，竟弃台站，潜归游牧处。其间不免有乘机抢掠台站者。这就是有名的"撤驿之变"。

站，查拿贼人。并对军机大臣说："即喀尔喀全部从逆，何能至归化城乎。"① 体现了绥远驻防在屏障京师，控制大漠南北的重要战略地位。并在乾隆六年（1741），以归化城"路当孔道，夷汉交集，为各部落台站之要区，犄角绥远城，控制和林格尔、托克托城、萨拉齐、昆都仑、清水河、善岱等处"②，而将其定为冲繁难三项要缺。清末左宗棠曾论及新疆的国防价值时说"重新疆者，所以保蒙古，保蒙古者所以卫京师，西北臂指相连，形势完整，外患自无隙可乘；若新疆不固，则蒙古不安，匪特陕、甘、山西各边时虞侵轶，防不胜防，即直北关山，亦将无宴眠之日"③。其虽然是说新疆，但亦可证蒙古在此间联络形势，处于臂指之间手腕的关键位置。

对蒙古地区的控制重点在漠南蒙古，一则它处于京师肩背的位置，一旦有事，京师立危；一则它横亘于内地与喀尔喀蒙古、漠西蒙古乃至今天的新疆之间，又东与清室"龙兴之地"东北三省相接，倘有不测，会使满族统治者的后方受到极大威胁。④ 北控库伦，西通甘新，背山面河，出入咽喉，最为扼要。绥远城建成后"两城犄角而当关外之冲，扼陇西之隘，谓之北门锁钥者，询无以要于兹矣"⑤。这就使清在漠南蒙古的统治有资凭借而牢不可破。

二　清朝对蒙古的防范政策

满族统治者以少数民族入主中原，建立起"东极三姓所属库页岛，西极新疆疏勒至于葱岭，北极外兴安岭，南极广东琼州之崖山"的大帝国，统治在人数上超过其数倍的汉、蒙古、维吾尔等民族，其政权初期有联蒙以制汉的性质，所以才有满蒙联姻之盛。人称满洲龙兴辽沈，得蒙古最先，亦视蒙古最重。实行"南不封王，北不断亲"的制衡政策。尽管满族统治者一再强调，满蒙一家，满汉一家，但满族以武功定天下，以少数民

①　《清高宗实录》卷519，乾隆二十一年八月壬戌。
②　《清高宗实录》卷149，乾隆六年八月丙辰。
③　《皇朝经世文续编》卷33，《户政五·建置》。
④　定宜庄：《清朝北部边疆八旗驻防概述》，《中国边疆史地研究》1991年第2期，第23页。
⑤　贻谷修，高赓恩纂《绥远旗志》卷2，清光绪三十四年（1908）刻本。

族统治人数占多数的汉、蒙古等民族，军事征服与军事控制是问题的核心，在思想深处的民族畛域始终难以弥合。① 其对蒙古族的防范从征服它的那一天起就开始了。当年清太祖努尔哈赤就曾说"若无城郭，蒙古岂令我等安居哉，惟恃有城郭故耳"②；"满洲苟无城郭，蒙古岂令我等得安居哉！因我等诸国所恃，惟城池也"。③ 因为当时后金尚未统一漠南蒙古，满蒙处于敌对状态之下，这也可以理解；而到皇太极时，采取乱则讨之，附则养之的政策下，整个漠南蒙古都处于清朝统治之下。满族入关之时，大批蒙古人又"从龙入关"，成为清朝统一全国的功臣，这时清政权的性质已具有"满蒙联盟以制汉"的因素。从象征满族征服漠南蒙古的崇德改元，到1644年清军入关，已经有十三年的时间，而在顺治二年（1644），摄政王多尔衮遣大学士刚林、祁充格、宁完我等人晓谕漠南蒙古科尔沁部土谢图亲王巴达礼时说："天下大业已定，正黎庶休养之时，然恐蒙古造衅，缓则密奏候旨，其有急不及奏者，尔即便宜行事，吾惟尔是恃。"④ 科尔沁部与清朝可谓臣服最早，联姻最盛之部，故清廷对其格外信任，而对其他各部之蒙古则存有很重的戒备心理。

"非我族类，其心必异"的狭隘民族偏见，康熙帝曾说，从"三藩之乱"中清廷得到两点深刻的教训：一是"八旗满洲系国家根本"，只有自己民族的武装才可真正信赖。康熙皇帝曾云："凡地方有绿旗兵丁处，不可无满兵。满兵纵至粮缺，艰难困迫而死，断无二心。若绿旗兵丁，至粮绝少时或窘迫，即至怨愤作乱。"⑤ 这正是这种"非我族类"的真实写照。而在清初康熙帝正全力进行平定吴三桂等"三藩之乱"时，漠南蒙古察哈尔林丹汗后裔布尔尼发动了反清叛乱⑥，清廷后背出现不稳，使清廷极为恐慌。虽赖图海率京师家选兵予以平定。但这件事令危机中的康熙帝惊悸不

---

① 定宜庄：《八旗驻防制度研究》，辽宁民族出版社，2003。
② 《清太祖实录》卷9，天命九年正月乙酉。
③ 《满洲实录》卷8，天命十年八月初九。
④ 《清世祖实录》卷16，顺治二年五月丁未。
⑤ 《清圣祖实录》卷274，康熙五十六年九月己亥。
⑥ 察哈尔部额哲降清以后，被安置在义州边外，卒后由其弟阿布鼐袭爵，阿布鼐八年不朝请，被清朝囚禁盛京，亲王由妻子布尔尼承袭。当康熙十二年"三藩之乱"时，布尔尼联合奈曼等部拥众叛清，被清廷派兵镇压下去。但这件事不能不在清朝统治者心中留下阴影，让其意识到清在漠南的统治并非稳如泰山。

已，更何况归附多年的奈曼部也响应了这次叛乱。这就使清廷猜想布尔尼事件不仅仅是个别事件，而是蒙古族对其故主和民族认同心理的归属感。

　　紧接着其后的清准战争中，又有乌珠穆沁诸台吉顺附准噶尔的事情发生。康熙三十年四月，奉差议事兵部尚书马齐等疏言、阿霸垓台吉奔塔尔首告乌珠穆沁亲王苏达尼之妻顺附噶尔丹一案，查苏达尼之妻及台吉车根阿穆尔、充科、阿达里、诺垒、喇扎布等顺附噶尔丹是实，俱应即行处斩，苏达尼之妻应革封号，撤去所属之人，苏达尼已故应革去亲王不准承袭，二等台吉博托和喇扎布、阿喇西博罗特及为向导绰克图等曾送马匹牲畜顺附噶尔丹是实，俱应即行处斩。妻子入官，拨什库阿尔塔等为噶尔丹指路，往来问讯，送骆驼马匹皆实，俱应即绞。其妻子应作何处治交与该部议奏，博罗特乃应行正法之人，护卫巴扎尔、伊白葛尔将博罗特明知故纵，使之逃走，应照律即行处绞。贝勒毕鲁瓦将重罪之博罗特不交付得当之人严行看守，应罚俸一年。博罗特应传谕四十九旗严行查究，获日即行正法。①

　　在雍正九年的清准和通泊之战中，"世受国恩，凡遇用兵之地，奋勇效力，已历多年的归化城土默特副都统衮布、夸兰大里查布、参领塞楞皆投顺准噶尔"，②康熙三十一年（1692）十一月，噶尔丹之使厄尔德尼绰尔济、色卜登额尔克白克等，挟噶尔丹书札，散布内属蒙古。布尔尼之叛和噶尔丹引诱内蒙古各部叛清归己，显示出清朝在此地军事基础薄弱与康雍乾年间驻防军队的必要。

　　噶尔丹与策妄阿拉布坦均曾令部属携信札散布蒙古劝导其背清的举动，原因除了是一种战争时采用的政治策略外，还有一个前提就是，他们都是蒙古族，语言、文化、服饰和共同的民族心理。尽管内外蒙古领主能够把书信等上缴清廷，以示忠于清廷，而谁又能保证在清朝缺乏强大的军事经济优势时，处于自在状态的蒙古部落，仍能够向清朝俯首称臣呢？归附最早的科尔沁部亲王沙津与噶尔丹之间的书信往来因未及时告知清廷，以致康熙帝不断收到前线统兵将领及其他人的密报，称沙津已经投降噶尔

----

① 《清圣祖实录》卷 151，康熙三十年四月壬辰。
② 《清世宗实录》卷 108，雍正九年七月乙酉。

丹。所以康熙帝采取了与处理布尔尼时同样的方式，传旨召沙津进京，如来则已，不来则必视其叛。沙津至京后，康熙帝将密告其书信示于沙津，这时惶恐的沙津才将与噶尔丹之往来情形详细奏报，交出与噶尔丹之书信并一再表示其忠诚。“清朝所能依靠的最亲信的力量只有一个，那就是八旗劲旅”。[①] 故康熙帝在清准战争初期即筹划在控扼险要的归化城设置军事驻防，急促间选择了山西右卫。但很快又发现了其对北方战争中战守的不足之处，又在归化城设安北将军予以弥补，在安北将军费扬古率军出师以后，康熙帝即命京城宗室马尔浑等前往归化城驻守，临行谕安郡王马尔浑、辅国公赖士、副都统迓图：“尔等往归化城，务扬军威，以示兵力强盛。各处远行侦探，最为紧要。尔等三人，须同心效力，不可互相推诿。”[②] 当时清准战争的前线已经西移至图拉河，距归化城遥远，所谓各处“远近侦探”“务扬军威，以示兵力强盛”等，不免含有向漠南蒙古炫耀军力和加强防范的因素。此后清准前线稳定在阿尔泰一线。另外，清朝在京畿、山西、黑龙江等处一些驻防，表面上看并非针对蒙古，实则与防范蒙古诸部甚有关系[③]，因为有“塞外蒙古多与中国抗衡，汉唐宋至明代俱被其害”[④] 的史鉴。

所以清朝又在归化城土默特部蒙古部落之外，设置了由清廷直接统辖的八旗驻防，派重兵驻扎，以保其无虞，至雍正末年，清准形势缓和，故决定归化城设置军事驻防，一来防备准噶尔，二来像其他全国直省驻防一样，震慑地方，维护统治。达到“无事则抚慰控制，隐然有虎豹在山之势，有事则敌忾同仇，收干城腹心之用”[⑤]。

三　清朝将右卫驻防移驻绥远城的原因

鉴于明朝的经验，在右卫内地设驻防，显然不能有效控驭蒙古，右卫

---

① 定宜庄：《清朝北部边疆八旗驻防概述》，《中国边疆史地研究》1991 年第 2 期，第 28 页。

② 《清圣祖实录》卷 170，康熙三十五年正月甲申。

③ 定宜庄：《清朝北部边疆八旗驻防概述》，第 23 页。

④ 《清圣祖实录》卷 180，康熙三十六年二月辛丑。

⑤ 希元等纂修，林久贵点注《荆州驻防志 · 序》，湖北地方古籍文献丛书，湖北教育出版社，2002。

毕竟是传统的内地，属于中原农耕区域，位于长城口内，而已设于归化城附近，则是向前深入了一步，钳在了漠南蒙古的核心位置，是长城沿线的一个最为重要的一个支点，以此为支点，经营边外蒙古，与其设在长城内的右卫，阔如设在长城外蒙古的心脏之区。毕竟右卫地处长城以内，属传统的内地，在地缘政治上更多表现为对山西的联系和出入长城的通道作用，以其控制漠南全境，总有鞭长莫及之感，归化城与右卫不同，位置基本处在漠南蒙古的中心，得归化则北出大青山可达喀尔喀，震撼漠北；东取张家口，威胁京师。何况，归化城从明代俺答汗以来就是蒙古的政治、宗教中心，在蒙古人心目中有很深的影响，蒙古地方一旦有事，具有很强的号召力，容易形成政治中心。而右卫是传统的内地，且在长城关内，离杀虎口尚有一段距离，在蒙古人心目中几乎没有多大影响力。这也决定了清政府移驻满兵至归化城而将归化城牢牢控制在自己手中，以有效监督、监视、震慑蒙古。

第二节　经济方面的原因

一　漠南农业的发展可以为驻防提供粮食等方面的支持

归化城坐落在大青山南麓平坦开阔的土默川平原上，其地"青山似屏，黑河如带；碧野平芜，一望无际，冬有寒而不酷，夏无暑而偏凉。蛇蝎潜踪，蚊虫绝响。禾麦蔽野，杂树排空。环境之佳，冠冕塞北"[1]。可见这里自然地理条件优越，耕牧咸宜。在明代俺答汗时期，这里的农业已有了长足的发展，出现了许多大大小小的板升。史载明后期归化城土默特地区"升板筑墙，盖屋以居，乃呼为板升，又众十余万。南至边墙，北至青山，东至威宁海子，西至黄河岸，南北四百里，东西千余里。一望平川，无山坡溪洞之险，耕种市廛，花柳蔬圃，与中国（内地）无疑"[2]。虽然这种农业发展繁荣的情况在明末曾遭到战争的破坏，也就是天聪六年（1633），皇太极和蒙古诸部联军出征林丹汗，林丹汗欲拒敌，然诸部解

---

① 荣祥：《呼和浩特市沿革纪要稿》（油印本），中央民族大学图书馆藏，1979，第233页。
② （清）顾祖禹：《读史方舆纪要》，上海书店出版社，1998，第300页。

体，遂派人至归化城"强驱归化城富民牲畜，渡河西奔"①。后金军队至归化城地区，烧绝板升而去。土默特部顺义王俄木布等投附了清朝。清于崇德三年（1638）六月，正式在归化城土默特编设牛录，设立左、右翼二旗，以原俺答子孙的属民古鲁克、杭高二人为固山额真，统领二旗。② 这一地区的经济开始恢复发展。

当时由于归化城土默特地区经兵燹，原垦田亩荒芜，而内地民人因饥馑和战乱难以生存，被迫出塞谋生，因土默川一带，田土膏腴，雨雪常调，麦谷可种，是以成为内地民人渐次前往开垦的首选之地。"早在顺治时期开始，汉族农民就已重新流入蒙古地区"。③ 特别是康熙二十九年（1690），清准战争开始后，急需调运大量军粮和军马的草秣饲料到前线。所以康熙三十年时即指出"边外积谷，甚属紧要"④。

康熙三十四年清政府在"归化城添设粮庄十三所，于各庄头子弟及殷实壮丁内选充庄头，各给地十八顷，每庄岁征米二百石，由归化城都统征收，存本处旗仓"⑤。接着又将归化土默特旗辖境以"犒赏旗师，倍加饷项，始将大小黑河下游之地，分画九区，招民认种，名之曰：善里九旗"⑥。在蒙汉人民的辛勤耕耘下，康雍年间土默特地区的农业已经得到恢复和发展，并出现繁荣景象。清代人对当时归化城附近的农业有比较详细的记载，康熙二十七年（1688）康熙帝派索额图为首的使团赴边境与沙俄谈判划界问题。使团随员钱良铎在其《出塞纪略》中记载归化"城南居民稠密，视城内数倍"⑦。张鹏翮在其《奉使俄罗斯日记》中记载了归化城附近农业垦种的情况："今设蒙古都统一员，副都统一员，管所部八千人。有城郭土屋，屯垦之业，鸡、豚、麻、黍、豆、面、葱、韭之物，外番贸易者络绎于此，而中华之货亦毕集。"⑧ 雍正三年（1725），皇帝朱

---

① （清）赵尔巽等撰《清史稿》，中华书局，1977，第38页。
② 中国历史档案馆译编《清初内国史院满文档案译编》，光明日报出版社，1989，第321页。
③ 〔日〕森川哲雄：《十七世纪前半叶的归化城》，《蒙古学资料与情报》1985年第3、4期，第18页。
④ 《清圣祖实录》，康熙三十年九月丁亥。
⑤ 《大清会典事例》卷1198，新文丰出版公司，1976，第19024页。
⑥ 郑裕孚等：《归绥县志》，北平文岚簃印，1936，第18页。
⑦ （清）王锡祺辑《小方壶斋舆地丛钞》，杭州古籍书店1985年影印版，第277页。
⑧ （清）王锡祺辑《小方壶斋舆地丛钞》，杭州古籍书店1985年影印版，第264页。

批上谕中也说："归化城土默特地方，每年五谷丰登，米价甚贱……应自归化城贱买米石，从黄甫川界黄河运至内地……若此事易办，则外而蒙古，内而百姓大有裨益。"① 至雍正末年，归化城土默特部都统丹津奏准，放垦土默特旗所辖各种官地和"庄头地"，以征收军米。除拨出"庄头地"外又拨出所谓的"代买米地"，这些地亩招汉民开垦后，清政府就不再运粮出塞了。② 通过以上的史料记载，我们可以看出，归化城作为进攻准噶尔的重要孔道，清政府出于就近解决军用粮食、草秣饲料所需，免除从内地运粮出塞的转输之苦，积极支持这里的农业发展。经过康雍两朝垦地辟田，归化城土默特地区的农业已恢复和发展到可以满足当时形势的需要。而此时清朝与准噶尔之间的矛盾并未彻底解决，双方边境摩擦不时发生，因此清政府为了平定和防守准噶尔部，长期在蒙古地区驻扎大量清军，而军饷难以得到保证。"军事莫重于转饷，而转饷莫难于塞外"。③ 数万大军深入沙漠绝域，无草缺水，后勤供应之艰难可想而知。"圣祖三路出师，每路不过三万，然西师已有乏粮草疲士马之患，盖绝漠度碛自古为难"。④ 军粮问题一直是困扰清朝统治者的挥之不去的梦魇。就清准双方而言，议和的重要原因无不是由于军事行动开支浩大，经济日益恶化，后方难以继续供应，不得已而言和。准噶尔如此，清朝亦如此。对清朝而言，一方面是归化城土默特地区得到一定程度的开发，并且有大量的屯田，可以为军事行动提供必要的粮食军需。另一方面是清准双方达成和议，暂时出现和平局面。但双方也都在厉兵秣马，待机而动，所以清政府在北部的军事部署一刻也不得松懈。在这样的困境下，雍正末年有人提出了在归化城地区修筑新城，以驻扎撤退官兵的提议，很快得到了雍正帝的批准。迄至乾隆年间蒙古地区的屯田活动更是集中在归化城一带进行。在决定设置驻防之时，即强调开垦事务，"归化城周围田地，悉行开垦，俟积谷充裕之时，于京城八旗闲散满洲内，将请愿者挑派三千名，以为新城

① 《清世宗实录》卷 34，雍正三年七月癸亥。
② 荣祥：《呼和浩特市沿革纪要稿》（油印本），中央民族大学图书馆藏，1979，第 132 页。
③ 魏源：《圣武记》卷 11 《兵制兵饷》，第 486 页。
④ 魏源：《圣武记》卷 3 《外藩》，第 123 页。

驻防兵丁"。①《清代边疆满文档案目录》亦有相似记载："请于归化城附近招民屯垦以供驻防官兵口粮折"②，"军机大臣允禄奏请派员详查归化城驻兵修城垦荒情形折"③ 等，筑城、开垦同时进行，把"积谷充裕"作为驻防之前提。

总之，在康熙雍正两朝，归化城地区的农业得到了相当程度的开发，具体表现就是农业的发展，粮食产量提高，战时可为征伐提供军粮，平时可以满足当地百姓对粮食的需求，甚至有余粮可贩至内地。侯至清准双方言和，清政府决定在边外设置军事驻防，以安排撤军的士兵兼以防备抵御准噶尔部的进攻。长期困于军粮运输困难的清朝统治者，把农业经济发展到"年来五谷丰登""连岁收成颇丰""京师亦常赖之"的归化城土默川地区作为驻兵之所，就成为不可避免的了。

二　归化城商业繁盛，设置驻防可以保护商业④并为招商运粮提供方便

归化城坐落在大青山南麓，其地理位置之优越自不待言，处在东通京师，西去河套，北扼大青山隘口，南渡黄河的交通要道上。它东控北京，西连甘肃，南为山西之门户，北扼蒙古之咽喉，居民商贾云集，四冲之要城。是传统的中原农耕区和蒙古游牧区的交会之地。特殊的地理位置决定了其成为游牧民族与中原地区汉族之间进行经济文化交流的重要枢纽。早在辽代这里就设置了各族人民进行交易的榷场。明代在此筑归化城作为内地来蒙的商人进行贸易的场所，如俺答汗所说"每年春秋二季，（明）军民出边，在我城内交易粮食"⑤，使之成为明蒙贸易的中心。明末清初归化城的商贸中心地位对蒙古各部，起着十分重要的作用。张鹏翮于康熙廿七年五月出使俄罗斯时，说："外番贸易者，络绎于此，而中外之货亦毕

---

① 《清高宗实录》卷16，乾隆元年四月甲戌。
② 《清代边疆满文档案目录》第三册（内蒙古卷），档号：0388 - 004 011 - 2944，第21页。
③ 《清代边疆满文档案目录》第三册（内蒙古卷），档号：0755 - 003 017 - 1177，第25页。
④ 佟靖仁、鸿飞、鸿霞：《塞北新城的满族》，内蒙古人民出版社，1997，第57页。指出绥远城的修筑原因之一是保证旅蒙商人组织的车帮和骆驼队的安全及"茶叶商路"的畅行无阻。
⑤ 杨萨绍猷：《明代蒙古地区经济文化的变化》，《内蒙古社会科学》1993年第1期，第57页。

集，乃扼要之地也……归化城外番贸易，蜂集蚁屯，乃冲剧扼要之地。"①

控制对蒙互市的地点，可以辅助清朝统治者羁縻外藩诸蒙古部落。大同、张家口历来是大漠南北蒙古各部贸易的市口，"由于清朝控制了明宣、大边外一带，不准喀尔喀三部与明朝贸易，不但使北附喀尔喀的乌珠穆沁、蒿齐忒（浩齐特）、阿巴噶等部落逐渐来归附，而且迫使喀尔喀三汗遣使求和，与清朝通使贸易，开始依附清朝。"② 宣化、大同边外显然是指后金控制的归化城土默特地区。由此可见，与明朝的贸易在蒙古各部经济中起着巨大作用。控制归化城可以钳制蒙古诸部的经济，是许多部落归服后金的诱因。清朝统治者也以此作为要挟蒙古各部，逼其就范的手段，动辄以不许贸易相要挟。如康熙帝让赴准噶尔使者告诉准部"噶尔丹倘不奉诏、则绝尔等每年进贡贸易之路。厄鲁特人众、必大失利矣"③。在向策旺阿拉布坦索取噶尔丹属下及其女儿时，命内阁侍读学士喇锡告诉策旺阿拉布坦："若隐匿不行擒捕……即尔贸易之人，亦永不许通行矣。"④

明末清初，厄鲁特蒙古诸部游牧于我国西北边陲地区。他们在漠西的蒙古高原丘陵和荒漠干旱地带游牧，而这些地区与中原地区的定居民族，很早就有着密切的经济交往关系。在清初顺治十四年（1657）土尔扈特罗卜藏及其子多尔济遣使沙克锡布特、达尔汉乌巴什、阿巴赖三人向清政府贡骆驼、马匹二百多只，又带来了一千匹马，请求在归化城贸易，得到清政府的同意。⑤ 康熙年间，漠西卫拉特蒙古派人入内地的贡使和商队日益频繁，人数也不断增加，康熙二十二年（1683），厄鲁特蒙古诸部王公派遣来张家口、归化城、北京等地贸易的商队或千余人，或数千人，连绵不绝。康熙二十三年，清政府规定："所遣贡使，有印验者，准许二百人入边，其余俱令张家口、归化城等处贸易。"⑥ 雍正三年（1725）四月，清

---

① 张鹏翮：《奉使俄罗斯日记》第三峡，卷12，第264页，见王锡祺《小方壶斋舆地丛钞》南清河王氏铸版，上海著易堂印行。
② 达力扎布：《明代漠南蒙古历史研究》，内蒙古文化出版社，1997，第334页。
③ 《清圣祖实录》卷140，康熙二十八年闰三月己卯。
④ 《清圣祖实录》卷240，康熙三十七年八月壬寅。
⑤ 准噶尔史略编写组：《准噶尔史略》，人民出版社，1985，第218页。
⑥ 《清圣祖实录》卷112，康熙二十二年九月癸未。

廷宣谕策旺阿拉布坦，重申贡使人数不可过三百。策旺阿拉布坦请求由喀尔喀路即经科布多、归化城至北京的商路进京，得到了雍正皇帝的同意。准噶尔贡使"经科布多、归化城至北京一路行走"①。因此归化城的商业迅速发展。

漠北喀尔喀在明末一直以归化城和明朝进行间接贸易，自清朝控制归化城后，喀尔喀一直没有机会在归化城互市而不断侵扰归化城土默特地区，崇德三年，喀尔喀札萨克图汗遣人试图与明朝贸易时，皇太极亲征至归化城一带，俘其贸易人员，迫其远避。清廷还以出征来威胁明朝宣化、大同两镇官吏，不准其与喀尔喀贸易。②直到顺治末年，喀尔喀部落土谢图汗、车臣汗、毕席勒尔图汗等与清朝确立了"九白之贡"，每年各进贡白马八匹、白骆驼一头。清朝允许其汗、贝勒等来京进贡，其小台吉、喇嘛等"若欲置买茶帛等物，具令于归化城交易"③。这就使归化城成为对漠北喀尔喀蒙古互市的贸易地点，并且这种贸易得到迅速的发展。康熙年间来到中国的法国人张诚记述了喀尔喀蒙古人赴归化城进行贸易的情况，"……我们在路上遇到一些蒙古商人，他们是去归化城卖驼和马匹的"。④到康熙中叶，归化城已是"外蕃贸易者络绎于此，而中外之货亦毕集"⑤"货物齐全，商贾丛集""马驼甚多，其价亦贱。"⑥商业的发展使归化城"居民稠密，行户众多，一切外来货物先汇聚该城囤积，然后陆续分拨各处售卖"。⑦加上西北诸部众，喀尔喀蒙古往来贡使，都要在归化城停留。使归化城商贾云集，诸货流通，舟车辐辏，成为漠南蒙古的第一大商业城市。尤其需要说明的是，皇商范毓馥等采买军事物资亦在归化城，并借归

---

① 《清世宗实录》卷31，雍正三年四月己卯。
② 达力扎布：《1640年喀尔喀—卫拉特会盟的召集人及地点》，《民族研究》2008年第4期，第78页。
③ 《清世祖实录》卷143，顺治十七年十二月己亥。
④ 〔法〕张诚：《张诚日记》，陈霞飞译、陈泽宪校，商务印书馆，1973。
⑤ 张鹏翮：《奉使俄罗斯日记》，《小方壶斋舆地丛钞》第3帙，康熙二十七年五月十九日条。
⑥ 《清圣祖实录》卷177，康熙三十五年十月丙申。
⑦ 中国历史档案军机处录副巴延三：《查明归化城税务情形》，转引自乌云毕力格等《蒙古民族通史》，内蒙古大学出版社，2002，第310页。

化城商人之力挽运至军营。① 乾隆帝曾言"数年以来，归化城商人糊口裕如，家赀殷富，全赖军营贸易生理"②。因此，归化城的商业地位对清朝及蒙古诸部的影响不可小觑，控扼住这个商业枢纽是绥远城设置驻防的重要功能之一。

三　大青山附近良好的牧场为设置驻防提供后勤保障

马匹在古代战争中起着十分关键的作用，古代北方游牧民族挥纛南下，所向披靡，与其剽悍的骑兵部队有很大关系。清朝起源于东北，俗善骑射，所谓以弓马之利取天下，故对马政尤为重视，"国语骑射"是清朝统治者一直奉行的国策。清朝在全国各地的军事驻防点几乎都存有大量马匹，规定八旗兵每人养马三匹，即使在中原地狭人稠的驻防地点，马匹无处放牧，政府为他们提供草料金也务求马匹符额；而在边疆地方则由政府划定大的牧场作为八旗放牧马匹之处。《皇朝文献通考》中云"诚以军政之莫重于马政也，顾马政之得失，首视乎牧场"③。驻扎大量军队就需要良好的牧场为其牧马之所。清朝统治者深知，离开了马匹，就无法建立强劲的骑兵部队，难以提高军队远距离的机动作战能力，与善于骑射、桀骜不驯的准噶尔部进行战争，要取得战争的胜利是不可能的。所以清朝统治者要设置大面积牧场，牧放牲畜，以配备骑兵，提高战斗力，满足对准战争的需要。可以说在准噶尔尚未纳入版图、边疆不靖的情况下，清初官牧场的设置更大程度上是为军事考虑的。另外，在空气干燥、水草匮乏的沙漠中运粮非如平原和沿江河之处可比。供应数万大军的军粮在辽远之地，易陷入运粮多则难至、少则不足的困境。在古代交通不便的情形下，被称为沙漠之舟的骆驼性驯耐渴，行步神速，驮运军用物资，甚为得力，不可或缺，这也需要牧场孳养放牧。

初设驻防之右卫地方是口内传统农耕地区，且多山地，无大的牧场，致使驻防官兵的马匹无处放牧。"大同府所属州县卫所之民，运送右卫官

① 《清高宗实录》卷9，雍正十三年十二月戊子。
② 《清高宗实录》卷20，乾隆元年六月甲子。
③ 《皇朝文献通考》卷193，《兵考》，鸿宝书局，清光绪二十八年（1902）刻本。

兵马匹所用草束，殊为苦累"。① 康熙三十六年曾发上谕："右卫兵马驻在城各留一匹，其余马匹赴附近州县放牧。"② 其结果是州县有扰累之患，马匹有羸瘦之虞。至雍正朝则干脆全部存城喂养，由官发给草料银。也曾实行在春夏把马匹赶往杀虎口外马场放牧，冬春赶回城内喂养的办法，但效果并非如其所愿。绥远城驻防初设后不久，兼管右卫驻防的建威将军补熙陈奏右卫兵丁拴养马匹之事说："惟是右卫周围沙漠，不甚长草，而数百里之民挽刍而售者，价值复昂。冬令，草多时，一斛尚核制钱四五文。立春兴种，草渐缺少，虽持钱购买，难给众马之食。"③ "右卫边塞，冬春围城并无放马之所，而地小草稀、草价昂贵亦不获购买。"右卫驻防"计八旗兵三千五百四名，每名拴马二匹，共有七千余匹，官员拴马一半核计：一日需草八万余斤。冬季草多，一斤尚核制钱四五文。春令草缺，不但价昂，即以右卫所产之草，并各处所来之草，总多方购买，实不足七八千马之食。是一人有数马之名，难期一马之肥"。如按旧制办理，结果必之致"兵丁必致困苦，及用驼马之时，反不得力"④。可见右卫驻防为马匹放牧喂养问题困扰绝非一日。为解决乏草之矛盾，驻防将军百般筹措，结果并不理想。

驻防地之官牧场是专为军队牧放乘骑军马和羊驼等牲畜，为战时军队运输、驰驿、肉食提供马、驼、绵羊等畜群而设。而归化城土默特平原，位于大青山脚下，是古代著名的敕勒川，土地辽阔，水草丰盛，是上等的天然优良牧场。困扰于驻防兵丁无牧马之所的清朝统治者，在归化城设置驻防后，就把大青山以北的地方作为八旗驻防官兵的军马放牧地。这里河湖交错，水草丰饶，"南至郭郭图，北至多伦鄂博为界，阔二百余里。东至昆笃伦喀尔沁沟，西至哈达玛勒沙布尔台为界，长三百里。共计三十二万四千顷"。⑤ 为发展畜牧业提供了极为优越的条件。有此牧场可使马匹无羸弱充数之弊，兵无购草不获之劳。极大地减轻了清政府为官兵养马所

---

① 《清圣祖实录》卷180，康熙三十六年二月戊戌。
② 《绥远城驻防志》，佟靖仁校注，内蒙古大学出版社，1991，第82页。
③ 《绥远城驻防志》，佟靖仁校注，第80页。
④ 《绥远城驻防志》，佟靖仁校注，第83页。
⑤ 《绥远城驻防志》，佟靖仁校注，第29页。

负的草秣重担及压力，又避免扰累蒙古诸部。这为驻防的设置奠定了坚实的后勤经济保障。

综上所述，在土默特地区设置驻防，附近田土膏腴，兵马可赖腴田青草而强盛骠壮，驻守则极其坚固，出征则颇为英武，虽有紧急事宜，即可调遣，不致有误，若有战事，此一隅之师，亦可与附近右卫等兵丁相机而行。所以清雍正、乾隆年间在归化城地方驻扎军队，设置军事驻防，军事、政治因素是其考虑的重点。然而，军事驻扎如果缺少必要的经济支撑和后勤保障就很难持久。归化城地区自然地理条件优越，经清代康雍两朝土地被不同程度地开发，经济得到了恢复和发展，俨然是塞北的"江南"；而且其地具有良好的天然牧场，再加上其又是清朝对漠北喀尔喀和漠西厄鲁特诸部蒙古的重要商品贸易地。因此，在归化城地方设置军事驻防，以上几个经济方面的因素也是不容忽视和否认的。

第三节　宗教方面的原因

喇嘛教在明代中后期传入蒙古地区后，得到蒙古诸部首领的大力支持，逐渐成为蒙古族的全民信仰，喇嘛教在西藏本土具有政教合一的性质和传统。所以喇嘛教在传入蒙古地区后，迎合蒙古封建主的需要，宣传封建主的特权是前世修行的"善报"，又经常引八思巴喇嘛助元世祖建立所谓"经教之朝"的故事，鼓励封建主的政治野心，并以此自重，取得蒙古统治者在政治经济上的巨大支持。而蒙古封建领主也以其先世忽必烈收服西藏，统治全国为榜样，希望借助喇嘛教的影响，扩大自己的势力和影响，重建政教结合的蒙古统一政权。这种政教联合的思想，深入蒙古封建上层的意识。面对蒙古政教两界的关系，清朝统治者极力利用喇嘛教的影响来统一蒙古诸部，可以说是有其不得已的一面。自从喇嘛教再次传入蒙古以来，就积极参与蒙古的政治活动。在蒙古诸部之间，明朝与蒙古之间，明朝与满洲之间，满蒙之间，满藏之间，喇嘛的作用胜过刀枪剑戟。比如喀尔喀的归附，以哲布尊丹巴功劳最大；清朝宣慰外藩蒙古也以章嘉国师功劳最多。喇嘛作为双方使者自明末一直未断，喇嘛成为明末清初各方势力角逐中至为活跃的政治力量。当然这种政治宗教力量在清朝统一蒙古、西藏的过程中，有利有弊，既有控制利用的一面也有在特定条件下失控的一面。[①] 鉴于此，清朝对各地喇嘛教都是既利用又控制，具体到归化城，召庙林立，僧众亦多，经济殷实，"据有形势，聚有徒众，庙产又足以济之"。[②] 而章嘉国师常驻北京及多伦，不能时时察看，归化城无可信任之人，以往喇嘛背叛的教训，政教结合的传统，也让清朝统治者不放心，驻兵可监视震慑漠南诸部蒙古与喇嘛教的寺庙、僧侣之间的交往，防止其偏离正常的轨道。所以宗教的因素应是其考虑之一。[③]

一 归化城佛教中心地位的形成

俺答汗入驻青海以后，与格鲁派黄教建立了联系。万历六年（1578），俺答汗和索南嘉措在青海仰华寺会面后，蒙古领主和西藏上层喇嘛之间建立了施主与法主的关系，黄教开始传入内蒙古。此后蒙古诸部贵族首领争相邀请达赖喇嘛到本部讲经说法，以获得达赖喇嘛的封号为荣。《圣武记》说达赖喇嘛"化行诸部，东西数万里，熬茶膜拜，视若天神，诸番王徒拥虚位不复能施其号令"[④]。

俺答汗在法会上曾许愿要在蒙古弘传佛教，修建寺庙。于是在返回丰州后，在归化城兴建了弘慈寺，即今天的大召，这是漠南蒙古第一座喇嘛教寺院，对以后归化城地区的佛教发展影响很大。随着喇嘛教的传播，其影响逐渐扩大，在蒙古封建领主的支持下，大兴佛事，广建庙宇，召庙渐次增加，明代仅归化城附近的召庙即有大召、席勒图召、小召、喇嘛洞召、乌苏图西召、美岱召等。这些寺庙的修建正是喇嘛教兴盛的表征。这

---

① 日本学者若松宽通过考释一世至十一世济隆呼图克图和一世至三世伊拉古克三的经历，认为清政府对喇嘛教既有控制利用的一面，在特定历史条件下也有失控的一面。见若松宽《清代蒙古的历史与宗教》，马大正等编译，黑龙江教育出版社，1994，代序，第 10～11 页。

② （清）贻谷：《绥远奏议》，台湾文海出版社，1974。

③ 〔英〕约·弗·巴德利著《俄国·蒙古·中国：17 世纪初至米哈伊洛维奇沙皇逝世前有关三国之关系的记录》下卷一册，吴持哲、吴有刚译，陈良璧校，商务印书馆，1981，第 982 页。"不管怎样，据我们所知，早在十六世纪以前，中国人已认识到喇嘛教作为驯化和约束勇武的游牧部落的手段所具有的重要性，这些游牧部落居住在长城以外，对他们是一种始终存在的威胁"。（引自 V. 科特维奇《蒙古历史与当前政局简评》，1914，圣彼得堡，第 11 页）。

④ 魏源：《圣武记》卷 5，《国朝抚绥西藏记》（上），第 201 页。

些喇嘛寺院在蒙古地区逐渐形成为拥有土地、牲畜和属众的特殊领地。戴学稷先生说："在蒙、汉族统治者的共同尊崇和倡导下，呼和浩特成为内蒙古地区的一座宗教城。"① 明末的归化城不仅成了蒙、藏、汗各族以及蒙古各部之间经济、文化交流的中心，而且也成了黄教传入蒙古地区的基地。蒙古左翼的察哈尔，漠北的喀尔喀蒙古，漠西的卫拉特蒙古都纷纷派人到归化城请佛取经。

二　清朝尊崇黄教以安蒙古的政策

当佛教在蒙古人中发展到"一举动，僧曰不吉，则户限不敢越也；一接见，僧曰不吉，则人罕睹其面也"② 的程度时，就不仅仅是宗教信仰的问题了，而是一种潜在的政治势力了，皇太极已经认识到黄教在蒙古人心中的地位，为了收服蒙古诸部，必须利用黄教在蒙古的影响，皇太极是清朝推崇和利用黄教的开创者，其目的就是羁縻蒙古，使其在宗教信仰上和心理上接受后金。

天聪六年（1632），皇太极西征察哈尔至归化城驻营，林丹汗弃归化城西走青海。归化城诸召庙喇嘛至清军营朝见皇太极，皇太极命赐诸喇嘛宴，并发布了一道谕旨，命悬于归化城格根汗庙（大召），文曰："满洲国天聪皇帝敕谕归化城格根汗庙宇，理宜虔奉毋许拆毁，如有擅敢拆毁并擅取器物者，我兵既已经此，岂有不再至之理，察出，决不轻贷。"③ 格根庙是俺答汗以来蒙古宗教信仰的中心，在土默特部有着很大的知名度和影响力，保护归化城的寺庙喇嘛及财产安全，以喇嘛教保护者的形象出现，向蒙古族展示后金尊崇喇嘛教的政策，以收服蒙古人心。而且这一政策非常成功，"满洲皇帝在人民大众的眼中成了佛的化身，好像是佛的领袖。佛教僧侣封建主，为数众多的寺庙和喇嘛，自然地把满洲皇帝当作了他们信仰的光辉和他们增进福祉的泉源而倾心归附于他了"。④

---

① 戴学稷：《呼和浩特简史》，中华书局，1981，第41页。

② （明）肖大亨：《夷俗记·崇佛》，齐鲁书社，1997。

③ 《清太宗实录》卷11，天聪六年六月辛未。

④ 〔俄〕符拉基米尔佐夫：《蒙古社会制度史》，刘荣峻译，中国社会科学出版社，1980，第299～300页。

清朝统一漠南蒙古之后，因漠南蒙古新附，喀尔喀尚在治外，顺治帝曾以追忆的形式说"当太宗皇帝时，尚有喀尔喀一隅未服，以外藩蒙古惟达赖喇嘛之言是听，因往召达赖喇嘛，其使未至，太宗皇帝晏驾"①。对于崇德年间，清朝邀请达赖喇嘛的经过及相关史实，达力扎布先生《清太宗邀请五世达赖喇嘛史实考略》一文论述最详。文中利用档案史料纠正了以往史学界的错误看法。②

顺治帝即位后，清朝继承皇太极利用黄教的政策，多次延请西藏五世达赖喇嘛来京。顺治五年、七年、八年三次遣使入藏召达赖喇嘛。顺治九年（1652）达赖喇嘛起程来朝，八月二十九日达赖喇嘛奏言："觐见之地，或在归化城，或在代噶地方，伏惟上裁。"③顺治帝以内地西南用兵，羽书来往，皆系军国重务，难以轻置为由，特遣亲王大臣前往迎接。便可亲行。约与达赖喇嘛"祗于边内近地相逅可耳"④。对于如何迎接达赖喇嘛，满汉大臣产生了很大分歧，满大臣认为"上若亲迎之，喀尔喀亦从之来归，大有裨益也"⑤。汉族大臣则认为"皇上为天下国家之主，不当往迎喇嘛"⑥。在顺治帝倾向于出边迎接的情况下，汉族官僚洪承畴等又拿出儒家那一套"天人感应"的理论，说什么"太白星与日争光，流星入紫微宫，上天垂象，非圣躬远幸之时，虽百神呵护、六军扈从自无他虞，然边外不如宫中为固，游幸不若静息为安。达赖喇嘛自远方来，遣一大臣迎接已足见优待之意，亦可服蒙古之心，又何劳圣驾亲往为也"⑦。

从中我们可以看出，以怎样的方式迎接达赖喇嘛主要是考虑怎样才能服蒙古之心，清廷之所以重视达赖喇嘛真实的原因在于利用达赖喇嘛收服喀尔喀部蒙古。⑧最后，顺治帝以在南苑打猎与达赖偶然相遇的方式接见了达赖喇嘛。"达赖至，谒于南苑，宾之于太和殿，建西黄寺居之"⑨，还

---

① 《清世祖实录》卷68，顺治九年九月壬申。

② 达力扎布：《清太宗邀请五世达赖喇嘛史实考实》，《中国藏学》2008 年第 3 期。

③ 《清世祖实录》卷67，顺治九年八月戊辰。

④ 《清世祖实录》卷67，顺治九年八月戊辰。

⑤ 《清世祖实录》卷68，顺治九年九月庚午。

⑥ 《清世祖实录》卷68，顺治九年九月壬申。

⑦ 《清世祖实录》卷68，顺治九年九月戊戌。

⑧ 参见达力扎布《清太宗邀请五世达赖喇嘛史实考略》，《中国藏学》2008 年第 3 期。

⑨ 《清史稿》，卷525，《藩部八》。

赏赐了大量的金银、珠玉、彩缎等物。五世达赖返藏时派亲王护送至口外，敕封为"西天大善自在佛所领天下释教普通瓦赤喇怛喇达赖喇嘛""达赖喇嘛"的封号就是这时正式规定的。

清政府提倡牧民出家当喇嘛，对理藩院管理的寺庙，给予一定数额的经费，出家的喇嘛免除兵役、劳役和赋税等，因此蒙古牧民争相出家当喇嘛。对于大的寺庙设置行政管理系统，"喇嘛之辖众者，令治其事如札萨克"。① 同时清政府还赐予喇嘛庙很多的土地、牧场、牲畜、属民等。在清政府的提倡和扶植下，清代喇嘛教在内蒙古得到更大的发展。归化城宗教中心的地位仍未改变，在清朝统治者和蒙古领主的支持下，漠南蒙古地区广建喇嘛寺庙，不仅在归化城，在各札萨克旗也都建有自己的寺庙，以供蒙古牧民朝拜信仰。雍正帝曾说"演教之地愈多，则佛法之流布愈广，而番夷之向善者益众"②。寺院规模不断扩大，寺庙数量也随之增多，喇嘛人数也不断膨胀，仅归化城大召就有"喇嘛数千人"③。清政府在内蒙古地区扶植喇嘛教的政策，对改善清廷和喀尔喀、卫拉特蒙古的关系，加强双方的联系，起到了积极的促进作用。

黄教和喇嘛享有政治特权和拥有雄厚的经济实力，形成庞大的社会势力，以致历代封建统治者不得不利用黄教统治蒙古族。正如任何事情都有其两面性一样，清政府对喇嘛教的尊崇和扶植，使喇嘛教的势力迅速膨胀，以寺庙为核心形成一股政治经济势力，产生了许多的弊端，一些喇嘛参与政治，即对清政府收服蒙古诸部提供了极大帮助，也给清政府带来了一些危害。比如，康熙十四年（1675），正值平定"三藩之乱"的关键时刻，喇嘛阿杂里唆使布尔尼叛清，史载："教布尔尼造乱者阿杂里喇嘛。"④ 这曾使京师产生了很大的恐慌。在清准乌兰布通之战中，济隆呼图克图为噶尔丹卜日诵经，张盖于山上观战，胜则献帕，不胜则代为讲和，以为缓兵。⑤ 乌兰布通之战中，济隆呼图克图为"噶尔丹诵经择战

---

① 《钦定理藩院则例》卷56《喇嘛事例一》。
② 雍正：《惠远庙碑文》，见张羽新《清政府与喇嘛教》，西藏人民出版社，1988，第316页。
③ 郑植昌修、郑裕孚纂《归绥县志》，台北华文书局，1969，第222页。
④ 《清圣祖实录》卷155，康熙十四年五月乙丑。
⑤ 《清圣祖实录》卷188，康熙三十七年六月戊午。《清史稿》卷525，《列传三百十二·藩部八·西藏》。

日，及噶尔丹败，又诱我军（清军）讲和，遂使噶尔丹得以远遁"①。

还有，伊拉古克三曾被清朝封为归化城掌印札萨克达喇嘛，康熙帝派其往准噶尔部和达赖喇嘛使者济隆呼图克图一起调解准噶尔与喀尔喀的争端，他到达准部以后，背离了清朝的意志，支持噶尔丹反清，并派其徒众侦探清军情报。康熙三十四年，清廷将伊拉古克三呼图克图的徒众和与之有牵连的卫征喇嘛拘捕，经理藩院与三法司会审，"伊拉古克三呼图克图所遣罗卜藏端鲁卜等往卫征喇嘛家探信，来为奸细，煽惑蒙古之心。卫征喇嘛等与伊拉古克三呼图克图交通信息，意欲迎噶尔丹之兵是实"。②清朝说伊拉古克三呼图克图"凡百祸端，皆此人兴之"③。噶尔丹失败后他又逃往策旺阿拉布坦处，清廷将其索回，剥黄凌迟处死于京师黄寺。④

达赖喇嘛圆寂后，第巴桑结封锁消息，而"假其言诳诱噶尔丹作乱"⑤，"指达赖喇嘛之名，唆诱噶尔丹"。⑥"据降人言：噶尔丹遁时，部众多出怨言，噶尔丹云：我初不欲来克鲁伦地方，为达赖喇嘛煽惑而来，是达赖喇嘛陷我，我又陷尔众人矣"⑦。可知，在噶尔丹侵喀尔喀和与清交战过程中，"达赖喇嘛"之言起到了很大的决定作用。清廷也知道噶尔丹叛逆皆第巴桑结之故。⑧

雍正元年，青海罗卜藏丹津之乱中，一些大喇嘛"纠合数千喇嘛，手持兵刃，公然抗拒官兵。及至溃败，犹不降顺，入庙固守"⑨。

雍正九年十一月，准噶尔部首领噶尔丹策零致书喀尔喀各部，以"法教相同"为由，劝其反清。⑩

这些事实，让清朝统治者不敢掉以轻心，采取一系列措施加以限制，

---

① 《清圣祖实录》卷175，康熙三十五年八月甲午。
② （清）王先谦、朱寿朋撰《康熙朝东华续录》卷56，上海古籍出版社，2008。
③ 《清圣祖实录》卷185，康熙三十六年八月癸亥。
④ 达力扎布：《蒙古史纲要》，中央民族大学出版社，2006，第224页。
⑤ 《清圣祖实录》卷174，康熙三十五年六月乙酉朔，第1页。
⑥ 《清圣祖实录》卷174，康熙三十五年六月癸丑。
⑦ 《清圣祖实录》卷173，康熙三十五年五月癸酉。
⑧ 《清圣祖实录》卷180，康熙三十六年二月壬寅。
⑨ 《清世宗实录》卷15，雍正二年正月甲申。
⑩ 《清世宗实录》卷112，雍正九年十一月初七日丙寅。

对违法喇嘛予以严厉制裁。并在《蒙古律书》和《蒙古律例》中以法律的形式固定下来。

顺治、康熙时期，蒙古地区多事，故清政府重点禁止喇嘛在蒙古各部之间或者在蒙藏地区间游方，以期杜绝蒙古王公间或蒙藏上层分子间私相往来，暗通信息的可能。顺治十七年（1660）题准："归化城喇嘛有事往额鲁特、喀尔喀地方者，均令具题请往，都统不时稽查，毋许妄为。额鲁特、喀尔喀往来人、格隆班第等亦不许擅留，违者治罪。"① 康熙四十六年（1707），因归化城附近喇嘛所属人丁甚众，清政府特派蒙古都统苏满到归化城会同右卫将军费扬固等，将喇嘛属下人编设佐领等官进行管理。② 此外还在归化城设立了喇嘛印务处，是清代归化城地区管理黄教的最主要行政部门，随着清朝统治的巩固，绥远城驻防的设置，黄教在政治中的地位的下降，喇嘛印务处后来下降为绥远城将军衙门的一个下属地方机构。

康熙任命内齐托音二世活佛为归化城土默特八大寺院的掌印札萨克达喇嘛，成为漠南内蒙古的最高喇嘛教首领，但其常驻京师，对召庙林立的归化城地区总有鞭长莫及之感，章嘉呼图克图虽驻跸多伦汇宗寺，但多伦无论从历史传统、召庙数量，喇嘛人数等方面看都无法与归化城相比，章嘉呼图克图既常驻京师，则归化城地区这么多召庙及徒众，又具有很大的经济实力，十分有必要对其监督震慑，防范其不法行为。早在康熙年间就曾专门强调，"管理呼和浩特喇嘛事关重大，其掌印札萨克达喇嘛由内外大喇嘛中选择任命"。③

总之，清政府在政治上给予了高级上层喇嘛种种特权，提高其政治地位，并保护其经济特权，得到喇嘛教的支持和拥护。正如清朝礼亲王昭梿说："国家宠幸黄僧，并非崇奉其教以祈福祥也。只以蒙古诸部敬信黄教已久，故以神道设教，藉仗其徒，使其诚心归附以障藩篱。正王制所谓'易其政不易其俗'之道也。"④ 但是，鉴于曾参与青海罗卜藏丹津的叛乱

① 《钦定大清会典事例》卷993《理藩院·喇嘛禁令》。
② 《清圣祖实录》卷231，康熙四十六年十月丙申。
③ 金峰主编《呼和浩特蒙古史文献资料汇编》第一辑，内蒙古文化出版社，1989，第39页。
④ （清）昭梿：《啸亭杂录》卷10，《章嘉喇嘛》，第361页。

及一些喇嘛危害了清朝的统治利益，所以清政府要对其进行一定的限制，有意识地加以抑制和削弱。防止其和蒙古王公贵族之间的结合，危及清朝的统治，设置驻防可以使归化城及附近地区的寺庙势力处于清朝的监视之下，保证喇嘛教宗教活动在清政府的有效控制之下。清统治者在此设置驻防，显然有更深刻的政治因素。

第四节　军事方面的原因

一　用兵准噶尔的需要

清朝平定准噶尔用了 70 年，花费帑金亿万两，这期间除了与准噶尔的交战耗费之外，主要是大军长期驻扎边境，粮饷转运，长途跋涉所造成的损失，古人用兵讲求"用兵道里之远近、历时之久速、形势之利害、粮食之难易"①，康熙帝曾一针见血地指出，对准噶尔用兵的困难之处，"近噶尔丹于巴颜乌阑屯聚，彼纵不敢深入，或潜来边徼，掠我外藩，亦未可定。闻警后，始遣大兵势不能朝发夕至。我进彼退，我还彼来，再三若此，凡蒙古诸部，亦大遭其蹂躏矣"。② 反映了清朝边境驻军进退维谷的境况。而清朝统治者深刻认识到准噶尔"一日不灭，则边陲一日不宁"。认为准噶尔"时时欲戕害臣服我朝之蒙古部落，以坏我屏垣"，准噶尔"一日不灭，则蒙古一日不安，边境一日不宁，内地之民一日不得休息"③。故清朝与准噶尔和议虽成，"自是征戍虽撤，然清廷未尝稍释西顾之忧，特以时会未至，故与羁縻而已"。④ 所以虽议和但清朝对准噶尔并不放松警惕，仍等待时机以剿灭之。而"库库屯地处塞外草原，是防御喀尔木克人的前哨"⑤。何况在古时交通不便的情况下，根据当时人的记载，

---

① 王应麟：《玉海》卷 136，第 1 页。光绪九年（1883），浙江书局刊本。
② 《清圣祖实录》卷 168，康熙三十四年八月丁未。
③ 《清世宗实录》卷 105，雍正九年四月庚子。
④ 箫金松：《清代驻藏大臣之研究》，台湾政治大学硕士学位论文，中央民族大学藏，1972，第 40 页。
⑤ 〔英〕约·弗·巴德利著《俄国·蒙古·中国：17 世纪初至米哈伊洛维奇沙皇逝世前有关三国之关系的记录》下卷二册，吴持哲、吴有刚译，陈良璧校，商务印书馆，1981，第 1296 页。

从北京到归化城的距离是 1200 里，需要行程时间是 12 天。① 因此，在归化城驻兵垦田，可以缩短远征准噶尔的供应线及节省进兵时间。所以清朝在此设置驻防，以备不时之需。在乾隆五年（1740），绥远城建威将军伊勒慎以准噶尔虽属归化，而夷性不可深信，万一蠢动，此项兵丁，徒糜钱粮，未能得力为名，奏请将平日好酒、骑射平常之京城满兵 1600 名停止派拨绥远城②，可知设置驻防兵丁的目的有防范准噶尔的因素。

通过翻阅《清实录》我们可以发现，归化城是清朝对准噶尔的战争中，具有多种功能的军事要地。

（一）进出之要脉

归化城是口外北上南下、东西联络的第一要脉，种种因素决定了在清朝与准噶尔的战争中处于不可替代的重要地位。康雍两朝在平定准噶尔的战争中，因军事需要在归化城屡次驻兵，关键就是归化城是出击漠北的进出要脉，出入咽喉，控扼紧要，前已述及。而且在清朝出兵北进或撤兵时多由归化城集结或遣归。康熙三十四年（1695），安北将军伯费扬古率西路军北击噶尔丹，"所调各路兵，俱令明岁齐集归化城"。③ 由归化城进发北上。雍正朝两路出师平定准噶尔，考虑到"归化城乃通行两路之地"，雍正帝命理藩院传谕四十九旗札萨克等，按旗均算派出精兵五千名，于二三月间前后由各该游牧处起程，沿途牧放马驼，"至归化城会齐"④，择形

---

① 〔英〕约·弗·巴德利著《俄国·蒙古·中国：17 世纪初至米哈伊洛维奇沙皇逝世前有关三国之关系的记录》上卷一、二册，下卷一、二册，共四册，吴持哲、吴有刚译，陈良璧校，商务印书馆，1981，第 1190 页。奈伊·伊莱亚斯在其《蒙古西部纪行，1872 年 7 月 ~1873 年 1 月》（载《皇家地理学杂志》卷 43，1873）的一个附录中，列举了以下几段里程数字：

　　由北京至归化城　　　　　　　　　　　　12 天
　　由归化城至赛尔乌苏　　　　　　　　　　28 天
　　由赛尔乌苏至翁金河　　　　　　　　　　 9 天
　　由翁金河至乌里雅苏台　　　　　　　　　27 天
　　由乌里雅苏台至科布多　　　　　　　　　15 天
　　共计　　　　　　　　　　　　　　　　　91 天

此书第 1296 页说："库库屯地处塞外草原，是防御喀尔木克人的前哨，由该城再走两个礼拜便到北京。"可知当时的交通条件下，从北京到归化城要两周左右的时间。
② 《清高宗实录》卷 114，乾隆五年四月壬午。
③ 《清圣祖实录》卷 169，康熙三十四年十一月乙亥。
④ 《清世宗实录》卷 102，雍正九年正月乙亥。

胜地方驻扎,以备调遣。不仅清朝进军漠北需从此处进发,即从前线撤兵及遣归本驻防地时也从此处入边解散。如康熙三十五年,命征噶尔丹之西安官兵、绿旗官兵赴京安息。因牲口疲瘦、京城距肃州遥远、空劳往返。除一千多名旗兵随大将军一齐赴京外,"余悉由归化城一路入边、各自遣归本汛。"① 康熙三十六年昭武将军马思喀等疏言,臣遵旨率兵由坐塘之路经鄂尔多斯地方回来,行程遥远,恐马驼膘落,是以臣等率兵仍自郭多里经归化城之路进张家口。② 概以归化城之路路近且饶水草之故。雍正十二年清准形势缓和,清军从漠北陆续撤军,即将携带家口之察哈尔、土默特兵丁一千名,交与副都统色尔古楞统领,送往归化城安插。③

(二) 督办转运处

1. 粮饷军需的购置与招商便利之处

在战争中自古以来就有重视后勤保障的传统,所谓"三军未动,粮草先行"。饷不裕则无以固兵士之心,饷不足亦无以壮军旅之势,突出了其后勤保障功能的重要性。清朝与准噶尔的战争,清军要远出塞外,长距离行军运输,困难重重。

归化城商贾云集,蒙古各部落赶运马驼等牲畜,汉人贩运粮食、布帛、茶叶等在此交易,使其成为塞外一大都市,加上此地附近大量汉人开垦荒地,生产粮食,这为清军招商运粮提供了方便。清军雇归化城商人用驼车运送军饷,归化城成为清军军需粮的中转地、筹措地。康熙三十五年,清军出征噶尔丹,行至归化城,因"归化城一带,田谷既收,价亦甚贱",康熙命将扈从人员应支的十日口粮,折价给发,令彼在归化城自买。"其归化城所贮之米,原以预备师行令存留此米,如右卫兵或有调遣以之给散"。④ 军需粮饷,所关最要,为此,清廷特意在归化城设置官员督办转运事务,康熙三十五年"命左都御史于成龙赴归化城理西路粮务"⑤。

---

① 《清圣祖实录》卷 174,康熙三十五年六月丁酉。
② 《清圣祖实录》卷 184,康熙三十六年六月庚辰。
③ 《清世宗实录》卷 147,雍正十二年九月乙未。
④ 《清圣祖实录》卷 177,康熙三十五年十月甲午。
⑤ 《清圣祖实录》卷 176,康熙三十五年九月壬申。

雍正十一年,"命原任四川巡抚法敏前往归化城,与都统丹晋等办理钱粮事务"。① 专门办理军需粮饷,先事豫筹,源源接济前线。如雍正十三年,原任尚书通智,将军需米石雇商驼车运送至军营,并无迟误。② 并议准都统丹津所请,"明年自归化城、运米至额尔德尼招,凡四万八百石"。③ 仅清朝皇商范毓馪在雍正元年六月至乾隆元年运往科布多、鄂尔昆的军粮即达上百万石。④ 这些军粮及所需驼马多由归化城等处购买筹措。

2. 军需马驼购置调养地

清军深入漠北,临危岩,绝大漠,远道驮载,运输维艰。而马匹可致远,骆驼能负重,行军最为得力。归化城又成为塞外闹市,马驼云集易于购置。康熙三十五年,谕尚书马齐曰:"视归化城马驼甚多,其价亦贱,官员侍卫兵丁,有欲借银贩卖马驼者,奏闻借给。"⑤ 康熙五十四年,命吏部侍郎傅绅前往归化城、杀虎口等处,动用正项钱粮购买运米所需骆驼二千只,送往湖滩河朔。⑥ 自康熙五十四年起,"归化三站每季买马十五匹,备用军需"。"自康熙五十五年至雍正二年,共买过马三百有七匹"⑦备用军需。此外因归化城草料充足易购,所以将马匹送往归化城牧放的记载也很多。康熙三十六年,因黑龙江军中马匹羸瘦,不堪乘用,"遣人送往归化城"。⑧ 这种情况在《清代边疆满文档案目录》中亦有反映。

雍正九年(1731)十一月初二日抚远大将军马尔赛奏"汉军马匹送至边外喂养随后送来之马匹均送归化城喂养折"⑨。

雍正十年(1732)正月廿一日副都统胡琳等奏"归化城都统丹津等拨给之二千匹官马羸瘦仍交伊喂养,候用时移取折"⑩。

---

① 《清世宗实录》卷 127,雍正十一年正月癸巳。

② 《清高宗实录》卷 461,乾隆十九年四月丙申。

③ 《清世宗实录》卷 5,雍正十三年十月甲申。

④ (清)傅恒等撰《平定准噶尔方略》卷 41,乾隆元年二月戊午,全国图书馆文献缩微复制中心,1990。

⑤ 《清圣祖实录》卷 177,康熙三十五年十月丙申。

⑥ 《清圣祖实录》卷 264,康熙五十四年六月辛亥。

⑦ 《钦定大清会典事例》卷 980,《理藩院·赋税·归化城等处税银》。

⑧ 《清圣祖实录》卷 182,康熙三十六年闰三月癸未。

⑨ 《清代边疆满文档案目录》第三册(内蒙古卷),档号:0352 - 006,缩微号:010 - 2541。

⑩ 《清代边疆满文档案目录》第三册(内蒙古卷),档号:0353 - 002,缩微号:010 - 2541。

雍正十年（1732）八月十七日归化城都统丹津奏请"会同归化城同知永敏喂养官马折"①。

此外在战争中，军营文报，动关紧要，不宜稍有泄露。而归化城作为西北驿站枢纽，连接内外卡伦台站，巡查瞭望，使中央与军营两地信息畅通，作用亦不可小觑。

（三）降人安置与中转处

清朝统治者为了分化瓦解敌人，避免军事伤亡，总是尽力招抚，对投降和前来投顺之人，尽量妥为安置，给予衣食。八旗满洲和八旗汉军中有众多被掳被俘和投顺之人，在清朝与准噶尔的战争中，大批的战俘和投顺之人，清朝尽量给予内迁安置，后来编为佐领，添设札萨克等。而归化城在清准战争时是清朝安置和中转降人之处。康熙三十一年，将罗卜藏赛音台吉及其子女属裔"驿送归化城附近安插"②。为此清廷特意在归化城派遣大臣负责安排降人事宜，康熙三十五年，即命散秩大臣宗室永吉、侍卫汉楚翰等留归化城"受厄鲁特降人，完其夫妇，给以衣食"③。此项事务后来由归化城副都统阿第专管。康熙三十六年，侍郎满丕解送降人厄鲁特阿玉什等夫妇、阿克楚必夫妇及幼童一名索诺木往归化城，交收管厄鲁特之副都统阿第④，将来降的厄鲁特多尔济之"男妇马驼交归化城副都统阿第料理"⑤；厄鲁特达喇什等率"男妇一百余人来降……俱送交归化城副都统阿第处"⑥。"将扎木素同格垒沽英、曼济及其妻子并马驼什物，俱交驿站递送至归化城，发副都统阿迪安插"⑦。清廷将厄鲁特降人送至归化城及其附近安插，一方面是为了对其暂时安置，另一方面是政治上的需要，示以天朝恩惠，分化瓦解准部；此外还有对投降之人心怀戒备，"因其畏威降服，心怀叵测"，"尔等降人，多难凭信"，迁到归化城加以监

---

①　《清代边疆满文档案目录》第三册（内蒙古卷），档号：0354 - 007，缩微号：010 - 2716。

②　《清圣祖实录》卷155，康熙三十一年四月己丑。

③　《清圣祖实录》卷177，康熙三十五年十月丙午。

④　《清圣祖实录》卷180，康熙三十六年二月辛卯。

⑤　《清圣祖实录》卷181，康熙三十六年三月甲寅。

⑥　《清圣祖实录》卷181，康熙三十六年三月戊午。

⑦　《清圣祖实录》卷182，康熙三十六年闰三月辛卯。

视，防止其逃归和滋生事端。这在《清实录》中多有反映，如康熙五十九年，命征西将军祁里德将擒获之人及投降之寨桑色布腾等，派官兵解送，并着喀尔喀协济送至归化城，将其中头目数人驿送至京，"其余乌梁海之人交与公博贝等，设法护视，勿致逃窜"。① 雍正九年，厄鲁特贝勒多尔济色卜腾率领所属迁过河来投，其台吉索诺木吹济不愿投清，与属下四十余户，一同逃离。清靖边大将军顺承亲王锡保认为"现今所余之人，亦属难信。请率领伊等向内迁移至归化城等处游牧居住"。②

总之，清朝对来投之人，尽力保全，给予衣食，完其夫妇子女，妥为安置，使其拥有和享受在准噶尔部都得不到的和平与安居，这就富有强烈的心理暗示作用，这样就会有更多的准噶尔人前来投顺，这对清朝有利无弊。但出于"夷性反复靡常"的偏见，往往将其迁离原地或离准噶尔部较远的地方，半为安置，半为监视。归化城就成为其安置和中转降人的重要地点。

（四）清准双方哨探情报处

归化城自明末以来，即为蒙古诸部互市的地点，入清之后，漠西、漠北的蒙古部也多经归化城一路进京或在此互市，外藩贸易者络绎不绝，军兴以后，清军在此地购置军马粮饷，招商运粮等，准噶尔商人也在此地交易。是以各种信息流布于此地，成为双方互探信息之地。

康熙三十三年，命"阿喇尼、满丕暂在归化城侦探"③。

康熙三十三年，噶尔丹使者纳木喀喇等率男子五百余妇女童仆千余人，赴归化城，称请安进贡，康熙帝命将其留于归化城，遣满丕往谕之曰："尔等阳为修好潜留人为细作，各处窥探，是以止尔等于归化城。"④ 康熙三十四年，"伊拉古克三呼图克图所遣罗卜藏端鲁卜等往卫征喇嘛家探信，来为奸细，煽惑蒙古之心"⑤。被清军查获，经审是实，皆应立斩。康熙三十四年，"谕大学士等，闻外藩札萨克人等，或有私随我朝遣赴达

---

① 《清圣祖实录》卷288，康熙五十九年五月癸丑。
② 《清世宗实录》卷112，雍正九年十一月丙戌。
③ 《清圣祖实录》卷164，康熙三十三年八月乙亥。
④ 《清圣祖实录》卷163，康熙三十三年五月戊戌。
⑤ （清）王先谦、朱寿朋撰《康熙朝东华续录》卷56，上海古籍出版社，2008。

赖喇嘛处之使臣而去者；或有同达赖喇嘛使人前来不返故土竟自留于归化城各札萨克处者。噶尔丹乃狡诈之人，其各处安插奸细，侦探声息之事，显然败露，犹自不服，巧饰上奏；或令其属下喇嘛潜随达赖喇嘛之使人，前来侦探反间，亦未可定。嗣后宜严行禁止"。①

可以说，归化城是清准战争的晴雨表，归化的紧张繁忙与驻军多寡，与准噶尔的形势息息相关，这一战略要地，为清朝统治者所深知。

二 设置军事驻防以威慑蒙古

明代嘉靖中，俺答汗所据有土默川，在此驻牧建城，后明封其为封顺义王，名其城曰归化。此地南距太原府一千里，至京师一千二百，距右卫二百四十里。是漠南土默特的政治中心，特别是俺答汗从西藏引入喇嘛教后，在此地建大召，使其成为蒙古人心中的圣地，加上其坐落蒙古各部落的位置适中，成为蒙古人心中所熟知的地标。在归化城驻防像在漠南蒙古的心脏装了一个监视器，土默特部一有风吹草动，绥远城驻防兵丁马上可以进抵实施镇压，他像一把利剑悬挂在漠南蒙古人的头上，不敢有半点非分之想。正所谓无事则控扼形势，可以销奸宄之萌；有事可以提兵应援，占据交通之便。

驻防的作用还体现在避免了清军的劳师袭远，对驻防的优点清代礼亲王昭梿议论最为中肯，"古人云：'千里持粮，士有饥色'，则知调拨之兵，非惟缓不救急，抑徒靡费国帑，疲劳士卒。故国家驻防之兵，最为良制。尽选虎贲劲旅，屯戍四方，督其操练，严其律令，使四方稍有不靖，自可驱除，不须远方调拨以误时日"。② 绥远城将军统率绥远驻防官兵驻守，这种军事力量的存在，对蒙古具有一种无形的威慑作用。更何况在军事要冲构筑城池，派兵戍守，是历代国防的惯例。平时厚集兵力于要害，有事则随时而行，归化城为漠南第一要区，尤应注意防守，在此设有清军驻扎，保持此地稳定，则大军远行塞外亦无后顾之忧。对蒙古的防范政策，在这一地区驻扎清军以防范震慑蒙古，在本章第一节中已有论述。

---

① 《清圣祖实录》卷166，康熙三十四年四月己未。
② 昭梿：《啸亭杂录》卷10《驻防》，第338页。

第四章　绥远城驻防的组织机构及职能

本章主要对绥远城驻防的机构及其演变过程进行论述。绥远城地处要冲，驻扎重兵，清廷在此地的军事、民事、民族、经济及其他各种政策均要有完备的组织机构负责贯彻执行。绥远驻防的内部机构主要包括绥远城将军衙门、归化城（副）都统衙门、左右司、粮饷厅衙署等。清政府根据形势的变化因地制宜地不断调整完善绥远城驻防机构。比如绥远厅的设置及改隶等。另外对绥远城的驻防官兵组成、沿革、防区、编制、职责及奖惩办法等进行论述。

第一节　绥远城驻防的内部机构及其执掌

清朝在归化城地区设置军事驻防，是随着其对准噶尔战争和加强对边疆地区统治机构的进一步完善而逐渐形成的。众所周知，清朝对新征服的蒙古诸部，仿照满洲传统的八旗制度结合蒙古部落制度的特点，制定具有很强军事色彩的编制札萨克旗，包括牛录、甲喇等层组织。天聪六年，清朝在征服归化城土默特后即调查地方居民，进行编审户口。崇德元年（1636），清廷将归化城土默特所属三千多余丁编为二旗，以古禄格为左翼都统，杭高为右翼都统，分别掌管二旗，并世袭。不设札萨克，旗下设佐领、协领等员，并驻归化城。① 后几经曲折，从乾隆二十八年（1763）起，土默特部左、右两翼划归清廷所派的绥远城将军直接管辖，此前经历了对归化城土默特蒙古官员从上至下逐级削夺权力的过程，康雍乾后陆续裁汰世袭都统、副都统，又广设基层官职，降低世袭贵族的职位和员额，从而彻底瓦解当地蒙民传统政治权势，最终把归化城土默特变成清廷直辖

---

① 《土默特旗志》卷 1 下《设置沿革》，呼和浩特市民族事务委员会《民族古籍与蒙古族文化》（总第 1~2 期），2001，第 230 页。

的特别地方政区。归化城土默特是清廷对蒙古传统部落组织转化为一般性地方行政单位的最为彻底的地区。①

在绥远城驻防设置以后，归化城地区出现了绥远城驻防制、土默特都统制、归绥兵备道同时并存的局面。绥远城将军管辖驻防满洲兵丁，都统管辖土默特蒙古，归绥兵备道管理民政事务，都统与将军品秩相当，职司相埒，管理极不方便，为加强统治的需要，归化城都统被逐渐裁汰，集权于绥远城将军。后来归绥兵备道亦归将军节制。

一　绥远城将军衙门

清朝政府对八旗驻防十分重视，对驻防将军的权限在嘉庆二十年的将军箴中曰：将军之职，与古迥殊，八旗劲旅，生聚帝都，日增月盛，分驻寰区，星罗棋布，奕禩良模，旧习常守，汉俗勿趋，国语熟练，步射驰驱，先养后教，心洽诚孚，训尔营队，巩我皇图。② 而丁实存先生对伊犁将军权限的划分，对我们认识绥远城将军的职权很有借鉴③，比之于绥远城将军之权限，可知将军之权包括军事、经济、交通、司法、民政五项，而每项又各包括若干方面。军事可分为平时与战时，平时又分为统率、驻防、换防、调补、训练、军饷、军械、牧政、建筑诸务，战时又分为调遣与作战；经济分为垦牧、贸易等方面；交通分为台站、卡伦、驿站三方面；司法分为复核讼狱、查办案件两方面；边防分为设卡定界、缉捕两方面。

在绥远城内设有驻防将军，副都统、协领、佐领一整套驻防将领的衙署，绥远城驻防衙门，设有左、右二司，由将军王昌于乾隆二年奏准设立，"请设左右两司，给予关防，协御给予图记"。④ 礼部颁给关防各一颗，负责办理粮饷刑名事务。左司承办吏、刑、兵三部事务；右司承办

---

① 黄丽生：《由军事征掠到城市贸易：内蒙古归绥的社会经济变迁》，台湾师范大学历史研究所印行，1996，第330~332页。
② 《清仁宗实录》卷305，嘉庆二十年四月壬午。
③ 丁实存：《伊犁将军设置之起因与其职权》，《边政公论》第3卷，第4期，1944年8月。文中丁实存先生将伊犁将军之权限，分作军事、经济、交通、司法、民政与边防六项，而每项又各分数个方面。
④ 《清高宗实录》卷48，乾隆二年八月丙寅。

户、工、礼三部事务①。有关银库、田赋收支、粮饷的事务由右司办理。右司掌管的收入包括经征浑津、黑河原垦地租银，浑津、黑河庄头十三户一年应征米石，大青山后厂地租银，大青山后四旗空闲牧地租银，土默特牧地地租等，共九千七百二十五顷三十九亩一分一厘。还要征收房租、地基、菜园租银四千五百一十七两有奇。② 支出项包括修缮八旗官员衙署及兵丁房屋；发放派往乌里雅苏台官兵半俸、盐菜；发放将军、官员春秋二季俸银和米石；发放印房公费等项银两。③

乾隆四年（1739）设置绥远城理事粮饷同知厅，绥远城设库大使一人，支放储积绥远城驻防八旗官兵粮饷，至于粮饷则是每年按季派员到山西藩库具领，照章关发。其次它还经营着黑河沿岸的十三圈庄头地，按年征收农业租粮。"山西省归、萨、丰、宁、和、托六厅，向征本色米石，供绥远城兵糈。嗣改征折色，每米一仓石，折征银一两六钱，以一两五钱，解交绥远城粮饷同知衙门。按每仓石价银一两三钱，采买上色好米，放给旗兵，以二钱作办公经费，余银一钱，留作各厅补平火耗纸笔之需"。④ 粮饷厅同时兼管蒙古旗民的一切命盗案件以及会审相验之责。⑤

乾隆二十八年（1763）后绥远城将军对归化城官兵事务，拣选官员，训练兵丁皆当身亲其事。乾隆四十五年题准，归化城防御以上员缺，于应升人员内遴选送院引见补授，参领、左领员缺，均从骁骑校内以次推升，若骁骑校员缺，遴选前锋护军领催马甲内，弓马精熟能约束者录用，均令该都统会同将军保送到院引见补授。⑥

绥远地区一切事务，如宗教、人事、交通、贸易等，均归绥远城将军主持、监督或控制。地方凡有禀请事项，均由绥远成将军据情酌核与转

---

① 《绥远城驻防志》，第 30 页。
② 《绥远志》卷 5 上《经政略》。《民族古籍与蒙古文化》，总第 1~2 期，呼和浩特市民族事务委员会，2001，第 133 页。
③ 乌仁其其格：《18 至 20 世纪初归化城土默特财政研究》，博士学位论文，内蒙古大学，2007，第 21 页。
④ 《钦定大清会典事例》卷 258《户部》。
⑤ 土默特左旗编纂委员会：《土默特志》上卷，《政治志》，内蒙古人民出版社，1997，第 420 页。
⑥ （清）昆冈等撰《大清会典理藩院事例》，西藏学汉文文献汇刻第二辑，全国图书馆文献缩微复制中心，1991，第 123 页。

奏，皇帝诏谕或指示，亦有绥远城将军转颁，压抑土默特都统，加重绥远城将军的权力。内地以将军、布政使、按察使等，分别掌管地方八旗军政、民政、财政、监察等，以分督抚之权。而绥远城将军的权力并无此类机构分管，所以论者均言边疆驻防将军之权，可与地方督抚相等同，甚至犹有过之，诚实情也。

二　归化城（副）都统衙门

归化城都统衙门是清朝在该地区设立最早的行政机构，最初归化城土默特编为二旗共建立 12 个佐领，后根据人口的增减情况佐领数量也有变化，从 20 个发展到 62 个又减为 60 个佐领。① 两翼六十佐领下各设佐领 1 员、骁骑校 1 员，共佐领 48 员、参领兼佐领 12 员，骁骑校 60 员。参领 12 员，每参领管五佐领，各给关防一颗。在设旗之初，由于两翼民族成分相对单一，政治、经济和军务比较单纯，由两翼都统、副都统在参领、佐领、防御、前锋校、骁骑校等官佐理的都统衙门即可。但是随着经济类型的逐步丰富、耕地面积的日趋扩大、移民人数的不断增加以及社会形态复杂化，于雍正十三年（1735）在库库和屯（归化城）北门内路东设置了旗务衙署，并开署办公。② 后经裁撤仅留归化城土默特旗副都统 1 人，左翼参领 5 人，佐领、骁骑校各 25 人；右翼参领 5 人，佐领、骁骑校各 24 人，统以绥远城将军。

19 世纪后期来中国蒙古地区考察的俄罗斯人阿·马·波兹德涅耶夫记载了归化城旗务衙门的机构和布局。

土默特旗署是城里最大的机关，靠近城的北门，走进固山衙门的院子，可以看见院子深处有一排坐南朝北的五楹正房。这就是嘎兰达全体会议的议事厅。这个议事厅仅占当中的三楹，两端的两间都各有墙壁与议事厅隔开，并有单独另开的门。东边那间存放银子；西边那间存放武器和部分弹药。从这个衙门的正房起，在院子的东西两侧各

---

① 详见齐木德道尔吉《蒙古文档案与 17 世纪呼和浩特史实》，《内蒙古大学学报》2006 年第 3 期，第 34 页。

② 于永发：《土默特旗务衙署》，远方出版社，2000，第 3 ~ 4 页。

有一个完全一样的五楹厢房伸向南边的大门。朝东的西厢房是兵司署，东厢房是户司署。在这两座厢房以北，院子的西边没有房子：在东边，同户司署并排，有一栋三楹的房屋。这是财库事务管理所，其实只不过是发放白银的地方。同这三间并排，紧靠它的北边还有三间房屋，这是固山衙门的印务处。平时所有的会议都是在这里召开，各种问题都在这里处理。由印务处再稍稍向北，又横着一排朝南的二层楼房，这是存放固山衙门全部公文档案的地方。在东边，与户司衙署相连，有一座朝西的三间房屋，这里现在住着前锋营。在西边，前锋营房屋的对面，与兵司衙署相连接的是同样的一座三间房屋，这是地方机关的文书和办公人员的住房。①

在这些机构中由土默特十二个参领组成的议事厅，直接听令于副都统衙门，主要职责是议政时事，左、右翼十二参领，以集体负责的形式对一些重大事情共同做出决定。② 旗务衙门兵、户两司及操演营各额设一名翼长（兵司翼长也称左司翼长，户司翼长叫右司翼长），由十二参领中的德高望重者担任翼长之职，各给关防。凡是两翼比丁、操演、官渡、巡查、卡伦、缉捕等都由兵司管。旗库，它以侧门与银库相通，是两翼银两存放重地。印务处是呈文、咨文以及下发文、加盖关防处。兵司南边有汉稿房，主汉文稿。档案房是副都统衙门和旗务衙门各种文件存放之处。前锋营是保卫各个衙门的机构。户司翼长直接办理两翼财政事务，并于年终向理藩院或户部奏报核销。户司对土默特两翼人户加以管理。人丁与户口的管理是土默特两翼户司的重要职责之一，成为朝廷对土默特地区的控制和保证兵役来源、旗界管理以及进行财政税收的保障。户司对辖境内人户的管理主要通过三年一次的比丁来进行。人口事宜的管理；内所属人户的婚姻登记、村名的更改等的详细情况。户司也对两翼田土加以管理。首先由户司翼长、牛录章京、候选牛录章京、十户长等参加，户司分掌财政收

---

① 〔俄〕阿马波兹德涅耶夫：《蒙古及蒙古人》第二卷，内蒙古人民出版社，1983，第110～111页。

② 乌仁其其格：《18至20世纪初归化城土默特财政研究》，博士学位论文，内蒙古大学，2007。

支。户司翼长（即关防参领）直接承办两翼粮库、银库等的财政事务。户司征管的地租收入包括大粮官地、哈尔吉勒等十五道沟地、精田地租以及各年份陆续入官的各类土地等。还对各类发当发商生息银两进行发放与征收；对归化城等地官房铺面以及民人所建房屋等征收租课。户司征管牲畜交易税以及煤税收入。[①]

三　归绥兵备道衙门

自清初康熙中叶，归化城成为塞外用兵的军事重镇，从内地移来的人日益增多。到康熙末期，由土默特都统衙门进行管理汉族移民，因蒙汉交涉之事日益繁杂，颇有难以办理之处，于是在雍正元年（1723）土默特都统丹津奏请设置理事同知。设立归化城理事同知衙门，位于归化城外西南，专管汉民事务即蒙汉交涉事务，隶山西大同府，雍正七年（1729）改属山西朔平府。雍正十二年，于归化城南之和林格尔、东之坤都伦、西之托克托城、西北隅之萨尔齐等四处，各添设笔帖式一员驻扎，令与原设归化城同知协办事务，三年限满更换。[②] 后又在清水河、善岱等处添设协办同知事务笔帖式各一员，管理开垦田亩，办理地方事务。给予衙署、人役、养廉、图记。后因地面宽阔，以一同知厅官难以兼顾，又在归化城附近的萨拉齐、托城二十家子、清水河、善岱、昆独仑等七处各设一协理通判。具体设置时间是乾隆元年（1736）增设协理、通判。一驻归化城，一驻昆都仑。同时增设清水河、托克托、和林格尔三个协理通判。乾隆四年（1739），增设萨拉齐、善岱二协理通判。乾隆六年（1741），设"山西总理旗民蒙古事务分巡归绥兵备道兼管归化城等处税驿"即归绥兵备道（清代山西有四个道，冀宁道、河东道、雁平道、归绥兵备道），隶属于山西巡抚管辖。据《清高宗实录》记载："杀虎口外添设巡道一员，应驻扎归化城，该处路当孔道，夷汉交集，为各部落台站之要区，犄角绥远城，控制和林格尔、托克托城、萨拉齐、昆都仑、清水河、善岱等处均隶该道管辖。蒙古民人交涉案件甚多，请给总理旗民蒙古事务分巡归绥道关防，岁

---

①　参见乌仁其其格《18 至 20 世纪初归化城土默特财政研究》，博士学位论文，内蒙古大学，2007。

②　《清世宗实录》卷 150，雍正十二年十二月乙巳。

给养廉银四千两，给予衙署。"① 乾隆二十五年（1760）裁协理通判二员改为五厅与两同知共为七厅，凡口外官地及土默特并附近各扎萨克部落蒙古民人交涉事务俱归五通判分理，由两同知核转，并属归绥道管辖。光绪八年议准，归化、萨拉齐理事同知改为抚民同知；托克托城、和林格尔、清水河理事通判改为抚民通判，均兼理事衔②。光绪十年（1884），设两个抚民理事同知，四个抚民通判。归绥七厅在杀虎口外，直隶于归绥道，东西距四百余里，南北距三百七里，东至镶蓝旗察哈尔界，西至鄂尔多斯界，南至边城界，北至四子部落喀尔喀右翼茂明安各蒙古界，至口外所设之五厅均在土默特境内。

归化城同知厅，在杀虎口北二百里，雍正元年（1723）设同知治此，管理民人事务，乾隆二年四月，以归化城办理兵丁粮饷事务，设有理事同知，但在仓廒库厂收支兵粮马草，事情颇繁，同知一员，不能胜任。而设仓库大使各一员协同办理。

绥远城同知厅，在归化城东北五里，乾隆元年（1736）建城，四年设同知治此，管理蒙古民人事务，二十五年定，各地方归五通判分管，其钱谷事务由绥远城同知核转。

归化城通判厅，初以笔帖式协理通判，乾隆二十五年（1760）定，设通判治此，分管蒙古民人事务。和林格尔通判厅，初以笔帖式协理通判，乾隆二十五年，定设通判治此，分管蒙古民人事务。

萨拉齐通判厅，初以笔帖式协理通判，乾隆二十五年定，设通判治此，分管蒙古民人事务。

清水河通判厅，初以笔帖式协理通判，乾隆二十五年定，设通判治此，分管蒙古民人事务。

托克托城通判厅，初以笔帖式协理通判，乾隆二十五年定设通判治此，分管蒙古民人事务。③

归化城同知、七协理通判，设吏攒二名，典吏二名，七协理衙门拣选

① 《清高宗实录》卷149，乾隆六年八月丙辰。
② 《钦定大清会典事例》卷41，《吏部·遴选协办同知》。《清高宗实录》卷643，乾隆二十六年八月丙戌。
③ （清）嵇璜等撰《皇朝文献通考》卷273，鸿宝书局，清光绪28年（1902）刻本。

缮写满洲、蒙古文移人一名。同知衙门挑取缮写满洲、蒙古字人二名。

归化城归绥道审转命盗各案，如凶盗尸亲事主均系民人，由七协通判承审，经同知、归绥道复审招解臬司，申请抚臣题结；蒙古与蒙古命盗各案，由通判验讯，申请都统就近派委土默特参佐领会审咨部；其蒙古与民人交涉之案，亦请都统委参佐领会审，由抚臣会题。结案后，仍将审拟定罪之处，由归绥道行文扎萨克知照①。

在乾隆元年（1736），设立归化城养济院，以收养贫民。以归化城地方，接壤边关，人烟凑集，其中多有疲癃残疾之人，无栖身之所，日则乞食街衢，夜则露宿荒野，甚可悯恻。把旧有把总官房三十余间改为收养贫民之所，每年于牛羊税内，拨银二三百两，粟米百余石，为饘粥寒衣之费。著该处同知、通判拣选诚实乡耆，经理其事，并不时稽查，以杜侵蚀之弊。倘地方有乐善好施者，听其捐助，共成善举，但不得稍涉勉强，著该都统会同该同知、通判妥帖办理。②

归绥兵备道道府官员还具有征解地租银、押荒银及生息银两；及时查核灾情并进行施救；督察核转所属各厅的一切刑名、钱谷及丈量开垦旗庄牧地、仓库积贮、官兵俸饷、解征草束、运送军需以及蒙汉佃田租息、修筑工程等项职责。③

四 将军衙门与土默特（副）都统、归绥道的关系

乾隆初年，清在绥远城设置八旗驻防以后，在归化城地区逐渐形成满蒙汉交错杂居的局面，并形成了三套相应的行政管理体系，分别管辖满蒙汉族。绥远城将军衙门专管驻防满洲兵丁事务。都统为归化城土默特的最高行政长官，其专管蒙民事务。归绥兵备道的道台衙门属山西巡抚管辖，专管汉民事务。绥远城驻防将军与归化城副都统衙门及道厅之间的关系错综复杂。

---

① 《清高宗实录》卷614，乾隆二十五年六月癸未。
② 《钦定大清会典事例》卷269，《户部·蠲恤·恤孤贫》。《清高宗实录》卷16，乾隆元年四月丁丑。
③ 土默特左旗编纂委员会《土默特志》上卷，政治志，内蒙古人民出版社，1997，第547页。

　　这些将军、都统、道台、参领、厅理事同知、通判等均有司法管辖权及审判权，不同的民族犯罪有相应的行政机关受理。满人诉讼有绥远城将军审理，蒙人诉讼由都统及十二参领审理，汉人诉讼由道台、厅、抚民理事同知审理，满汉纠纷道台、理事同知虽可审理，但无权对满人做出判决，只将口供及审理意见转呈绥远城将军处理，蒙汉之间的交涉，由都统参领或由理藩院派出官员同道台、厅理事同知、通判等官一同会审。道厅长官不得单独审理，并须将审理意见转呈绥远城将军。[①] 土默特二旗归绥远城将军兼管后在相关民族交涉案件结案时，则有将军和山西巡抚分别具奏完结，"归化城各同知、通判承办蒙古与蒙古交涉命盗等案，由该同知、通判处验讯通详，呈绥远城将军就近与土默特之参领等官会审起限，由将军处咨院具奏完结。蒙古与民人交涉命盗等案，亦呈请该将军就近与土默特参领等官会审起限，由山西巡抚咨回具奏完结。"[②]

　　这三个相对独立的行政系统关系，在清朝前期与后期变化很大。绥远城驻防设置后，在极短的时间里将土默特的管理权转移到绥远城将军手中。并在清末蒙地放垦和移民实边的过程中实现了对沿边诸道厅的管辖权。绥远城将军成为土默特地区最高行政长官。《绥远志》序例中说："自右卫徙绥以来，旗务纂繁，材行竞曜，古自称一编。其职官以土默特副都统、右卫城守尉附将军之次之，粮饷分府、盈宁库大使虽兼道事，实隶绥城，皆附焉。"[③]

第二节　对绥远城驻防官员的管理

　　地方将领拥兵自重，割据一方，威胁中央集权，历代有之，而以唐朝藩镇为甚。因此对地方将领的防范为历代统治者所重视，昔宋太祖承五季积衰之后，习见将懦兵骄，尾大不掉。于是自上而下，痛加裁制，一节一

① 杨振侠：《土左旗旗志办存清朝满文法律文书资料档案》，呼和浩特史料，第六集，第273页。

② 贻谷修、高赓恩纂《土默特旗志》卷7，《政典考》，光绪三十四年（1908年）刻本。

③ 《绥远志》序例，《民族古籍与蒙古文化》，总第1～2期，呼和浩特市民族事务委员会，2001，第48页。

级，钤束必严。明成祖以藩王得帝，故对地方势力亦多加防范。清承前制，并将前代防范地方的手段加以发挥、改进、变通而行之，清圣祖曾言："边疆提镇，久握兵权，殊非美事。兵权握久，心意骄纵，故每致生乱也"，[①] 这被作为圣训，为历代满洲皇帝所遵循沿袭下来。并形成了严格的朝觐和陛辞请训制度，凡驻防将军、副都统等官员在赴新任之前需要向皇帝请示训导等。

地方驻防将军"品阶例在总督之上"[②]，具有"镇守险要，绥和军民，均齐政刑，修举武备"[③] 的职责，边疆地区不设督抚，驻防将军的权限又繁于内地将军，相对内地将军专辖本地驻防八旗，掌防守、训练、旗务等事，不参与民事，边疆驻防将军多监管地方事务，权限更大。具体到绥远城将军，"绥远城将军员缺紧要，蒙古等事件亦繁"，初期只主管绥远、右卫驻防官兵事务，乾隆二十八年以后，兼管归化城土默特，至清末又兼有节制沿边诸道厅的权力，位尊权重。清政府在加强驻防将军权力的同时，注意限制将军个人的权力，为此采取了一些措施。

一　控制将领任免权

绥远城将军、都统、副都统，均为驻防大员，"题补委用，一出朝廷，皆为公选；一出外镇，多系私人"，[④] 将军、都统或由军机处开列，请旨补放；或奉皇帝特旨补放。但最后均由皇帝亲自批准。驻防将军的补放之权，始终掌握在皇帝手中，高宗曾说"各省将军、副都统等，均系朕简用……"[⑤] 清廷规定，驻防地的官员，自协领以下直至骁骑校，凡有缺出均有该处将军、副都统等从本处拣选一员拟正，保送到部，交与出缺之旗，该旗都统等再从本期内拣选一员拟陪，带领引见补放。[⑥] 驻防将军等

---

① 中国第一历史档案馆整理《康熙起居注》，康熙二十二年四月初三日，中华书局，1984，第 980 页。

② 《清高宗实录》卷 652，乾隆二十七年正月戊戌。

③ 《清史稿》卷 117，《职官》，第 3383 页。

④ 李敬：《请停补将领疏》，见仁和琴川居士编《皇清奏议》卷 6，文海出版社，2006，第 4~6 页。

⑤ 《清高宗实录》卷 539，乾隆二十二年五月乙酉。

⑥ 《乾隆朝钦定八旗则例》卷 12，《驻防》，见杨一凡、田涛主编《中国珍稀法律典籍续编》第六册，《清代宫廷法规六种》，江兴国等点校，黑龙江人民出版社，2002。

虽对驻防下级官员具有考核及出具考语、带领引见之权，但最终决定补用的权力，仍然只能由朝廷决定。

二　将军副都统之间互相监督

清帝命将军、副都统之间，相互监督，这样皇帝就可让权力制衡，互相牵制，重要之事将军亦不得专擅，防止将军个人专断，有效控制驻防将军。最典型的例子就是：乾隆三十一年，土默特蒙古伊什策楞争控施舍庙宇地亩一案。此案由将军嵩椿办理，恰巧归化城副都统集福来京。乾隆帝命军机大臣询问此事，而集福对将军如何办理，一无所知。嵩椿行文到部，也未由归化城转行。乾隆帝认为此系土默特蒙古事体，自当与归化城副都统一同商办，而嵩椿一人专主，并不令副都统与闻，非常不对。"嵩椿如此行事，集福亦当询问，或即行奏闻，乃佯为不知，听其所为，亦属非是。看来各省将军，竟有蔑视副都统之事。各省驻防，设立将军、副都统，原为诸事以将军承办，副都统协办。如事事皆将军一人专主，则设立副都统，果何为乎？外省副都统，如不循分，与将军争执妄为，将军即当参奏"。将军如蔑视副都统，诸事自行专主，副都统系二品大臣，有奏事之责，亦应据实陈奏。"嗣后各省将军、副都统等，办理事务，必须和衷共济，凡请安奏事，俱令副都统列名，将军固不可蔑视副都统，副都统亦不可任意与将军争执"。① 其他如乾隆五年，右卫左翼副都统官保参奏前任绥远城将军今调正蓝旗汉军都统伊勒慎，在已故将军王常家口回京，路经右卫，八旗官兵帮助银两一案。及乾隆七年，清廷命绥远城、右卫、归化城、察哈尔四处，备兵五千名，调往内陆军营，绥远城补熙奏请豫派备兵之领队大臣。乾隆帝认为是归化城都统所办之事。补熙此举"颇有越俎而代之意"，要他"本任之事，原应勤奋办理，本任之外，各处事务，不宜多管"②。当然，在清代绥远城将军与归化城副都统之间互相牵制轰动最大的要数清末的将军贻谷与副都统文哲珲互参案，贻谷奏文哲珲办边防军需，侵吞库款；文哲珲参奏贻谷败坏边局，欺蒙巧取，蒙民怨恨等。不

① 《清高宗实录》卷770，乾隆三十一年十月甲辰。
② 《清高宗实录》卷166，乾隆七年五月庚申。

管案件结局如何，这一案件亦体现了将军与副都统之间相互制约的关系。

三　对驻防官员频繁调动

绥远城将军从乾隆二年（1637）右卫将军移驻绥远城到清宣统三年（1911），共 174 年的时间里，清政府共简派绥远城将军 80 任，其中有父子均被任命为此职者，如将军蕴著及其子舒明，有数次重任者，如嵩椿、乌尔图那逊等。任期最长者不足 11 年，最短者仅几天，有的虽经任命，但委任者并不到任理事，平均任期 2 年多。不足一般官吏的三年任期，其中任期在 1 年以内的居然占了 43%，3 年以内的占 73%，可见调动的频繁。具体情况如表 4－1。

绥远将军的任期，初无规定，任职长者任十年七个月，最短者仅七天时间。嵩椿曾前后任职三次，共六年多时间，其他短者一两年，长者三四年不等，亦有任职数月者。驻防将军离职的原因，定宜庄将其分为以下几类：（1）调离，分内调、互调、他调；（2）革职、降职；（3）自然离职，如因疾病、年老致休，或死亡等；（4）领兵出征。

表 4－1　清朝绥远城驻防将军任期统计

单位:%

任期	朝代人数								百分比
	乾隆	嘉庆	道光	咸丰	同治	光绪	宣统	总计	
1 年以内	12	4	9	3	2	4		34	43.00
1～2 年	4	1	5	1		1		12	15.20
2～3 年	5	2	1			2	2	12	15.20
3～4 年	3	2	1					6	7.60
4～5 年	2		1	1	1	2		7	8.90
5～6 年			1					1	1.30
6～7 年			1		1	1		3	3.80
7～8 年	1	1						2	2.50
8～9 年								0	0.00
9～10 年	1							1	1.30
10 年以上						1		1	1.30
备注	28人，最长 10 年	10 人	18 人	6 人	4 人	11人，最长 11 年	2 人	79	

表 4 - 2　乾隆朝驻防将军离职原因统计

单位：人

互调	38
他调	1
内调	13
降革	9
病休	9
卒	8
其他	2
合计	80

　　驻防将军无固定的任期，由朝廷调遣，频繁调动，以防将军与地方势力结党，或私植党羽，任期越短越对清廷控驭将军有利，所以将军任期较短，数月者有之，几天者有之。这就使驻防将军完全没有熟悉地方驻防事务的余地，当然谈不上有效的行使职权，将军本身亦不做久远打算，于是敷衍塞责、草率从事，或对下属粗暴严厉，致使下属离心离德。清朝统治者之所以对将军进行频繁的互调主要是为了防止驻防将军在地方做大，以保证对边疆的控制权高度集权于皇帝。

四　对驻防官员的活动严密监视和限制

　　因驻防将领频繁调动，在驻防将军离职他调时，所属官兵不准带往任所，即使所带嘎什哈的数目也有限制，防止他们私植党羽的机会。

　　乾隆三十二年定，除巡察所属地方操演兵丁，及进京瞻仰仍回原任者，照例准带戈什哈外，其调任带领官兵之处，永行禁止。① 即使跟随兵丁亦有限额，驻防将军准挑领催 2 名，兵丁 10 名；副都统准挑领催 1 名，兵丁 6 名，作为亲随跟班，不准任意挑取官员跟随。将军副都统等，仍敢挑取许多亲随，或私令官员跟随者，一经查出，必从重治罪，断不宽贷。② 乾隆十二年（1747），将军补熙遣佐领素尔芳阿带马甲 6 名，携生息银

---

① 佟靖仁校注《绥远城驻防志》，内蒙古大学出版社，1991，第 88 页。《清高宗实录》卷 782，乾隆三十二年四月丙午，所记与此相同。
② 《钦定大清会典事例》卷 578《兵部》。

1000 两，往额驸策凌所居地方，购买马匹，并以茶叶等物，送额驸策凌。此远道跋涉之举，或果属买马，或另有别情？引起清廷的警惕，乾隆帝命军机大臣询问补熙，令其据实明白回奏，并寄知额驸策凌，于你所差人等问明具奏。① 对绥远城将军的一举一动防范十分严密。

不许干涉地方政事，要求驻防将军严行约束所属官员兵丁，如有旗民相关人命及盗案事件，仍照例会同地方官审讯办理，除严行约束官员兵丁，毋任伊等与地方官民人交结往来外，其将军大臣等，如非紧要事件，亦不可滥行干预地方事务，咨行文书。②

正如任何事物都有其两面性一样，清朝政府对将领的防范达到了预期的效果，兵虽众多，而层层管辖，则如身使臂，如臂使指，左右运棹，仍如一人。

但由于清政府对驻防将军的防范，驻防大员的频繁调动，兵丁与将领无法相互熟悉。对驻防八旗营伍整饬、武力发挥的消极影响自不待言。日后驻防将领腐败，作战无能，营伍混乱，无不与这种短期行为有关。特别是任期甚短，来去匆匆，一切并无长远打算，只是敷衍了事，完全丧失了驻防将领的独立性、创造性。③

为此嘉庆帝谕内阁，"近日内外臣工，往往欲避专擅之名，于事之不应奏者，亦以一奏塞责，以见事虽至琐，尚纤毫不敢欺隐，设有大于此者，必更无所讳匿，不知人之才识，见大者能知体要，其遇事也确有权衡，见小者日詹詹于凡近，一遇重大之事，懵无据依，默然不敢置喙。……大小官吏，敝精神于烦苛琐屑之地，而莫知政要，举其细而遗其大，于国事又奚裨乎。著通谕内外各衙门，嗣后于一切庶务，皆当详察事理，审度重轻，分别办理，勿外涉粉饰之迹，中怀怠玩之心，屡言小事而转不言大事，名曰无欺，而欺罔更甚矣。若因有此旨，误会朕意，于应行奏办者，转因循压搁，则获咎滋重，必不赦宥"④。任期短暂，武力削弱，无法与朝廷对抗，各地驻防将军互相之间频繁调动而驻防官兵被固定在驻防

---

① 《清高宗实录》卷 294，乾隆十二年七月己亥。
② 《清高宗实录》卷 1414，乾隆五十七年十月丁卯。
③ 定宜庄：《清代八旗驻防研究》，辽宁民族出版社，2003，第 173 页。
④ 《清仁宗实录》卷 292，嘉庆十九年六月戊子。

点，不随之调动，使得"帅无常师，兵无常帅"，防止军队为将领所私有，对军人恃武力专横跋扈的局面防微杜渐。将帅无权，指挥不灵，以致存在军队战斗力削弱的弊病。绥远城驻防在清后期镇压捻军起义和防御甘肃回民起义时已难得力。即使在坐镇地方，防范盗贼，也不得不求助湘军驻扎，以资防范。

第三节　驻防官兵

　　对于直省驻防的八旗满洲及蒙古、汉军等，多有京师派往，而绥远城驻防从一开始就因为其和右卫驻防的渊源而显得错综复杂，右卫与绥远相距不远，在绥远驻防设置前即有安北将军兼管右卫驻防的先例，绥远驻防设置后，右卫降低为副都统级的驻防，后又降为城守尉级别的驻防，统辖于绥远城将军，右卫驻防级别的降低和兵额的减少是和绥远驻防的设置分不开的。两者同时进行。绥远与右卫因为这层特殊关系的缘故，右卫驻防官兵移驻绥远驻防也是情理之中的了。对于绥远驻防的八旗蒙古及右卫驻防与绥远驻防之关系，蒙林先生有过专门的论述。① 本节亦有参考。

　　绥远城驻防的设置和准噶尔用兵密不可分，早在雍正十三年（1735）二月十日雍正帝就曾下旨说："归化城地理位置重要，派满兵几千前往，并修建城池。"② 此时归化城驻兵数额上处于待定阶段，仅笼统说派满兵几千而已。不久雍正帝驾崩，乾隆帝即位，有归化城筑城派兵六千或一万之议。雍正十三年（1735）十二月，总理事务王大臣等奏言："归化城，路当通衢，地广土肥，驻兵可保护扎萨克蒙古等，调用亦便。请于右卫兵四千内，酌拨三千，并军营所撤家选兵二千，热河鸟枪兵一千，并令携家驻归化城。"若漠北喀尔喀等兵力能够防守准噶尔，则鄂尔昆城不留驻内地之兵，而在"归化城请再酌增兵四千为一万人，令其留戍。设将军一员

①　蒙林：《绥远城八旗蒙古初探》，《内蒙古社会科学》2000 年第 6 期。
②　中国第一历史档案馆藏《军机处满文月折包》，雍正十三年闰四月初七日大学士鄂尔泰奏于归化城附近驻兵折。档号：1540－001，缩微号：039－0348。

总理，副都统二员协理。"① 并请特命大臣一人驰往归化城，会同右卫将军岱琳卜、归化城都统丹津、根敦、尚书通智等，根据地方具体形势，商议筑城垦田及戍兵如何分驻等事宜，详悉确议后上奏清廷。乾隆元年（1736年）四月，乾隆帝将筑城开垦事务交尚书通智总管办理，计划俟城工告竣之时。先派家选兵二千名，热河兵一千名，前往驻防。其家选兵照八旗另记档案人例，另记档案，将来补授骁骑校等微职，不可用至大员。右卫兵丁，暂行停止迁移，仍著在本处驻防。归化城周围田地，悉行开垦，俟积谷充裕之时，于京城八旗闲散满洲内，将情愿者，挑派三千名，以为新城驻防兵丁。其钱粮家口米石，及拴养马匹，俱著照热河兵家选兵例。右卫兵丁，既停止迁移，将军、副都统、笔帖式等，俱仍驻本处。新城着设将军一员，副都统二员，俟应行派往之时，着该部再行请旨具奏，笔帖式着照例补放遣往。② 这里乾隆帝改变了将右卫兵大部3/4的3000名拨驻归化城的前议，而决定于京城八旗闲散满洲内，挑派3000名，作为新城驻防兵丁。改变将右卫三千兵丁移驻新城的原因是稽查归化城军需给事中永泰奏陈筹划归化城久远各条事中所记："……至驻扎兵丁毋庸一万，除鄂尔坤撤回家选兵二千留驻外，于八旗内派出子弟兵四千，共计六千名。合之此地旧有土默特蒙古兵丁互相固守，庶为永远可久。一，右卫驻防兵丁不宜迁移也。盖右卫系入口第一紧要过脉，原驻八旗兵四千名，立法甚善，仓库营房又皆完备。今欲移撤三千名为将来新设城内驻防，是口外壅塞口内空乏，何以为守？臣一路经过地方，如宣化、大同驻扎具系绿旗兵丁，未免松弛，惟右卫八旗兵丁整齐严肃，似不便移撤，以此镇守仍照旧制，庶于地方有益。"③ 全国各军事要地，凡有绿营处多驻满兵以为监视，而宣化、大同所驻具系绿旗，清廷自然不愿此地空乏。

正在建筑绥远城的过程中，乾隆帝认为若等新城修筑一切完竣之后始行派遣兵丁前往驻防，恐有迟误。故于乾隆元年（1736）十二月十一日谕总理事务王大臣："归化城驻防兵丁，于明春即当遣往。""着先将兵丁住

---

① 《清高宗实录》卷9，雍正十三年十二月丙戌。

② 《清高宗实录》卷16，乾隆元年四月甲戌。

③ 中国第一历史档案馆藏《军机处满文月折包》，档号：03－8267－039，微缩号：605－0530。

房修理，俟遣往驻防后，再行修理城工。"① 等到乾隆二年（1737）三月，总理事务王大臣又以归化城盖造新城，距离右卫仅二百里，毋庸添设将军。奏请将右卫将军移驻新城，只添副都统二员，其右卫之副都统二员，仍留原处，亦归并将军管辖。所有家选兵二千名，热河兵一千名，着该处照原议办理。俟房屋工竣日，先往驻扎。其管兵官员，应令将军王常等会同八旗大臣，拣选京城应升官员，请旨补放。至京城应派官兵三千名，遵旨暂停。俟归化城附近地亩开垦足数，呈报到日再议。② 塞外蒙古非如内地，粮食问题最为关键，既然是长久驻防，配套的开垦不可忽视，若仍由内地运送粮食，难免扰累，费用亦高，非长治久安之策。因归化城附近垦田尚未完成，故将京城应派三千官兵暂时停止派遣。乾隆二年八月，由右卫将军移驻归化城的将军王昌，熟悉右卫驻防情况，奏请将："原附右卫蒙古裁汰余兵五百名，请编为五个佐领，移驻新城，仍照原议支给官弁俸饷。新城驻扎兵丁，须得熟谙之员经理，请将右卫官员，酌量送部引见调补。"③ 这样，新城驻防兵丁数额几经变动，君臣之间反复商酌，至此形成了"以出征准噶尔效力之八旗满洲蒙古汉军开户家丁二千四百名，热河驻防兵一千名，及右卫驻防裁汰未尽之蒙古兵五百名，共三千九百名，发往驻扎。内分委前锋校十六名，前锋一百八十四名，领催一百四十名，马甲三千五百六十名，设将军副都统管辖。并设随印笔帖式四员，随甲八名，匠役五十四名"④ 的初期驻防规模。《皇朝文献通考》记载为："乾隆二年设绥远城驻防建威将军一人，副都统二人，满洲协领八人，佐领、防御、骁骑校各十九人，蒙古协领二人，佐领、防御、骁骑校各八人，汉军协领二人，佐领、防御、骁骑校各八人，满洲、蒙古、汉军兵三千九百

---

① 《清高宗实录》卷 32，乾隆元年十二月庚午。
② 《清高宗实录》卷 39，乾隆二年三月庚戌。
③ 《清高宗实录》卷 48，乾隆二年八月丙寅。
④ 《钦定大清会典事例》卷 1128，《八旗都统》《兵制》《各省驻防兵制》。《清史稿》卷130，《志一百五》，《兵一》。乾隆二年，设驻防绥远城，以征准噶尔之满、蒙、汉开户家丁二千四百，热河驻防兵千，及右卫蒙古兵五百，凡三千九百人。金启孮、修靖仁《呼和浩特的兴建和发展》（《呼和浩特史料》，第一集。呼和浩特市委党史资料征集办公室、呼和浩特市地方志编修办公室，1983，第 218 页）记为：清政府"把原驻在山西右玉的大部分八旗兵移来驻防，计有满、蒙、汉大小官员一百二十三员，满、蒙、汉步骑兵四千三百名，工匠五十四名，驻防官兵全部携带家眷"。

名，拨出征效力之在京八旗开户兵二千四百名，热河驻防汉军兵一千名，右卫驻防内议裁未尽之蒙古兵五百名，以充其额，内委署前锋校十六人，前锋一百八十四名，领催一百四十名，骁骑三千五百六十名，箭匠铁匠五十四名"。①

乾隆五年（1740）二月绥远城建威将军王常因年迈患病，乾隆帝命着留京调养。其绥远城将军员缺，由都统伊勒慎补授。四月，伊勒慎奏请清廷停止拟移居绥远城的一千六百名京城满兵。理由是"伊等俱系平日好酒，骑射平常之人，若至此处，生计必至艰难。况此间现有之家选兵丁，原系京城官兵户下人，良莠本自不齐，如再添此等不肖之徒，愈难约束。况准噶尔虽属归化，而夷性不可深信，万一蠢动，此项兵丁，徒糜钱粮，未能得力，应请停止"②。伊勒慎原为京城正蓝旗满洲都统，对京城满洲兵丁的习气深为了解，此为实情故此得到清廷允准。

随着全国大的战事已经结束，八旗兵丁亦少少调拨，社会安宁，八旗人口激增，出现"承平日久，休养生息，甲兵有额，而生齿浩繁"③。旗人生计问题日趋严重，不唯京师八旗，地方驻防问题也同样严重。在首崇满洲的政策下，清廷开始组织大规模的汉军出旗。绥远城驻防先后分两次将汉军出旗完毕。一次是乾隆十二年（1747），一次是乾隆二十九年（1764）。乾隆十二年八月，根据绥远城将军补熙所奏称绥远城驻防家选等兵丁，生齿渐多，粮饷不敷养赡，日久生计愈艰，宜及时酌办等语。大学士等议复："查此项兵丁，原系八旗家奴，恩赏给伊主身价赎出，作为另户，移驻绥远城。现在内有领催、前锋、马甲、匠役等共二千四百名。年来户口日繁，其十岁以上渐次成丁者，已有六千四百余名口，自应早筹生计。从前乾隆六年，该将军条奏，杀虎口内外一带地方，添设靖远营一案，兵部议准，由大同镇、杀虎协二处所辖，抽出马步兵共五百名拨往，并设都司千总各一员，把总四员，于乾隆十年移驻。伏念绥远城与靖远营甚近，此五百名兵缺，即于绥远城驻防派往马兵一百七十名，以领催前锋

---

① （清）嵇璜等撰《皇朝文献通考》卷184《兵考六·八旗驻防》，鸿宝书局，清光绪二十八年（1902）刻本。

② 《清高宗实录》卷114，乾隆五年四月壬午。

③ 昭梿：《啸亭杂录》卷10，第338页。

顶补。步兵三百三十名，以兵丁顶补。千总于骁骑校内，把总于领催前锋
内拣补。其现在靖远营兵丁，抽拨未久，令回原处。此外尚余兵一千九百
名。查直隶、山西二省，现在兵额甚多，应即分派该二省顶补绿旗兵缺，
请敕该督抚悉心会议，酌量通省标营兵额多寡，分出一千九百缺，令该兵
等顶补。"① 这一建议得到乾隆帝的批准，将绥远城两千四百名家选兵丁，
五百名派往靖远营为绿旗兵归大同、杀虎口二处管辖，剩余一千九百名
中，按直、晋两省兵额均派，九百一十二名派拨直隶，九百零八名拨往山
西顶补绿旗兵缺。随之京城满洲八旗前往添补这一空缺，"由京师选派八
旗满洲兵一千二百名，并由本驻防余丁内拣选五百名作为兵丁。今原存兵
一千五百名，为三千二百名"。② 由原来的三千九百名驻防兵额变为三千
二百名。乾隆二十五年二月，经绥远城将军恒禄奏请将绥远驻防兵三千
二百名内所有老幼残疾者，裁汰八百名，改为步军四百名，养育兵四百
名，实存领催前锋骁骑二千四百名。乾隆二十七年二月，又于京城派往三
百四十三名满兵往绥远城驻防，现在八旗满洲各佐领下当差，俟出有缺
额，按旗顶补所遗之缺。这些兵丁除一名回京袭官，逃革病故五十一名
外，其余至乾隆三十年底，俱陆续补缺完毕。③ 至乾隆二十九年（1764）
时，准噶尔、回部均已平定，从前边境，俱属内地，边地已不必多驻兵
丁，故清廷命绥远城将军蕴著根据情况和衷办理绥远汉军出旗事务。《大
清会典事例》记载："二十九年，裁绥远城驻防汉军、协领、佐领、防御、
骁骑校各员及汉军兵二千一百十七名，悉令出旗，分拨直隶、山西二省，
改补绿旗营，实设满洲蒙古兵二千名。"④ 《绥远城驻防志》所记相同。
"奉准部文，将热河汉军兵二千一百一十七名出旗，分拨直、晋二省顶补
绿营兵缺。汉军出旗后，尚存满洲、蒙古额设兵一千八十三名，又于右卫
余兵、由京派拨前项未补额缺之兵，以及本城闲散内共添补九百一十七
名，合并现有满洲、蒙古兵一千八十三名。实设兵二千名。"⑤ 乾隆三十

① 《清高宗实录》卷 280，乾隆十二年八月丁丑。
② 《钦定大清会典事例》卷 1128，《八旗都统》，《兵制》，《各省驻防兵制》。
③ 《绥远城驻防志》卷 2《马甲》，第 36 页。
④ 《清朝文献通考》卷 184《兵考六·直省兵》。
⑤ 《绥远城驻防志》卷 2《马甲》，第 36～37 页。

三年（1768）十一月，由将军傅良奏请，经军机处会议，"将右卫兵丁内，移驻绥远城马甲五百名、步甲一百五十名、养育兵五十名，添入八旗满洲、蒙古各佐领下当差"。① 对此《清朝文献通考》亦有记载："三十五年裁绥远城协领四人佐领四人蒙古协领一人箭匠铁匠各二十名增马步兵七百名。"② 但所记时间为乾隆三十五年（1770），有待进一步考证。至此绥远城驻防兵额又变为 2700 名，至清末没有大的改变。

　　由上可以看出，绥远城驻防兵额的设置及变化既与当时对准噶尔战争形势的外部环境紧密相连，又和八旗驻防制度的内部自身发展密不可分，所以驻防兵额由原来议定的满兵几千到满蒙汉六千又到一万，最后实际驻防为满蒙汉八旗兵 3900 名，由于雍正以来的"八旗生计"问题日趋严重，在清廷"首崇满洲"政策下，八旗汉军陆续出旗，腾出额缺为八旗满洲，这样乾隆十二年（1747）2400 名家选兵出旗，补充京师满洲 1200 名和本地驻防挑选 500 名，驻防兵额为 3200 名。随着准噶尔回部的平定，旗人生计问题的恶化，乾隆二十九年（1764），绥远驻防内仅有的汉军旗人 2117 名全部出旗分拨直、晋二省顶补绿营兵缺。所剩兵丁 1813 名和在右卫及本地驻防中添补的 917 名，形成新的驻防兵额满蒙两千名。但绥远城控制紧要，经绥远城将军傅良奏请，又从右卫移驻 700 名在佐领下当差，形成基本固定的 2700 名驻防兵额。总之，用嘉庆帝的话说就是："从来兵制与国赋相权而行，我朝建设各省营兵，久有定额，其小有损益，亦皆就地方情形，随时酌定。"③ 至清末绥远八旗的编制和兵力如下："绥远城八旗满洲蒙古兵 3200 名，内马兵 2000 名，步兵七百名，养育兵五百名，编为满洲十六佐领，蒙古四佐领，每佐领下设佐领一员，防御一员，骁骑校一员，共佐领十五员，协领兼佐领五员，防御二十员，骁骑校二十员。"④

　　通过以上记载可以看出，绥远城驻防官兵最大的特点是开户旗人占很大比重，在 3000 名额兵中，开户人竟占 2400 名，占到驻防总数的 80%。

---

① 《绥远城驻防志》卷 2，《马甲》，第 37 页。

② 《清朝文献通考》卷 190《兵考十二·直省兵》本书卷一百八十四，《兵考六·直省兵》记载相同，时间同样为乾隆三十五年（1770）。待考。

③ 《清仁宗实录》卷 288，嘉庆十九年三月乙巳。

④ 张曾：《归绥识略》，《清代边疆史料抄稿本汇编》第 13 册。

所以在乾隆二十八年（1763）将绥远城汉军中的开户人和另记档案人，全数拨往直隶、山西两省充补绿营后，绥远驻防兵为之一空，虽经添补，然已难再恢复旧日规模。

第四节　驻防官入觐

清朝政府任命的很多职官，皇帝未曾识面者甚多，且很多将军大臣提督总兵官等皆有专阃之责，皇帝为了随时查看这些官吏，以别贤否，加强对这些大臣的监督，同时表示皇帝对这些官员的恩宠，规定了年班朝觐制度，以加强中央对地方的统治。

雍正四年（1726）规定，各省驻防将军副都统，应来京陛见。议定，右卫将军一人，副都统二人，初次令将军来京，二次、三次令副都统各一人来京；归化城有都统二人，副都统四人，初次、二次令都统副都统各一人来京，三次令副都统二人来京。均依次轮班，周而复始，每年定于十二月到京。将军印务，酌交副都统署理，内有新任及因公陛见回任未久者，即暂停来京，俟未经陛见之人，轮班一周，再行来京。

在绥远城驻防设置以后，对年班做了调整，绥远城、右卫初次令将军来京，二次令绥远城副都统来京，三次令右卫副都统来京。将军、都统、副都统来京时，均将起程日期，预期报部。归化城都统、副都统，乾隆十四年议准，因归化城副都统，裁去二人，陛见之期，相应进行更定，改为该处都统、副都统分为二次，轮班来京。乾隆二十九年（1764）绥远城将军宗室蕴著奏，绥远、右卫、归化三处副都统，年终轮班进京。绥远副都统与将军同城，归化城虽只副都统一员，地近绥远，遇副都统进班，毋庸署理，唯右卫距绥远、归化稍远，其副都统进班，请令绥远副都统前往暂署。绥远事归将军，如绥远城将军同值进班，即停右卫副都统进班一次，[①]获准实行。乾隆五十年（1785）定，将军一员副都统一员之省份，着俟将军来京，间隔一年，再令副都统来京。副都统来京，亦间隔一年，再令将军来京陛见。五十九年定，各省将军、副都统，凡遇陛见年班，即照例来

---

① 《清高宗实录》卷706，乾隆二十九年三月甲子。

京，不必预为奏请，临期将起程署印之处报部，以备查核。

第五节　驻防官兵的俸饷

　　绥远城八旗驻防，作为国家统治根本，清政府采取的是让其成为专职军人，由国家支给其钱粮等生活之资，专事军事训练，以保持武力，"满族人从来就是以戎伍为业，正因为如此，中国政府有鉴于此，对满族人从小就发给薪饷，而他们自幼即列身行伍，接受训练"①。这些世袭职业军队的军需供应问题，在绥远城驻防之初，就为统治者所考虑到了。在土默特地区开垦了"大粮地"和"小粮地"等作为驻防八旗的军粮，并且绥远城驻防的粮饷由山西巡抚负责筹措。乾隆三年（1738）八月，山西巡抚石麟奏称，归化城与察哈尔连界之察汉库仑等处地亩，坐落土默特界内，招民人认垦输租，请仍令宁朔卫管辖征收，解交绥远城充饷。② 为筹措八旗驻防军粮，山西巡抚奏请开垦的土默特地亩不断增加，"乾隆二十六年（1761）十二月，山西巡抚鄂弼奏请将大青山十五沟垦熟地四百四十三顷七十五亩零。每年编征粟米拨充绥远城满营兵粮。③"右卫八旗牧厂和大青山后牧厂军逐渐开垦，所得租银均接送到绥远城将军衙门，作为驻防八旗兵饷。至乾隆三十年（1765），绥远城驻防官兵，"岁需口粮粟米五万余石，每年于归化城各厅及庄头，并土默特蒙古大青山十五沟等处额征米四万四千六百余石，同旧存仓粮支放。"④

　　绥远城开垦地亩额米，以各协理通判为经征，粮饷同知为督催，在通判衙门征收，随时运绥远城仓，供支驻防官兵。⑤ 但是随着八旗生齿日繁，生计日蹙形成八旗生计问题，为解决八旗生计，大量的开垦牧地。乾隆六十年（1795），将大青山迤北牧厂东南交界，空出地四千余顷，尽行开垦，所得岁租九千余两，作为绥远城添设养育兵及养赡孀妇孤女之用。并将耕

----

① 〔俄〕尼·维·鲍戈亚夫连斯基著《长城外的中国西部地区》，新疆大学外语系俄语教研室译，商务印书馆，1980，第39页。

② 《清高宗实录》卷74，乾隆三年八月乙酉。

③ 《清高宗实录》卷651，乾隆二十六年十二月癸未。

④ 《清高宗实录》卷729，乾隆三十年二月是月。

⑤ 《清高宗帝录》卷138，乾隆六年三月癸酉。

种熟地及未垦地亩，概行丈明，旧种地亩，既照议定租银，每亩征收二分一厘五毫，未垦地亩，亦照此数，于次年开垦，秋后征收，存储厅库支用①。

官员的俸银、禄米是政府发给官员的薪金，用以维持官员及其家属的日常开支。饷是指官兵饷银及饷米，驻防官兵的饷，主要包括饷银、岁米、马干等。

绥远城驻防，领催、前锋每月每名饷银 4 两，马甲 3 两，步甲 1 两 5 钱。②领催、前锋与马甲所领米石数额相同，都是每名粟米 10 石，每口月支 2 斗 5 升，岁支 3 石，10 口共支 30 石，其中，粟米 30 石，除本色 10 石 2 斗，共 19 石 8 斗，每石折银 1 两 5 分。③除了银、米之外，还有马干一项，清廷规定驻防兵丁每人需养马 3 匹，1 匹乘骑，2 匹载行李，绥远城驻防，马甲为"每名二匹，每名岁支七个月豆六石三斗，草四百二十束，共折银一十四两三钱三分二厘五毫，二匹共折银二十八两六钱六分五厘"④。

为照顾经济困难，生活拮据的官兵，体现皇恩浩荡，清政府从藩库拨出一定的银两，发商生息，对各级官兵的红白之事，可以给予一定的赏银，以缓官兵之急。兵丁如因差使及办理红白事宜，可以借取一定数量的银两，以渡难关，根据差使远近及官兵的官阶可借银两不同，所借银两从官兵饷银中分两年扣还。随着八旗驻防户口倍增，生计日渐竭蹶，拨给官兵的红白赏银也不敷使用。为此，道光十一年（1831），绥远城将军彦德等奏请拨项生息，以资兵丁生计。绥远城官兵，户口日增，每年额领红白恩赏银一千六百两，不敷支放，自应设法调剂，加恩着照所请，准其将大青山后马厂地租余存银四万余两内，动拨银二万两。照依成案，由归绥道发商，按一分生息，每年所得息银二千四百两，遇闰加息银二百两。加以支放卡伦盘费余银七百八十六两，再照例由藩库领红白事件银一千六百

① 《钦定大清会典事例》卷 166，《户部》。
② 《绥远旗志》卷 4，《俸饷表》，第 389 页，《绥远城驻防志》卷 4，《官兵俸饷米石草乾》，第 73~79 页。
③ 贻谷修、高赓恩纂《绥远旗志》卷 4，《俸饷表》，第 389 页。
④ 贻谷修、高赓恩纂《绥远旗志》卷 4，《俸饷表》，第 389 页。

两, 共计银四千七百八十六两。每年以一千二百两归款, 余银三千五百八十六两, 着即作为该处兵丁红白赏银, 仍按照原定八两六两三两旧例支放。俾该兵丁等遇有前项事件, 得以及时领取, 以示体恤, 其每年支放余剩银两, 着一并存贮旗库, 留为下年添补支放, 年终报部核销①。

八旗军对从入关前的"出则为兵, 入则为民, 耕战二事, 未尝偏废"②。兵民合一, 亦兵亦农的军政组织到入关后变为单纯的当兵食饷的常备兵, 兵有定额, 饷有定数。特别是在地方的驻防八旗, 虽然有固定的军饷收入, 但严重窒息了八旗的生气, 随着时间的推移, 人丁的滋繁, 固定的饷银已难以满足旗人的生活, 最终形成"八旗生计"问题。生计问题严重削弱了八旗制度的军事职能, 驻防旗人生活难以为继, 直到清帝国灭亡都未能从根本上解决这一问题。清末任绥远城将军的贻谷曾指出, 由于旗民完全依靠朝廷眷养, 导致"生为旗族, 自幼至老, 仰食公家, 恃披甲以终身, 倚钱粮为性命, 此外一无所业, 遂至一无所能"。驻防八旗在经济上日益贫困, "坐耗滋繁, 衣食艰窘", "推其受病之极, 有朝不谋夕, 日只一餐者, 有仅能糊口身无一缕者, 有冬只短褐男妇轮服出为乞人者, 有已生数儿辗转图存终至绝嗣者。若而人者, 其色皆菜"。③

对于归绥远城将军所管的土默特六十佐领之官员兵丁, 向无俸饷, 只赖户口地亩以维持生活。是计口授田行之已久, 非特与绥远旗兵, 荷戈塞外, 糈饷仰给公家, 其情形显有不同, 既较之察哈尔蒙旗, 以牧之余, 仍食常年俸饷者, 亦复稍异④。

第六节　绥远城驻防的吏治问题

清代吏治问题, 常为后人所诟病, 有"三年清知府, 十万雪花银"之谚语。

---

① 《钦定大清会典事例》卷 260 《户部》。
② 《清太宗实录》卷 7, 天聪四年五月壬辰。
③ 贻谷: 《绥远奏议》, 《遵旨妥筹旗丁生计及现拟续办各情形折》, 台湾文海出版社, 1974, 第 381～384 页。
④ 贻谷: 《绥远奏议》, 见 《蒙古史参考资料》第 7 辑, 第 26 页。

　　在绥远城驻防中，贪污舞弊案也是自始至终存在的，而且严重到把将军赐死的程度。

　　早在绥远城的修筑过程中，贪污就已经出现了。乾隆五年（1740），绥远城第二任将军伊勒慎就参奏已故将军王常，在建造绥远城城垣房屋中，动用官房租银，侵冒匠役钱粮，需索属员马匹等贪婪各款。副都统甘国璧、巴兰泰系协同将军办事之大员，亦各侵冒匠役名粮四分。乾隆帝命将甘国璧、巴兰泰革职，侵冒银两，追缴入官。① 并且承修绥远城各工的王山，冒销砖瓦灰斤等项银两，受到仓廒官兵房屋城楼等工勒限赔修。

　　绥远城将军永庆，乾隆年间以护军参领擢副都统，从征准噶尔有功，加云骑尉，出为乌鲁木齐副都统，后移绥远城将军，又擢礼部尚书，不久授内大臣。嘉庆十年（1805）七月卒，谥敬僖。其在绥远城将军任内曾奏请将库贮驼价交商生息给土默特公用，获得清廷批准之后，曾收受土默特致谢银一千八十两，后来事情败露，但其人已经身故，嘉庆将其从前所得恩予敬僖谥法，予以追夺，所有受贿银一千零八十两，在其家属名下，限一月内如数追出入官。②

　　乾隆二十四年（1759），将军保德与同知呼世图挪移库项，通同掩饰，亏空数至一万八千两，请旨革职严审等语，保德身为封疆大员，乃自将库贮帑银，与侵亏劣员，互为欺隐，殊出情理之外，保德、呼世图着革职，交与刘统勋等严审定拟具奏；至于同城之副都统，有此侵亏挪借情弊，付之不见不闻，明系扶同容隐，亦着解任质审；其盘查库项之归绥道固世衡，仅以库贮无亏，而如此那掩，竟置不问；该巡抚塔永宁，一任属员蒙蔽并无觉察，直至普喜揭参，始行具奏，均属不合。俟审明完案时，一并交部严加议处。③ 其中保德之罪如仅此挪帑作弊，则仅革职，解京请旨而已，尚无大碍，罪不至死。但在审勘普喜娄赃款内，究查出保德于穆纳山私砍木植一案，得受赃银一千五百两，实出乾隆帝意料之外，保德身为将军大员"乃敢枉法娄赃，贪黩败检，一至于此"，"实为罪不容诛，非执

① 《清高宗实录》卷116，乾隆五年五月乙巳。
② 《清仁宗实录》卷185，嘉庆十二年九月戊辰。
③ 《清高宗实录》卷588，乾隆二十四年六月甲寅。

法惩创，何以儆官邪而彰国宪。"命刘统勋等将保德于该处"监看正法，以昭炯戒"①。

为了抑制腐败现象和贪污之风的蔓延，清政府多次制定一系列惩贪的法律条文。如规定，贪污千两以上者处斩，千两以下者分别不同情况正法，针对贪污腐败中官吏互相勾结，通同作弊的特点，在查处贪污案时还实行连坐法等。清政府这种加强法制，重典惩贪措施，对于贪污舞弊之风的泛滥曾起到过约束和警诫的作用，然而随着政治的腐朽，贪污现象日趋严重。最典型的例子就是清末的绥远城将军与归化城副都统互相参劾的贻谷案。贻谷参奏归化城副都统文哲珲侵吞库款，而副都统文哲珲参奏贻谷败坏边局，欺蒙巧取，蒙民怨恨等。为此清政府在光绪三十四年（1908）派鹿传霖、绍英前往归化城一并查办，据查督办垦务大臣、绥远城将军贻谷督办垦务有"二误四罪"。鹿传霖在奏折中说：

> 朝廷放垦蒙地，意在开荒边，并非攘地图利，乃贻谷不顾藩部边氓大局，只为一己周利起见，专用小人，苛索巧取，以官地垦局，巧立公司名目，辗转渔利。定章每亩地价三钱，公司辄浮收八钱，垦熟之地，亦复勒缴地价，甚至房基庐舍铺面街道，勒交租价，每亩竟多至三百数十两。所收地价，以八钱计算，约收银四百余万两，除支拨有案及代为约计用款外，其查无用项者尚有二百余万之多，显系贻谷及各局员等朋分吞蚀。贻谷又需索蒙旗，扣留荒价，拣放官缺，批索银两，开设铺店，剥兵扣饷，似此贪残相济，扰害蒙民，败坏垦局，实属辜恩负国。清廷将绥远城将军贻谷著革职拿问，由山西巡抚派员押解来京，交法部审讯，监追治罪，文哲珲于库款亦有侵挪，且向亦阿附贻谷，听其苛敛，随同画诺，并著交部严加议处。其随同婪贿虐蒙之山东候补道斌仪，聚敛附益，婪款不赀；云南候补直隶州知州景禔，苛暴险诐，商农共愤；五原厅同知姚学镜，心贪手辣，率定爰书，均着即行革职，拿交法部监追治罪。署东胜厅同知岳钟麟，雠蒙诬叛，几坏边局；山西候补知县吴逮莱，以兵压民，形同寇盗；分省

补用府经历志良，逼追地价，惨用非刑，均著革职，发往新疆效力赎罪。候补参将谭涌发，虚报冒功，纵兵房物，着革职发往军台效力赎罪。分省补用知府陈光远，直隶州知州黄桂荣，山西候补直隶州知州吕继纯，同知郝敬瑞、余宝滋，知县郑天馥、林毓杜、乔樾荫、通泰、均属骄谄互用，迎合殃民，着一并革职。所有贻谷历年办垦保案，着该部查明一并撤销，塔尔巴哈台参赞大臣荣昌，着解任赴绥，交接任将军切实查办。①

随后又有人奏，贻谷侵吞巨款，匿存商号之事。朝廷又命步军统领衙门、顺天府会同，按照原奏各情节，调集存义公等四家，新旧账簿，彻底查明，严切追缴。后将查明的贻谷存款。包括在祁县存义公号银 6 万两，归化城大德通号存银 4200 两，按数严行追回。这个案件涉及人数之多，是罕见的。

贻谷之案是否冤案，姑且不论，贻谷案的结局表明，清朝在内外交困，列强环逼，领土被割占，亡国灭种下的困窘下，面对吏治弊端，虽有心整顿，但却无力回天。面对地方的一些事务其措置失宜，正是清廷软弱无力的体现。其腐朽的一面暴露无遗，其大厦倾颓已为时不远。

---

① 《清德宗实录》卷 589，光绪三十四年四月丙辰。

第五章　绥远城将军的职权及其嬗变

绥远城将军的职权包括政治、经济、军事、文教和其他方面的职能，通过对《清实录》《会典》等各种史料的分析，对其职能及变迁过程理出一个大概的脉络。绥远城将军的职能也不是一成不变的，处在不断的演化之中，既然土默特部的传统权力被褫夺是一个潜移默化的过程，那么绥远城将军的权力也是不断地增强的，即把土默特地区的蒙古王公、台吉的权力剥夺，实现削弱蒙旗而强化驻防将军的权力。随着汉族移民的增加，这一地区道厅县的设置逐渐增多，绥远城将军对民事的管理节制权不断扩大。特别是在清代末期垦务大臣都兼任绥远城将军，绥远城将军的职权也随之扩大。乌盟、伊盟是外藩蒙古，隶属于理藩院。绥远城将军对乌盟、伊盟的统驭，只限名义上的，从清末贻谷在乌、伊两蒙办理垦务的经过中可以看出。另外，归化城都统的演变也是经过由蒙古世袭到由京拣选的一个反复变化过程。

第一节　绥远城将军的职权

一　统制军事，检稽军实

作为清朝统治者在京师以外设置的驻防，它的军事功能始终占着首要的地位。可以说，军事统摄，是驻防将军的主要职能。常言道：兵可百年不用，不可一日无备，对驻防官兵的管理训练更成为绥远城将军的一项重要职能。清朝统治者反复强调八旗满洲为其根本。要求将军宜对官兵勤加训练，俾成劲旅，以备不虞。对旗兵训练主要是骑射和操演阵法，所谓向来满洲兵丁，以骑射技艺为重，人各勤习，而清语也不可荒废。以将军、都统、副都统掌其教阅，在训练八旗士卒及演炮时，将军等亲临校视，区分优劣，以为赏罚。

清朝统治者始终比较重视对驻防官兵的定期训练操演，命该处将军每年春、秋两季按时操演，在绥远城西门外西北设有大教场用于驻防官兵的定期操演，检阅骑射。此外还有南校场，据《绥远驻防志》记载有"演习长矛""演习云梯"，演炮，演阵，演放鸟枪等，绥远城乾隆二年（1737）有子母炮二十四位，乾隆三十一年和乾隆三十四年，奉文共裁汰十二门，到后来仅剩操演子母炮十位了。每年于秋季，派委官兵在哈尔沁沟口地方练习炮击十日。乾隆二年时，绥远城设操演赞巴拉特鸟枪八百杆，军营带去二十杆操演，存库操枪七百八十杆。每年春、秋两季进行射击训练。训练时，每日每枪先空放五次，然后打靶五次，每次放枪，需用火药二两四钱，烘药二分四厘、火绳四寸七分。打牌用铅子一个，重四两八钱。十日共演放百次，共需火药三斤，烘药三斤，铅子一千个。每年春季、秋季两次共空演十次，打牌十六次，共计二十六次。共需火药五千三百二十九斤十四两四钱，共需烘药五十二斤四两七钱八分四厘。共需火绳二千二百六十二文（五尺合为一条，计：合条九百四十条二丈），铅子十二万四钱八百个。① 为节约费用，每岁演炮铅铁子，照数拾回，以备循环应用。② 绥远城枪炮铅弹均系七成捡回使用。操演枪炮所需的火药、铅丸数目，每年春秋，由部派员解送。乾隆六十年（1795）以后，按兵部要求，由绥远城驻防派员赴兵部请领。

清朝开国之初，以云梯登城为要务，屡次破敌，多赖于此。入关后因承平日久，兵革不试，旗人已经不能熟练掌握此艺了。故乾隆年间命京师八旗选择少壮勇健者，演习云梯，以备遣用。嘉庆元年（1796），针对白莲教徒屯驻当阳城内，为清军所包围，清将毕沅兵分四路，用炮轰击县城，然久攻不下。嘉庆帝说："此等么么乌合，各路大军云集，自早已悉数歼除，但以炮轰城，虚糜火药与砖石为敌，实为拙计。业经降旨训饬，因思健锐营向设有云梯，一向专挑兵丁习演，最为趫提，即如目下荆州剿捕贼匪，若该处满兵习用云梯，岂不易用藏事、何至用炮攻击，致耽时日。嗣后外省驻防满兵处所，该将军等亦当效法，挑选数百名演习云梯，俾臻精熟。"③ 因此，绥

① 《绥远城驻防志》，第35~36页。
② 《钦定大清会典事例》卷898，《工部》。
③ 《绥远城驻防志》，第71页。《钦定大清会典事例》卷637，《兵部》，"健锐营向设有云梯一项，专挑兵丁习演，最为趫捷。嗣后外省有驻防满兵处所，该将军等亦当仿法挑选数百名演习云梯，俾臻精熟，不可有名无实"。

远城将军富锐遵旨在本城驻防马甲内，挑选兵 300 名，演习云梯。又因长矛一项，遇短兵相接时，运用娴熟，尤为得力。故清廷命各省将军、督抚酌定额兵演习训练，据此绥远城将军春宁从本城旗兵中挑选出精壮旗兵 200 名，装备长矛 200 杆，演习长矛，俾资利用。在诸多军事训练项目中规模最盛的则是演阵训练。

演阵的详细经过如《绥远城驻防志》所记：

八旗鸟枪、炮位队伍官兵、纛旗及两翼队伍官兵、纛起数目，俱照部颁阵图排列齐整。将军大人至教场升公坐，中军号炮三声，将台海螺兵两分，接至两黄旗号纛前排立，吹过一阵，大队中军处海螺接吹时，将台海螺即停吹，退回原立地方站立。两翼枪炮头队、二队、翼队俱各布列整齐排立。大队海螺吹毕，击鼓时，排列枪炮、弓兵人等，俱徐徐而进。击鼓渐紧，至头进放枪处理擂鼓逾紧，各令旗俱押伏至地，枪手俱各举枪。侯尾声大鼓一击，各令旗齐起，鸣锣，各枪手随即放枪。如此三进毕，放连环一阵。看队后红旗一押，锣鸣，前进、接放，进步、连环。侯将台红旗押时即止。各旗鸟枪兵回到四进处打攒，在纛旗下站立。骁骑营头队官兵俱由各门纵马前进、高声呐喊，至应立之处整齐排列毕，每旗各出殿后兵数人前进，在号纛里边站立。两翼满洲火器营，每二旗各出殿炮一位，每炮小旗一杆，每翼鸟枪兵各二攒，炮、鸟枪、旗两边散开，至号纛处排立。翼队兵不打攒，与殿后兵同出站立。出殿毕，翼队人等相参：左翼至右翼、右翼至左翼站立之处站立，毕。复又相参，各归原立之处站立。相参时，鸟枪队伍兵丁即退至原立之处站立，毕。大队各旗海螺出吹一次，二队扬威官兵及两翼各旗官兵，即收成一对撤回，仍从各门退至原立地方站立。二次海螺吹时，头队官兵即行收队，两翼兵亦即各收队撤回。三次海螺吹时，殿后兵，每队亦吹海螺回原立之处，听将军大人号令、差官吩咐。各收队伍，按次行走。①

① 《绥远城驻防志》第 38～39 页。韩国学者任桂淳在其《清朝八旗驻防兴衰史》第 60～61 页引用了这段演阵文字记载，但在其注释中却注明引自《驻粤八旗志》第 3 卷第 27～29 页，第 5 卷第 25 页。

　　阵内鸟枪最为要紧，凡执枪、装药、夹绳、揭盖、举枪、照把俱要演至得心应手。甚至心手相忘乃为熟练，稍有不熟，则临时仓促，顾此失彼，或装药过多、过少，或夹绳过短、过长，或未装烘药，或未揭引盖，无论上把，即求其一响亦不可得矣，兵丁演枪费药，家居无事时即将空枪演习，务令熟练，至演阵时放则齐放，止则齐止，如未放之时走火先响，或既止之后手钝后响，提出教场之傍，跪阅全操，操完释放，再犯者杖，三犯者革。① 要求勤加训练，以期熟习而收实效。在演习枪炮期间杜绝闲杂人员前往靶边捡拾铅子，不得近靶行走，以免炮子伤人。如带操官员不行管束，任听闲杂人等近靶行走，以致兵丁放枪误伤平人者，将对带操官员进行处罚。

　　此外还有箭操：春季二月十五日开操，四月十五日止；秋季七月十五日开操，九月十五日止。吹演海螺：八旗满洲佐领、防御，每员发给海螺一个。每年春秋二季开操日起，仿照京师之例，春以二月十五日起三月初一日止，秋以七月十五日起八月初一日止，派能吹兵丁赴四城上演吹海螺，两次共吹三十日。

　　清廷深知自来"攻城略地首在兵精，挫锐摧坚多资利器，苟非教习于平日，安能敌忾于临时"。所以特别重视驻防旗军的平时操演训练，务要其技艺精熟，俾资实用，杜绝出现弓箭鸟枪，各兵止知虚演架势，有名无实，徒饰观瞻情形的出现。绥远城控扼冲要，自然受到清廷的特别重视。乾隆六年（1741）十二月，上谕道："兵可不用，不可不备。现今虽无用兵之事，倘适有调取，刻期可集，自当筹画于事先者，著行文绥远城将军大臣等，令其密为整备。"②

　　为了让驻防官兵熟悉操演之事，乾隆帝曾下令轮班前往木兰围场进行学习，但因"绥远城驻防官兵，系边外要地，毋庸拣选来就"③。但在咸丰年间，绥远城驻防添演秋围、练习马上枪箭一项。每年九、十月，所有绥远城驻防满洲营兵丁，选派官十员，兵五百名，赴山后牧场驻扎十五日射猎，练习马上枪箭。行围官兵，按年更换，并着该将军与该副都统，按

---

① 《皇朝经世文编》卷77，《兵政八·兵法下·李绂奏》。
② 《清高宗实录》卷156，乾隆六年十二月壬寅。
③ 《清高宗实录》卷134，乾隆六年正月己卯。

年轮流前往，督率认真教演。所需口粮，准其于卡伦官兵盘费银内，提银支给，不敷银两，由余剩房租项下拨补，俾得经久遵行。至大青山后一带，系蒙古游牧地方，该将军等务须约束兵丁，勿令滋事。[①] 将军掌校阅骑射枪炮之事，第其优劣，以为赏罚。凡鸟枪骑射等项技艺，本应训练娴熟，其有生疏平常者，立即惩办，以肃营伍。但国家承平日久，人人耽于安逸，武备渐弛，清廷反复晓谕将军大臣令对旗兵勤加操演，必令纯熟精强，以成国家之劲旅。将军有尽心教训官兵，操练技艺武备之责，如将军、副都统等或有不以训练技艺为事，日坐署中不训练兵丁，优游养安徒糜厚禄，苟偷安逸者，经查出，必严加治罪，断不轻贷。对于兵丁不习骑射，不谙生计，技艺生疏，不谙清语，渐耽安逸，废弃本务者，即行斥革，示以惩创。

为了督促官兵训练，清政府还举行五年一次的考选军政。每到考选军政之年，将军、副都统不仅要遵例自陈，更重要的是对属下各级官员予以考察并填注考语。考语内容包括（1）操守，曰廉、平、贪；（2）才能，曰长、平、短；（3）骑射，曰优、平、劣；（4）年岁，曰壮、中、老，以次定赏罚。[②] 然后将各官员在军前受伤或立功等情况填明，分别应去、应留，造册送部。并檄新右司，先行催取各该旗，查造个官员履历，"定例五年军政，卓异者咨部引见，年老有疾者革职"。[③]

清朝统治者十分重视骑兵的训练，反复强调"国语骑射"乃满洲之根本，旗人之要务，务使骑射优娴，国语纯熟。担心清语骑射久荒，将来必致有失满洲旧制。所以乾隆帝下诏：各省将军副都统等，均系朕简用，有教育官兵之责，自应感恩尽职，训练官兵，以技艺骑射为重。若有不以训练技艺为事，而徒务无关紧要之虚文者，必严加治罪，断不轻贷。[④]

另外，清政府十分关注驻防的官兵训练军事器械修整等问题，以防战争突发而官兵技艺生疏，兵器不堪使用。新任将军莅任后都要检查官兵及军械情况，并将有关情况上报清廷。如乾隆三十二年（1767）四月初十日

---

① 《清文宗实录》卷207，咸丰六年九月乙丑。
② 昭梿：《啸亭杂录》卷10，第337页。
③ 《清高宗实录》卷814，乾隆三十三年七年庚寅。
④ 《清高宗实录》卷539，乾隆二十二年五月己酉。

满文档案记载："绥远城将军巴禄奏接任将军查报绥远城等处官兵器械马驮等情折。按：巴禄接任将军折，巴禄到任并检查官兵之情况。"① 还有乾隆五十八年四月初八日"绥远城将军图桑阿奏报接任日期及官兵训练情形折。按：臣于这一年二月来到职任地，并检查官兵。"② 这两条奏折都可作为这一职能的证明。

乾隆九年（1744），绥远城建威将军补熙奏言，右卫兵丁，自康熙三十三年设立后，一切军器，未能整齐。其八旗满蒙汉各佐领及鸟枪营，纛六十七杆，旗三百四十八杆，请咨部领取。旧者留为操演行围之用。每兵四人帐房一架及盔甲刀枪弓箭等，均一体修理，共需银一万四千两，系各兵应行自修之项，请于右卫经理钱粮同知处，应给月饷内，每兵预支银四两修理，一年扣还。该卫额兵三千五百四名内，鸟枪手二千六百二十一名，弓箭手止八百八十三名，操练时，多少不均，请将鸟枪手六百二十一名改为弓箭手。查该卫现有鸟枪二千六百二十一杆，中用者只一千六百二十一杆，请于绥远城鸟枪内拨三百七十九杆，移付右卫，以足其数。其绥远城所用，即于该处收贮鸟枪内，如数挑足。得旨。如所请行。③

道光二十一年（1841），绥远城将军奕兴在绥远城存贮军器内，查出有九节十成铜炮三尊，威远铜炮三尊，奏请弁兵试为演放。经试放，九节十成铜炮，致远八九里；威远炮致远五六里，均堪使用。因此将此炮每岁随同子母炮，将威远炮全行演放，九节十成炮按年轮流出演一尊。④ 因抬枪抬炮均为行军利器，最为得力，因此绥远城将军挑选壮健兵丁，勤加操演，达到施放有准，悉成劲旅。为此绥远城将军托明阿还奏设了操演抬枪抬炮章程。认真教演，并在查阅营伍时逐一校看，分别奖惩。

宣统三年（1911），绥远城将军堃岫等奏，绥远仅有陆军步队一营，留防马队一营，若论绥远兵数，尚敷混成一标，无如军械补充，财力告匮，有兵无械与无兵同，自宜参酌本处情形，先就已有新式步枪六百杆，

① 《清代边疆满文档案目录》，广西师范大学，1999，第147页。
② 《清代边疆满文档案目录》，广西师范大学，1999，第226页。
③ 《清高宗实录》卷224，乾隆九年九月甲申。
④ 《钦定大清会典事例》卷899，《工部》。《清宣宗实录》卷362，道光二十一年十一月丙寅。

马枪二百杆，过山炮六尊，陆路炮四尊，详加核计，拟请添练陆军步队一营，马队一营，炮队两队，除不急之官役等项，暂从缓议外，步队先挑五百六十三名，马队先挑二百七十名，炮队先挑一百三十一名，仍以原兵原饷略加津贴，遵照新定操法，认真训练，俟军械添购，再行扩充，悉按陆军编制办理。①

清朝以弓马之利取天下，对马政尤为重视，"马匹为行军第一要务"。② 所以，要求官兵必须配备一定数量的马匹，绥远城驻防设置以后，在大青山后划拨了八旗牧厂地，并依据驻防官兵人数分给马匹及草料银等。绥远驻防初设时，原设官员马八百五匹，兵丁原设马七千八百匹，可见绥远城驻防初设之时绥远当时马驼等牲畜的规模之大。但是随着战争的进行及全国大规模军事行动的结束，绥远城驻防马匹数量也随之减少，据《钦定大清会典事例》记载：绥远城驻防，乾隆二年，设马七千八百匹，十二年，裁马一千四百匹，二十五年，裁马一千六百匹，二十九年，裁马一千八百匹，三十三年，添马一千匹。剩余兵丁马四千匹。设牧厂于大青山后，东西阔三百里，南北长二百里。每年四月出厂，九月收槽，出厂时，每佐领下留差马十五匹。③ 乾隆七年时，右卫兵三千五百余名，马三千五百余匹，驼一千七百余只；绥远城兵三千九百名，马三千九百匹，驼九百九十余只。合计两处，共马七千四百余匹，驼二千六百余只。④ 驻防初期，因八旗官兵刚到未久，不能深知各处水草美恶，而蒙古较为熟悉。所以每佐领轮派兵丁六名，每马一匹，用银一钱，雇觅蒙古牧放，如有倒毙遗失，由蒙古赔补，兵丁并无赔累。等三年后兵丁熟悉地方，再行派拨兵丁牧放，停止雇觅蒙古牧放。至乾隆九年二月，停止雇蒙古人等牧马以后，又因牧厂地狭，水井俱系本地蒙古等自行刨挖，牧厂与众札萨克连界，蒙古往来贸易者甚众，若将马场各分地方牧放，停蒙古等盘费，恐不免偷盗马匹，争竞水草。请仍给蒙古等盘费，令其与兵同牧。有遗失蒙古

---

① 《皇朝续文献通考》卷 221《兵考二十·陆军》。

② 托津等撰《大清会典事例》，（嘉庆朝）卷 525《兵部·马政》，光绪二十三年内府刻本。

③ 《钦定大清会典事例》卷 647《兵部》。

④ 《高宗实录》卷 158，乾隆七年正月庚午。

等照数拟偿。① 绥远城的骑兵在清后期镇压农民起义时，屡经调拨，为武装清军骑兵发挥了重要的作用。如同治二年六月"拨绥远城、察哈尔游牧，马各一千匹，候调赴河南军营备用"②。

由上可知，绥远城将军不但有训练官兵之责，对官兵军械之齐备，士马有无疲弱，盔甲军器之修理、补充、调配等也有检查核明奏报的职责。有对残缺军器，或系全无，或缺少若干，详细报明补造的职责。

二 镇守险要，缉拿盗匪

在平定准噶尔的过程中，清朝政府深深体会到蒙古地区的稳定是清朝稳定的重要保障。归化城地位的重要就在于它联络蒙古诸部的地位。作为清政府在西北的重要驻防机构，绥远驻防是清朝重要后方安全的屏障。因此，清政府才在此处先后特设右卫和绥远城两个驻防地，内外联络，以"镇守险要"。《大清会典事例》载"绥远城将军，所属土默特旗，散处于归化城、和林格尔、托克托城、清水河、萨拉齐五厅之间，北倚大青山，与喀尔喀右翼旗茂明安旗接界，西与乌喇特旗接界"③。在此重要之地进行巡查驻守成为绥远城将军的重要任务之一。乾隆六年三月绥远城建威将军补熙等奏："绥远城西界黄河，北通札萨克，东接察哈尔大青山前后，系满洲蒙古八旗牧厂、喇嘛游牧地方，良莠杂处。请于春秋冬三季行围外，每年夏季，酌量一人，带兵一二百名，前往巡查，周视地方险易情形，庶土默特奸究之徒，闻风敛迹。"④ 此后每隔一两年，绥远城将军即委员前往巡查一次。乾隆六年（1741）十二月"兵部议准，绥远城建威将军补熙等奏称，口外地势辽阔，盗贼易于潜踪，杀虎口至绥远城，计程二百二十里，深山旷野，奸究出入，请于大路设汛拨三十六处，每处设马兵三名，步兵三名，照内地冲汛之例，挈眷久住巡防"⑤。在绥远城与杀虎口之间，设置了新店子、二十家子、大黑河等适中地方分派官兵，设立

① 《清高宗实录》卷 211，乾隆九年二月庚午。
② 《清穆宗实录》卷 69，同治二年六月甲申。
③ 《钦定大清会典事例》卷 963《理藩院·疆理·内蒙古部落》。
④ 《清高宗实录》卷 139，乾隆六年三月是月。
⑤ 《清高宗实录》卷 156，乾隆六年十二月甲辰。

汛拨，不时巡查。

嘉庆二十三年（1818），因大青山后地方，为蒙古商民贸易往来必由之路，盗案繁多。果勒丰阿等议派土默特官兵轮往巡查，但因地方辽阔，未能周密，果勒丰阿等奏请添派官兵巡缉，因此添派绥远城满洲佐领等四员，兵六十名协同巡查缉捕，除客货停运时，仍照常派土默特官兵巡查外，其余三季，令满洲蒙古官兵，每月分起会哨六次，所需马干等项银两，准其于藩库存贮十九年耗羡银内，借拨二万两，交归绥道发商生息，分别动支，该将军等务须督饬弁兵实力巡查，"以收戢盗安民之效"。①

此次添派满洲官兵同土默特原派官兵会哨巡缉，并筹给盘费银两，以期盗匪匿踪。然而效果并不如愿，随后的几个月中，该处仍复盗劫频闻，缉捕废弛已极，偷盗贼人，公然结队成群，执持鸟枪器械，抢夺商民，拒伤事主。王师印在买岱尔村被抢马匹，石黄在巧尔报村被剥衣服，孟学邻在高窑亥地方被抢马匹银两，冯陇伸在什八尔台村被抢驼只，等等。显然是前次派往官兵等并不认真巡缉，虚縻廪给，松懈怠玩。清廷传旨将果勒丰阿、额尔起俱申饬，并命该将军、副都统轮流带兵前往大青山后各要路，认真巡查，严缉贼匪，彼此定期更替，不准安坐衙署，自耽暇逸。缉获贼犯，随时具奏。其疏懈之各官兵等，查明分别参处责惩，若"该将军等仍前懈玩，不认真整饬，定行治罪不贷"②。绥远城扼陇西关隘，当回民起义时，曾有传闻说回民扮作难民，图谋绥远归化两城，清廷急忙命绥远城将军德勒克多尔济添派官兵沿河巡防，远出侦探，实力堵遏，密速查拿。同治七年（1868），正值陕甘回民起义军向东发展，渡河东犯，进入杭锦、乌审、郡王等旗，窥包头镇，绥远城防务吃紧，绥远城将军定安遣官兵分布扼守并"筹饷练兵，调遣各营，部署守御"③，所以"军声大振，寇闻风去"④，又布劝于众，集成万金，重建北门城楼，在绥远城周围浚壕堑，植柳三千七百余株，以加强绥远的防御能力。

---

① 《清仁宗实录》卷341，嘉庆二十三年四月癸酉。
② 《清仁宗实录》卷348，嘉庆二十三年十月庚寅。
③ 《绥远通志稿》卷88，内蒙古人民出版社，2007。
④ 《绥远通志稿》卷88，内蒙古人民出版社，2007。

　　光绪元年（1875），因包头镇沿河一带，防兵单薄。"应如何挑练劲旅，以资捍卫之处，著绥远城将军体察情形，妥筹办理"①。在光绪二十年（1894），绥远城将军克蒙额也以包头镇为口外门户，而调绥远马队旗兵，选派官员管带领在包头暂行驻扎，以资震慑。② 光绪二十五年九月，绥远城东北山后科布尔镇铺头兴合元商民胡茂财等报称，八月二十九日晌午，突有骑马贼匪三十余人，扑进兴合元店内打抢，受伤多人，抢去银钱等物。元合成等三家亦被抢去银钱货物等项，该匪仍向东逸去等语。白昼抢掠，性质殊属恶劣，清廷拨大同镇精壮练兵及西翼四旗蒙兵，统由绥远城将军永德遇事调拨，以资震慑。③ 在绥远城将军统领重兵驻守绥远，并分兵驻扎附近的码头、孔道等，委派官员不时巡查，以缉捕盗贼，特别是大青山后与蒙古草地毗连，向多马贼，绥远城将军分兵驻扎于此，兼顾各旗巡防，为秦晋之屏蔽。他的驻扎为保持沿边地区的安宁，维护清朝统治起到了重要的作用。所以《剑桥中国晚清史》中所说"清帝国在内蒙是通过其驻扎在南部和东部边境的军事力量实施统治的。这些军队紧密的控制着内蒙事务，所以到十九世纪内蒙并无实际的自治而言"④。

三　考核官吏，定其任免

　　绥远城八旗驻防官员、参领、防御、骁骑校等均由绥远城将军考核送部引见。凡调补额缺、因罪弹劾、立功记名等权力都操之于驻防将军。"驻防骁骑校、防御、佐领、协领等官内出色人员，令该将军副都统等秉公保举，并将该员平日弓马差操及曾否出兵之处，出具切实考语，咨送兵部考验，带领引见。"⑤ 乾隆五年（1740）复准，各省驻防满洲、蒙古、汉军领催，由该将军都统副都统等拣选材技优长，曾经效力者，以本处骁骑校额数为准，多者不过四十人，少者不过三十人，预保送部引见。恭候

---

① 《清德宗实录》卷22，光绪元年十一月辛亥。
② 《清德宗实录》卷346，光绪二十年八月癸丑。
③ 《清德宗实录》卷451，光绪二十五年九月壬申。
④ 〔美〕费正清编《剑桥中国晚清史》（上卷），中国社会科学出版社，1993，第52页。
⑤ 《清仁宗实录》卷49，嘉庆四年七月己卯。

钦定。十七年议准，驻防领催，停其预保，遇骁骑校员缺，由该将军选拟
正陪送部，交旗引见。①

　　乾隆二十五年（1760），绥远城旧设蒙古、汉军佐领四员于乾隆十二
年，裁汰二缺，每翼现存二缺。若照例按各处驻防旗员，俱按翼补放，或
一时不得其人。绥远城将军恒禄奏请"嗣后请于四佐领下，公选技艺娴习
之员通补，不必按翼补放"②，获得清廷批准。乾隆三十三年，绥远城将
军傅良奏称，驻防笔帖式调补武职者，例须六年满后，本地骁骑校缺出，
四缺得一而候补笔帖式，于本翼骁骑校缺出，即与领催前锋等拣选补授，
殊属不均，请嗣后随印笔帖式届三年时，谨慎能事者，遇本翼骁骑校缺
出，与领催前锋一体拣选补授，其寻常供职者，仍俟六年照例办理，应如
所请。行文各省驻防，一体遵办。③乾隆二十七年，奉旨：各省协领，三
年俸满引见后，再过六年，分别该协领或升副都统，或升城守尉，着该将
军出具考语，送部引见。嘉庆四年（1799），准兵部咨，军机大臣议奏：
"各省驻防骁骑校、防御、佐领、协领等，并无升迁别路，此内不乏可用
之材，如有实在出色人员，准令该将军等保送兵部带领引见。"④

　　协领六年或十二年任期满后送部时，是否果能奋勉，堪膺简用；或仅
胜协领之任，不堪简用者，均由该将军等分别出具切实考语，送部引见。
但是，绥远城将军有对所属官吏进行定期考核，出具考语，荐举任用的权
力，但是最终的决定权在清廷。比如乾隆九年（1744）三月，绥远城建威
将军补熙因右卫八旗官兵马步弓箭生疏，奏请将副都统六格与归化城副都
统查木素互调。乾隆五十八年七月，绥远城将军图桑阿奏称，患病告休之
土默特参领伊什多尔济，现已病痊，请先以佐领补用。向例遇有告病人员
病痊后，如无过犯者，俱以原官补用。该员如有过犯，即佐领亦不应补。
今伊什多尔济病痊起复，乃欲以佐领先用，再补参领，与例不符，伊什多
尔济着照例仍以参领补用。⑤可见，绥远城将军将待升官员的考绩等咨送

① 《钦定大清会典事例》卷1132《八旗都统·授官·补授驻防骁骑校》。
② 《清高宗实录》卷612，乾隆二十五年五月丙辰。
③ 《清高宗实录》卷818，乾隆三十三年九月癸卯。
④ 《绥远城驻防志》卷4，第104页。
⑤ 《清高宗实录》卷1433，乾隆五十八年七月丁未。

到部备考察委，绥远城将军有时不必分别堪胜何职，给咨引见即可。这样，上下制约的考核机制，有利于中央的集权。

对拣选土默特官员，训练兵丁，绥远城将军必须身亲其事。^① 乾隆四十四年规定，归化城土默特等处协领参领缺出，如有记名人员，该将军等应确查其有无年力就衰，及记名后不复奋勉之处，再行奏补，倘不细加查验，滥行坐补，该将军等均交部察议。^②

四　创设学校，培养人才

清朝统治者不让旗人从事当兵披甲或做官以外的其他职业，但是对旗人的教育却非常重视。根据需要，在不影响八旗武力保持的前提下，提倡旗人就学，在各个驻防点广泛设置八旗官学，培养旗人子弟，参加科举考试，为将来为官从政打下基础。

（一）设立翻译官学

翻译官学主要包括满蒙翻译和满汉翻译。早在雍正元年（1723），清朝统治者为了满足与土默特蒙古的公务往来需要，培养满蒙翻译人员，在归化城土默特两旗设立了官学一所，教导土默特官兵子弟学习翻译。乾隆初年，清朝在绥远设置八旗驻防以后，四周均为蒙古部落，归其管辖和节制，满蒙之间公务往来日渐增多，常有札萨克蒙古的来文及各旗蒙古的控案，缮写满蒙文字的翻译人才缺乏。为此，绥远城建威将军补熙于乾隆八年奏请在绥远城内，仿照归化城之例，"两翼设立官学，于土默特二旗内，选蒙古教习二人，每学选兵丁子弟十人，令其教读"。^③

乾隆十一年（1746），吏部咨文绥远城将军等地驻防，今后各省将军、副都统衙门随印笔帖式，停止由京补放，而于各该处兵丁内考取补用。绥远城将军补熙根据绥远城地处边外，与各部落蒙古接壤，往来公文，俱用蒙古语，而蒙古旗中，通晓汉文者较少，奏请将满洲笔帖式二缺仍照旧例

① 《清高宗实录》卷 856，乾隆三十五年四月丙辰。
② 拉巴平措、陈家琎主编《大清会典理藩院事例》，西藏学汉文文献汇刻第二辑，全国图书馆文献缩微复制中心，1991，第 126 页。
③ 《清高宗实录》卷 200，乾隆八年九月壬午。

考取满汉翻译，蒙古笔帖式一缺，改为满洲蒙古字话翻译之缺，于八旗蒙古内考取。得到清廷的同意并行文内阁，拟定题目，由将军主持考试，试卷送部由理藩院蒙古堂官校阅进呈，归部注册补用。① 在随后的笔帖式选拔考试中，绥远城将军补熙拣阅绥远城八旗兵丁满汉翻译考试试卷，只有三卷粗通，旗兵的汉语水平较差，很难胜任笔帖式的职责，于是奏请"于绥远城内照蒙古学之例，设立满汉翻译官学，令其教习等语"②。于绥远营八旗左右两翼，各设教习一员教导。

　　至乾隆三十七年（1772）九月，绥远城将军容保奏，绥远城所设两所满蒙、满汉翻译官学二处，教导满洲蒙古及八旗闲散幼丁四十名。"现在闲散幼丁，贫乏不得学习者尚多，请将闲空协领、佐领房屋三所，连前共设官学五处。挑选能教清语，马步骑射者，每学四名，令其兼管训迪。"③ 这里只是说"连前共设官学五处"，并未言及两所翻译官学的裁撤，在《大清会典事例》中记载了，"三十七年，裁绥远城八旗两翼翻译学，改设满洲学五所，以教导八旗养育兵及闲散幼丁，每学拣选四人为教习"。④ 乾隆五十年（1785），绥远城将军积福奏称，"绥远城额设满洲官学五处，各选教习四员，教训养育闲散兵丁，现在子弟日多，不甚有益，且止学清文，于考取笔帖式及书写汉字文移，俱不得人。请将五学裁汰，于将军衙门内，设立翻译官学五处，每学额设教习二员，学生三十名。即以原设五学公费支给"。⑤ 经军机大臣等议复以后，获得批准。这里明确写明"将五学裁汰，于将军衙门内，设立翻译官学五处"。

　　但其他史籍记载与此记载有互疑的地方，《钦定大清会典事例》中记载：乾隆五十年议准，"绥远城原设八旗满洲学五所，裁汰四所，仍留一所，于将军衙门内拨出官房十五间，挑选八旗子弟俊秀者，分为五学，教习清语骑射"。⑥ 指出将原设绥远城八旗满洲学五所，裁汰四所，留一所，但留这一所是否仍为满洲学官学，没有明言。在《绥远城驻防志》中又是

---

① 《清高宗实录》卷265，乾隆十一年四月壬辰。
② 《清高宗实录》卷274，乾隆十一年九月己亥。
③ 《清高宗实录》卷917，乾隆三十七年九月戊申。
④ 《钦定大清会典事例》卷1135《八旗都统·绥远城义学》。
⑤ 《清高宗实录》卷1240，乾隆五十年乙巳十月辛巳。
⑥ 《钦定大清会典事例》卷1135《八旗都统·绥远城义学》。

一种说法，绥远城"八旗满洲、蒙古，原设官学五所"。乾隆五十年，将军积福奏准："裁汰原设五学外，设立满汉翻译学一所。将军衙门十五间空闲房内，设立满洲官学五所。曰：兴、校、庠、序、熟。""镶黄、正白二旗一所，曰兴学；正黄、正红二旗一所，曰校学；镶白、正蓝二旗一所，曰庠学；镶红、镶蓝二旗一所，曰：序学；两翼蒙古一所，曰熟学。""每学，二旗官学生共四十名。"①

以上记载有差异，到底设置了几所学校？五所还是六所？根据《绥远城驻防志》卷4记载"六学一体承领公费银两数目，各学各领（翻译学主稿，五学出领咨)"②。似可推定此时设置共六所官学，其中一所翻译，五所满洲官学。可以看出八旗官学的设置，主要是为了满足将军衙门对翻译人才的需求和为驻防培养人才，为普通旗人子弟入学提供机会，在这一过程中绥远城将军从官学的设置、裁汰、改设、添设，都起到了重要的作用。

对绥远城官学的管理及考试也是由绥远城将军负责，《绥远城驻防志》记载：满汉翻译学"翻译教习，由部请题本城将军、归化城副都统，率同本城协领、佐领、防御、骁骑校、笔帖式等官，监场考取二员入学，三年期满。如果行走勤慎，教导有成，该将军等出具'教导有方'考语，保题以骁骑校用"③。对翻译人才的选拔亦由将军负责，据《绥远旗志》记载："绥远城驻防翻译童生，由将军、副都统考试，均无定额。""录科及童试均由该将军、副都统、城守尉等造办。令该士子前期十日投卷，亲身书写卷面，填明年岁及满洲、蒙古、汉军佐领，并注明应满洲翻译试字样，钤用印信关防。由将军、副都统先考骑射，合式者方准与考。"④

（二）管理书院

在绥远地区，除官学以外还有书院。书院在中国有悠久的历史，是学校教育的重要辅助。在清政府的鼓励下，全国各地建设了众多的书院。同治十一年（1872），绥远城将军定安督劝八旗官兵捐建长白书院。以银五

① 《绥远城驻防志》卷4《学房》，第112页。
② 《绥远城驻防志》卷4《教习》，第113页。
③ 《绥远城驻防志》卷4《教习》，第113页。
④ 贻谷修、高赓恩纂《绥远旗志》卷6，清光绪三十四年（1908）刻本。

千两发商生息作为经费，延请经学专长者为院长。光绪三年（1877），将军庆春又以银两千两发商生息作为经费。光绪五年，将军瑞联复饬归绥道阿克达春"集商捐银四千两，充备公费"①。"其常年经费，于创始之时，募集捐款，生息动用"。②以发商生息的银两作为书院的日常运行。启秀书院院长由绥远城将军"由八旗官员内选派协领等经理其事"③。其后历任绥远城将军对书院学生均较为重视，"不时到堂，传集该教习、学生等，考其学业，与之讲解问难，加以督勉"，对"生童各卷，择其优者，例给予奖赏银两"，例如将军瑞联"月课必临院亲阅试卷，为士子口讲指画历数年不倦"。绥远城将军对书院是"躬亲督责，课绩极严，颇著成效"④。

（三）兴办新式学堂

在清末"废科举，兴学校"的思潮下，各地举办新政，把教育当作一项首要的工作去做，认为方今时事多艰，兴学育才，实为当务之急。光绪二十七年（1901），绥远城将军信恪创设武备学堂于启秀书院内，挑学生六十名给予补马甲之饷，由掌教为之讲授有用诸书，另延教习训练操法，与启秀书院一起办学，两不相扰。后贻谷任绥远城将军，见启秀书院规模狭小，不敷武备学堂之用，将城内空闲旗署一所，改作武备学堂，即以武备学堂腾出之书院，改建中学堂，其从前书院经费亦归为中学堂办学支用。⑤光绪三十二年将绥远武备学堂改为陆军小学堂。

光绪二十八年，清廷下旨"将宗室觉罗八旗等官学，改设小学堂、中学堂均归入大学堂办理，庶几扫除积弊，造就通才"⑥。光绪三十一年，针对科举不停，民间相率观望，学堂举办效果不佳的情况，清廷决定"自丙午科（光绪三十二年1906年）为始，所有乡会试一律停止，各省岁、科考试，亦即停止"⑦，以免阻碍学校的发展。因人才振兴资于学校而不

---

① 郑裕孚：《归绥县志》，《学校志》，北平文岚簃，1934。
② 绥远通志馆编《绥远通志稿》卷41《教育》，内蒙古人民出版社，2007。
③ 郑裕孚：《归绥县志》，《学校志》，北平文岚簃，1934。
④ 《绥远通志稿》，内蒙古人民出版社，2007，第38页。
⑤ （清）刘锦藻纂《皇朝续文献通考》卷208《兵考七·驻防兵》，民国十年（1921）铅印本。
⑥ 《清德宗实录》卷493，光绪二十八年正月癸酉。
⑦ 《清德宗实录》卷548，光绪三十一年八月甲辰。

是科举，这就为新式学堂的兴起扫清了道路，处在边外的绥远城，在绥远城将军的主持下，大刀阔斧的改革也开始了。

光绪二十九年（1903）八月，以兵部左侍郎贻谷为绥远城将军，贻谷莅任后，即为创办新式学堂百般措置。根据清政府将全国各省所有书院改为学堂，在省城者改为大学堂，在府及直隶州均改设中学堂，各州县者改设小学堂并多设蒙养学堂的规定，贻谷首先将绥远城内的启秀书院"立行停止，改建中学堂，别挑八旗聪颖子弟入堂，按照学堂章程，分班教肄，兼习清、蒙、洋文"①，设"蒙养学堂，挑选学生，授以清、汉各文，并习练体操，以备升入中学堂之选"。另设"蒙小学堂五所，择八旗幼丁肄业"。光绪三十三年，贻谷"将原设之蒙养学堂改为初等小学堂"，将"旧设之蒙小学堂五所，设法推广，分为东西南北中五路蒙学，每路设两学堂，共成十所，传集幼童，悉使入学。复于左右两翼分设半日学堂，专收寒酸子弟，既不使旷时失学，仍不误作营生"②。至光绪三十三年十月，已设陆军、中学、高等、初级、蒙养、半日、清蒙各学堂十八处。贻谷去任后，绥远地区的新政在其开创的基础上继续进行，署理绥远城将军瑞良筹划旗民生计时，计划依靠可耕种的大青山后牧厂地及后套地三千余顷地亩，先设农事试验场一所，附设农林小学堂，并研究水利森林畜牧各事，达到寓兵于农的目的。另外，根据商业发展的需要，设立商业小学堂一所，选择八旗子弟中聪俊者，教以书算、登记、运输、储蓄各事。并附设列肆，使学生实地试验，销售商品，了解市价行情，平日勤于练习，以致用于将来。③ 但随着清王朝的迅速灭亡，设立有益于地方和旗人的农林小学堂和商业小学堂的计划均没能够实施。

（四）为办学筹措经费

清初设立的绥远城官学、翻译学官学，所聘教习每月给银一两五钱；学生每日给大钱十文，在公用房租内支给。④ 经费尚算宽裕，然而到了清

---

① 《绥远通志稿》，《学校志·省学》，内蒙古人民出版社，2007。
② 《绥远通志稿》，《学校志·省学》，内蒙古人民出版社，2007。
③ 《大清宣统政纪》卷47，宣统二年十二月庚寅，又见《皇朝续文献通考》卷382。
④ 《清高宗实录》卷200，乾隆八年九月壬午。

末，绥远新办学堂经费是困扰举办者绥远城将军的首要问题，"所虑者不
难于改设学堂而难于经费不裕，盖学堂之设无论为大、为中、为小、为蒙
养必聚数十人或数百人于中而教之、训之，饮食日用皆取资于学堂"。①
所以创设学校必须有巨款为办学之资方可，"育才以兴学为先，兴学以筹
款为亟"。②

　　清末政府与帝国主义签订了大量的赔款条约，对外大量赔款，中央财
政"赔款偿债且虞"，更不用说拿出巨款用于各地的学堂建设了。所以，
绥远学堂的经费多赖贻谷将军的多方筹措。光绪三十二年六月，贻谷将土
默特停支巡警兵饷银奏请移"武备学生津贴，为蒙小学堂经费"③。同年
十一月，又奏请将时起争端的乌兰察布盟四子王旗与察哈尔镶蓝旗毗连地
段，在民蒙均无异言的前提下，收为公有，作为办学公产。④绥远中学堂
为前启秀书院改办，故"从前启秀书院经费，亦归为中学堂需用"。"八
旗官兵认领绥远牧厂地，共三百四十余顷。俟招佃得租，作为中学堂公
费"。⑤然而，多设学校，则需多聘教习，经费亦须多筹，办一学堂，多
则十余万，少亦数万金。"学堂愈加扩充，经费愈形支绌。即以中学堂论，
常年得款不敷，几至中辍，奴才将应得公费，悉数捐入，勉持至今"，"绥
远则旗库既艰窘异常，晋库亦无可挹注"，"夫兴学莫难于筹款，而在绥远
尤难乎其难"。⑥从以上叙述可以看出，贻谷乃是实心办事之人，对学堂
的创办管理，并不像有些省份那样，敷衍塞责，而是"惟勉力支持，设法
筹措，无论如何难办，必不使八旗失学"⑦。贻谷还把绥远城所存煤税银
六百余两、矿利余银一千三百余两，作为绥远武备学堂购买书籍、仪器等
的经费；另外又决定将每年征收的煤税、矿利用于贴补学生膏火。并将竭

---

① （清）何良栋辑《皇朝经世文四编》卷27，《礼政》，鸿宝书局，光绪二十八年（1902）。
② 《奏为土默特常备军创办数年训练有效拟将翼长管带官遵章酌保以资鼓励折》，贻谷：
　《绥远奏议》，文海出版社，1974。
③ 《清德宗实录》卷561，光绪三十二年六月甲戌。
④ 《清德宗实录》卷568，光绪三十二年十二月己丑。
⑤ 《绥远通志稿》，《学校志·省学》。
⑥ 《绥远城将军贻谷奏为缕陈现办学务暨筹款大概情形折》，李克仁编注《清将军衙署公文
　选注》，内蒙古人民出版社，1995，第136～137页。
⑦ 《绥远城将军贻谷奏为缕陈现办学务暨筹款大概情形折》，李克仁编注《清将军衙署公文
　选注》，第136～137页。

力筹措到的两万四千两银，以每月商息一分计之，年得二千八百八十两之数发商生息。又将杭锦旗贝子阿尔宾巴雅尔报效绥远学堂经费银五千两，城工经费银五千两，共一万两银作为武备学堂的经费也发商生息。① 贻谷还将马厂地由东路垦务公司指留马厂地数百顷，先行交价以济急需。另外督促垦务局员"将荒地变通招认，宽之以限期，动之以近利。但使有涓滴之入，归新军学堂接济经费"②。总而言之，在贻谷任绥远城将军期间，为各学堂的筹建、办学经费费尽心机，百般措置，这在贻谷奏议中多所反映。教育改革是清末各项改革中最为急需的，它可为清政府提供社会变革所需的各种新式人才。但在建设新式学堂方面存在的主要问题是：没有为新的教育制度提供必需的国家财政支持，这就使新式学堂教育的效果大打折扣。

总之，作为驻防地的学校，清朝中央政府反复强调清语骑射，学生不但要学习满蒙语言及翻译，还要兼学骑射等军事技能，嘉庆帝曾下旨说："我满洲根本，骑射为先。若八旗子弟专以读书应试为能，轻视弓马，怠荒武备，殊失国家设立驻防之意。嗣后各省驻防官弁子弟，不得因有就近考试之例，遂荒本业。"③ 清朝统治者担心旗人因读书学习而荒废军事训练，所以一再强调要旗人不可荒废本业，这种思想也使学校教育难以达到预期的效果。尽管如此，绥远驻防仍有部分旗人通过科举考试中了举人，获得了功名，或通过翻译等考试，获得笔帖式等职，由白身优擢六、七品官，得获俸禄，进入统治阶层。

绥远城驻防各类学校的设立和管理，都由绥远城将军具体负责，各学校的课程设置和调整，都是以更好地为清朝统治者服务为依据。但是绥远城将军为解决官兵子弟的教育问题，在绥远地区承担起兴办教育，培养人才的责任，特别是在清末新式学堂兴起以后，绥远城将军提倡兴办西式学堂，普及教育，为绥远地区培养了大批人才。由其主持设置的学堂为绥远近代教育的开端，是绥远近代化教育重要的一步，为后来绥远的教育打下

① 《绥远通志稿》，内蒙古人民出版社，2007，第221页。
② 《奏明在案查此项垦务系建军兴学所关开办年余虽经酌拟押荒开科章程出示招垦而领户寥寥》，贻谷：《绥远奏议》，文海出版社，1974。
③ 《清仁宗实录》卷62，嘉庆五年三月己卯。

了良好的基础。

五　赈恤灾黎，安抚民众

绥远城将军，作为驻防旗人的行政长官，肩负其生活的各个方面的责任，比如为解决其生计问题，百般筹措。此外，还有爱养生民、安抚地方的职责。

对绥远城周边地区的蒙古部落及附近民人，如遇到连年积歉，抑或灾出非常之时，将凡属应行赈恤事宜，绥远将军因时因地及时向清廷妥议题明，奏请朝廷赈济。

比如乾隆三年（1738）七月，绥远城建威将军王常奏请，因去年归化城等处，雨水逾期，奏请将民欠粮草，暂行停征。鄂尔多斯地方饥贫蒙古，自七月至八月，应行赈给两月米石，以资接济。托克托距归化城较近，现在将托克托城内仓贮米石，动用散给。"得旨，知道了。所办甚是"。① 八月，将军旺昌又奏，归化城地方，阴雨连绵，黄河泛涨，西尔哈安乐等六村垦种屯田内，今年应征田23顷，明年升科之新垦田1028顷并民间庐舍，尽被冲淹。将被灾民人，分别等次，散给米石，以度冬月。清廷根据王昌所奏，令其派遣官员，办给米石，前往散赈，其赈数目，报部核销。被冲屯田内，今年应征米草，亦加恩豁免，以纾民力。②

在地方被灾之时，绥远城将军即将牧民牧畜倒毙，或农民收成歉薄，衣食维艰的具体情形详拟奏报给清廷，并向清廷提出赈济的办法。对此，清廷多采纳绥远城将军的意见办理。

乾隆六年（1741），绥远城建威将军补熙奏称，助马口外庄头周喇嘛等14人，各种地亩秋禾陨霜，被灾八、九分不等，请准照例免交差米。其应交米于今岁起征后，分作三年带征，从之。③ 又乾隆九年绥远雹灾"绥远城建威将军补熙疏报，清水河所属村庄，于六月二十八日被雹伤禾。所有本年额赋，请分别蠲缓，其旧欠银米，并请于来年带征。再该处无力

---

① 《清高宗实录》卷72，乾隆三年七月戊午。
② 《清高宗实录》卷75，乾隆三年八月乙巳。
③ 《清高宗实录》卷146，乾隆六年七月丁卯。

之民，来春量借籽种，以资耕作。得旨。依议速行"①。乾隆十六年，绥远城将军富昌疏报，清水河所属和时里、三眼井等村，夏秋以来，田禾被雹成灾。该处耕农皆内地无业贫民，秋后即回原籍，且口外早寒，立秋后难以补种，毋庸借给籽种口粮，现确查被灾地亩，分别蠲缓外，其带征旧欠银米，亦请宽限一年，至来春东作时，仍令该将军查明无力耕种之人，量借籽粮。从之。②乾隆三十八年（1773），绥远归化积水成灾，土默特等地受灾严重，绥远将军发放归化厅仓内粟米赈济83个村庄的受灾民众。③乾隆十五年，绥远城将军富昌疏称，"朔平府赵家圈佃户承种地二十一顷五十九亩，助马口庄头承种地二百四十五顷五十亩，秋麦雹伤，应征银粮，应分别蠲缓。从之④。"除偶被重灾，政府会照例赈济，多数是将受灾之民的应交款项蠲免或延期缴纳外，对受灾较为严重的情况，亦给予一定的赈济款项，以帮助灾民渡过难关。宣统三年（1911），绥远城将军堃岫奏，查明鄂尔多斯郡王暨札萨克台吉两旗，连年歉收民少积蓄去年复遭亢旱，冬春大雪频加，人民糊口无资，牲畜倒毙殆尽，实属异常荒歉，无计为生，拟请饬部速筹赈救，以济蒙难。得旨。着赏银五千两，由度支部拨给核实散放。⑤通过各种形式的赈济，生民赖此得以生理，各安本业。此外还有虽不属灾歉，但亦不能照常办理的情况，绥远城将军同样帮助向朝廷申请援助，帮助地方度过困难。乾隆六年，绥远城建威将军补熙疏言，今年雨雪调匀，正值种地之际，各庄头办理艰难，请于归化城现采买之谷，各借给一百石。应如所请，从之。⑥

　　绥远地处边疆，殊为紧要，绥远城将军为地方最高长官，职任极重。皇帝简派其于地方，有爱养生民、安抚地方之意。绥远城将军的这一职责，一方面是对贫苦困难的百姓在遇有水旱霜雹灾害之年，难以为生，特向朝廷奏请减免赋税，善为抚驭，另一方面以示皇上体恤抚育人民之至意。可以说，绥远城将军在抚辑地方，安定社会秩序，保持归绥地区颇属

①《清高宗实录》卷225，乾隆九年九月乙未。
②《清高宗实录》卷395，乾隆十六年七月乙酉。
③《清高宗实录》卷938，乾隆三十八年七月壬戌。
④《清高宗实录》卷377，乾隆十五年十一月丁巳。
⑤《清宣统政纪》卷63，宣统三年九月辛巳。《皇朝续文献通考》卷82。
⑥《清高宗实录》卷144，乾隆六年六月甲午。

宁谧的社会起到了重要的作用。

六　管理卡伦及驿站交通

"古之时草檄飞书，置邮传命，上有驿站以通文报，下有使命以达书函。"① 清政府为使政令通达，完成其封禁政策，加强对蒙古地区的统治，在漠南蒙古地区设立了很多台站和卡伦，以备紧要公务，供应往来。并且这些驿站是在清朝对准噶尔的战争中和强化其在蒙古地区统治的过程中不断建立、调整和完善的。《清史稿》中说："蒙古各旗台、卡、鄂博之制，以大漠一望无垠，凡内外札萨克之游牧，各限以界，或以鄂博，或以卡伦。"② 《盛世危言》中说："至于边陲关系，尤重孔道，则称台站；沿边则曰卡伦。"③ 故本书尝试就绥远城将军所辖的驿站及卡伦，分别论述。

（一）台站

在康熙二十八年（1689）以前，清廷就已设立了杀虎口与归化城之间的驿站，"杀虎口距归化城二百余里，驿站劳苦，原设呼齐特口之四十户驿站与镶蓝旗甚近，殊属无用，嗣后改移于归化城中间，酌量安设"。④ 三十一年，因公务往来和用兵准噶尔的需要，清廷动用部帑在蒙古水泉形势之处安设驿站。其内蒙古通驿要口凡五道，曰喜峰口、古北口、独石口、张家口、杀虎口，以达于各旗。每路设管驿蒙古员外郎一人，令各掌关防，与在京员外郎一例升转，每路设笔帖式二人（雍正五年额定一人为蒙古笔帖式），八年期满更代（雍正十二年改为三年更代），照常给予俸禄，每驿设领催一人。其中杀虎口一路包括：自杀虎口至乌拉特三旗安设九驿站；自归化城至鄂尔多斯七旗，安设八驿站。共置驿丁七百五十名，均于各路穷户内择其强健者选补，每丁各给乳牛五头，羊三十只，以资养赡。每驿置驿马五十匹。设二驿车。因蒙古地方水草滋盛，不必再给草料。初期的驿站并非固定性的，而是根据军事形势添设或裁减。康熙三十

---

① 《皇朝经世文编五集》，《时务分类文编》卷22，《驿传》。
② 《清史稿》卷137，《志第一一二·兵八·边防》。
③ 《盛世危言》卷7，《兵政》，内蒙古人民出版社，2005。
④ 《钦定大清会典事例》卷982，《理藩院·边务·驿站》。

五年，清政府兵分两路出击噶尔丹，为进军需要，理藩院、兵部遵谕议设西路驿站，议定"自杀虎口以外，应置驿六十处，每驿设马二十匹，两驿合设笔帖式一员，拨什库二名，蒙古官一员，兵十名。于鄂尔多斯六旗内派马五百匹，再取直隶、河南附近府州县偏僻驿站中马一千匹，酌量安设。六十驿需马一千二百匹，余马三百匹亦令带往。自西路以至中路军前如有设驿之处，可交大将军伯费扬古，即于此内马匹酌量安设"①。而至雍正六年，又依据形势将自张家口至归化城，前因噶尔丹之役，设立搜吉昭化、塔拉、布拉克、穆海图、和林格尔等五站，"今俱裁汰。一切文移，交军台递送"。其驿丁五十名，仍令各该札萨克收回，所有马匹，归入军台驿站。雍正十三年十月设北路台站。"自归化城至鄂尔昆，设台站三十二，用丁役八十，驼二百只，自张家口至归化城，设台站八，用丁役四十，驼一百只"。② 用以往漠北鄂尔坤运米粮。

对杀虎口驿站的管辖，由于其所设各站均在蒙古部落所处，弁兵以由蒙古部落提供，且是多通达与外藩蒙古各部，故驿站事务由理藩院管辖。但是这些台站的设立是和对准噶尔的战争分不开的，值军兴之时，驿站主要负责军情传报，运送军饷、火药、军械、钱粮等，故兵部对其亦有管辖权。在地方上，绥远城驻防设置以后，乾隆五年，副都统汪渣尔奏请，将杀虎口驿站事务，交绥远城建威将军兼管、稽查。经乾隆帝批准，绥远城建威将军每年派委官员前往口外各处台站，查验马匹数目、膘分③。

漠南蒙古驿站的基本职能"传报公务，押送粮饷、火药、钱粮、器械、农具等项及押解发遣人犯、护送投顺人等"④。此外蒙古的汗、王、贝勒过境，"警晨夜，饲牲畜；商旅出其途，亦资捍卫焉"。⑤ 传递中央和地方将军大臣之间的文件等。因此，清朝制定了规范的驿站使用制度，保证驿站正常运转。《钦定理藩院则例》对此有详细规定。

凡内地文武大小官员奉差出口弛驿从役人等，乘用马匹数目，照兵部

① 《清圣祖实录》卷170，康熙三十五年正月癸未。
② 《清高宗实录》卷5，雍正十三年十月癸未。
③ 《绥远城驻防志》卷4，第123页。
④ 《大清会典事例》卷982，文海出版社，1992。
⑤ 《清史稿》卷137，《志一一二·兵八·边防》。

例给予。官员品级不同，驿站给马亦有差别。凡蒙古王、公、喇嘛等奉差内地驰驿，不得善用重包违者照兵部例查议。

凡驻扎口外将军、大臣，除折奏公务照例乘用驿站夫马，如有私用驿递夫者，照兵部例议处。

凡驻扎口外将军、大臣等差员赍递奏章，不得擅行越站行走，否则，照兵部例治罪。驿站马匹不得缺额疲瘦，违者查参，等等。

归化城及杀虎口等地方为南北来往通衢。设置时正值军兴，以后因时制宜地有所调整，战争以后，杀虎口一路台站成为固定的交通设施。《钦定理藩部则例》卷三十二记载：杀虎口管站司员所属杀虎口汉站、十八家、二十家、萨勒沁、归化城、杜尔格、栋素海、吉克苏台、巴彦布拉克、阿噜乌尔图、巴尔素海、察汉扎达垓蒙古站，共十二站。①

表 5－1

台站名称	额设军需马（匹）	日支草豆银（每匹）	草台马	章京（员）	坤都①（员）	兵丁（名）	备注
杀虎口汉站	40	0.99					各项银两由山西藩库支领
十八家	10	0.83275	50	1	1	48	弁兵为土默特旗下人
二十家	10	0.83275	50	1	1	48	同上
萨勒沁	10	0.83275	50	1	1	48	同上
归化城	10	0.83275	50	1	1	48	同上
杜尔格			50	1	1	48	同上
栋素海			50	1	1	48	弁兵为鄂尔多斯旗下人
吉克苏台			50	1	1	48	同上
巴彦布拉克			50	1	1	48	同上
阿噜乌尔图			50	1	1	48	同上
巴尔素海			50	1	1	48	同上
察汉扎达垓			50	1	1	48	同上
合计（十二站）	80	4.321	550	11	11	528	蒙古各站各项银两由杀虎口税务监督衙门支领

坤都：女吏。坤，女也。都，小吏。

此表据《钦定理藩部则例》制成。

① 《钦定理藩部则例》卷32，天津古籍出版社，第284页。

　　杀虎口地处孔道，往来差务繁多。绥远城将军每年派员对杀虎口各驿站进行巡查，防止马匹亏缺，疲瘦，监督整饬驿务，确保台站运行顺畅通达。对沟通中央和蒙古各部，保证清政府政令畅通，加强对蒙古地区的统治起到了重要的作用。

　　绥远城将军不但对杀虎口所属台站进行定期巡查，而且对其运行经费也多数措置，新疆回民起义之时，乌里雅苏台、科布多等城所需粮饷军需均经绥远城，经北路草地解至乌里雅苏台分拨应用。乌里雅苏台将军明宜曾言："本处向无米面，附近又无处购买，归化城虽系产粮之区，惟宁夏军营及乌科二处口粮，俱在该处采买。"此次调拨六千蒙兵，应需米面，若再由归化城置办，实与彼处兵民生计有碍，请饬山西巡抚派员采买转运等语。清廷命护山西巡抚王榕吉"赶紧置办白面六十万斤，市石谷米二千石，迅速运至绥远城，交德勒克多尔济差派官兵，分起设法由驿押解赴乌，以应征兵口食之需。"① 各省解到新疆饷银，并山西省协饷，及军火、米面，均先解赴绥远城，咨照该处绥远城将军转运乌城，由乌里雅苏台将军明宜分拨科布多等处应用。② 因此，归化城土默特台站差使繁多，额定经费已不敷应用，旗库历年积存各项减成银两，动拨亦几剩余。奏请由山西藩库提解银两以济急，清廷命提借山西藩库银二千两备用。此后，形成定例，归化城土默特台站经费不敷，均有山西藩库接济。同治八年，绥远城将军定安奏，土默特台站三处，经费告罄，该台站解运新疆各城军火等项，差务繁多，请援案再行提借银两等。清廷命于山西藩库项下，筹解银五千两，以资应用。③ 同治九年，定安奏请"归化城土默特台站经费，向由山西提借银两接济，现在该处运解新疆等处饷银军火，差务正殷，经费不敷，自应豫为筹备"。清廷"著何璟即饬藩司迅速提银五千两，解赴归化，俾资应用，毋稍延缓"④。同治十一年，定安、富勒珲奏，"归化城土默特台站经费，前借山西银两，将次用竣，现在仅存八百余两，如遇紧要差务，不敷应用，援案请饬拨济"。"着鲍源深查照成案，再由山西藩库提

① 《清穆宗实录》卷 173，同治五年三月癸未。
② 《清穆宗实录》卷 177，同治五年五月甲戌。
③ 《清穆宗实录》卷 257，同治八年四月辛未。
④ 《清穆宗实录》卷 297，同治九年十一月甲辰。

借银五千两，专款存储，由定安等提拨应用。"① 这些款项均等土默特减成项下积有成数，即行归还原款，年终造册核销。此外，对于归化城附近苏木台站，绥远将军也多所措置，归化城迤北草地蒙古苏木台站三处，驼马一切费用向由该旗自备，近年来差务络绎，该札萨克等力不能支。定安奏请援照土默特台站经费章程，每年每台酌给银五百两，三台共给银一千五百两，即由归绥道税课项下，按春秋二季支给。清廷考虑到此"系为体恤蒙古起见，着照所请办理，仍俟军务稍松，转运轻减，再由该将军酌量情形，奏请停止"②。

　　总之，在同治年间，绥远城将军所辖归化城土默特台站护解北路军饷，将乌科两城所需军火饷项米面等，源源不断接济军营，为清廷镇压回民起义，提供了有力的支持和后勤保障。

（二）卡伦

　　归化城土默特地区是直、晋等省移民的重要地区，也是旅蒙商云集活动的主要区域，随着汉族移民和旅蒙商的大量进入这一地区，蒙汉交涉增多，社会治安也随之复杂，对移民的管理成为地方政权的一项重要内容。另外，清前期漠南蒙古社会稳定，牲畜繁衍，加上清朝在此地安排准噶尔等降人。这使牧场不足，非法越界、逃窜、抢劫等现象时而发生，这使清朝的封禁政策受到破坏。因此，清朝开始根据形势在必要的地区设立卡伦，派驻官兵，不时巡查，以靖地方。

　　卡伦是清朝政府主要在北疆沿河、要隘、边界地区设立的具有军事性质的管理、监督和防范设施。何秋涛说："更番候望之所曰台，国语谓之喀伦，亦作卡伦，又有称卡路、喀龙者，皆翻译对音之转也。"③ 卡伦具有执行各种巡查、缉捕或监督、传递、征收等各种任务的派兵驻守的据点。"设立卡伦，驻防官兵，原为划明疆界而查禁侵占也。"④ 归化城土默特地区的卡伦，主要是设置于大青山要隘、黄河沿岸和各蒙古部落边界的

---

① 《清穆宗实录》卷338，同治十一年八月丁卯。
② 《清穆宗实录》卷293，同治九年十月癸丑。
③ （清）何秋涛：《朔方备乘》卷10《北徼喀伦考叙》，兰州古籍书店，1990。
④ 《清仁宗实录》卷183，嘉庆十二年七月乙丑。

卡伦，负责维持游牧秩序，保证商旅交通安全，稽查逃人，缉捕盗匪，传递文书，等等；在一些游牧部落设置的卡伦，主要防止牧民越境放牧，避免发生纠纷，落实清政府的封禁政策；有的季节设立在固定地点，而在另外季节则撤回。这些具有不同设置时间和任务的卡伦其称谓也不相同，《清史稿》将其分为三种形式："卡伦之例有三：其在内者曰常设卡伦，在外者曰移设卡伦，最在外者曰添设卡伦。三者惟常设卡伦为永远驻守之地。余皆值气候和暖则外展，寒则内迁，进退盈缩，或千里，或数百里不等，沙漠浩荡，漫无定准，皆在常设卡伦之外。"① 各卡伦官兵按规定路线，不时巡查，形成严密的控制网络，于一切应行查禁事件，认真侦缉，违者立即严参惩办。

（三）设置的经过

鉴于归化城的地理位置的重要性，这一地区是清朝设置卡伦较早的地区之一。乾隆六年（1741），绥远城将军补熙以绥远城西界黄河，北通札萨克，东接察哈尔大青山前后，系满洲、蒙古八旗牧厂、喇嘛游牧地方，良莠杂处。奏请于春秋冬三季行围外，每年夏季，酌量一人，带兵一二百名，前往巡查，周视地方险易情形，使土默特奸宄之徒，闻风敛迹。② 清廷认为提议很好，命绥远将军每一两年派人前往巡查一次。同年十二月，绥远城建威将军补熙又以口外地势辽阔，盗贼易于潜踪，杀虎口至绥远城，深山旷野，奸宄出入。奏请于大路设汛拨三十六处。每处设马兵三名，步兵三名，照内地冲汛之例，挈眷久住巡防，新设塘汛就近归杀虎协统辖。③

乾隆七年五月，因归化城商贾众多，奸匪乘机为盗，且有逃人。理藩院行令绥远城将军、归化城都统等，饬所属官兵，于各卡伦交界处所，不时严查。并移咨察哈尔、四子部落、喀尔喀、乌喇特、鄂尔多斯等处，添兵设卡，一体巡查。④ 乾隆九年，经巡查归绥、太仆寺员外郎保全奏请：

① 《清史稿》卷 137，《志一一二·兵八·边防》。
② 《清高宗实录》卷 139，乾隆六年三月是月。
③ 《清高宗实录》卷 156，乾隆六年十二月甲辰。
④ 《清高宗实录》卷 166，乾隆七年五月戊辰。

"归化城土默特地方安设卡伦之处，着令建威将军委派官员、兵丁，不时前往巡查。"①

乾隆九年（1744）九月，经巡察归化、绥远二城太仆寺员外郎宝全奏，黄河每冬河冻时，鄂尔多斯匪人，每偷渡来窃马匹牲畜，请沿河设卡座，每日会哨，至春融冰解时撤去，仍交渡口官兵看守。至卡座渡口捕盗官兵等，应行议叙奖赏处，均照归化城例。其巡逻不力者，该都统严行惩责。清廷同意了沿河添设卡伦的建议，所添设卡伦命绥远城将军，不时派员巡查。②此时，保全尚言及大青山东西绵亘三百余里，其大山口共十三处，如乌里雅苏台、哈郎桂等处，未设卡座。杀虎口至绥远城，共设墩台三十七处，派兵驻防。其新店子一带卡座七处，实属无益，请移置各山口安设。清廷认为新店子等处卡座，原择要地，派兵安置，又有随带田屋，未可遽议更移。所以对其应否撤回及应否移设处，比较慎重，交该都统相度地势，报部办理。最后未见下文，此时大青山地方尚没有安设卡伦的紧迫和必要。至嘉庆二十三年（1818）时，大青山后地方成为蒙古商民贸易往来必由之路，奸匪乘机为盗，以致盗案繁多。虽经绥远城将军果勒丰阿等议派土默特官兵轮往巡查，但尚未周密。故绥远城将军果勒丰阿又奏请添派绥远城满洲佐领等四员，兵六十名，除客货停运时仍照常派土默特官兵巡查外，其余三季，令满洲蒙古官兵每月分起会哨六次，所需马干等项银两，于藩库存贮十九年耗羡银内，借拨二万两，交归绥道发商生息，分别动支。嘉庆帝批准并饬绥远城将军等务须督饬弁兵实力巡查，以收戢盗安民之效。③《清实录》对此次安设卡伦的情况并无记载，而《绥远城驻防志》则有详细记载，嘉庆二十三年四月，将军果勒丰阿、山西巡抚成格会同奏准："大青山后一带，添设满洲、土默特卡伦九处。每处卡伦，派官一员，兵丁十五名、八名不等。"④卡伦名称为莫多沁、巴彦布拉克、胡雅克图、查罕库图勒、哈噜勒、色勒克特恩、哈拉托罗盖、哈达和硕。随后又于八月初一日起设立土默特卡伦十一处，分别为：坝口、红土窑

---

① 《绥远城驻防志》卷4《土默特卡伦》，第125页。

② 《清高宗实录》卷225，乾隆九年九月壬辰。

③ 《清仁宗实录》卷341，嘉庆二十三年四月癸酉。

④ 《绥远城驻防志》卷3，第89页。

子、鞴滚坝、牌楼馆、后店子、水泉子、色尔德恩、库克额尔济、巴彦布拉克、哈拉托罗盖、色拉穆楞召。

　　然而这些卡伦的安设，并没有使大青山一带的治安状况有大的改善，"该处仍复盗劫频闻，蒙古贼人，公然结队成群，执持鸟枪器械，抢夺商民，拒伤事主"。① 清廷认为是前次派往官兵等，并不认真巡缉，虚縻廪给，实属怠玩。故将绥远城将军果勒丰阿、归化城副都统额尔起俱着传旨申饬。命该将军副都统即轮流带兵前往大青山后各要路，认真巡查，严缉贼匪。

　　道光年间，根据形势需要，清政府又将土默特地区的卡伦进行了添设和调整。归化城土默特与四子部落两界之间，有锡呼图呼图克图所属游牧一段，与察哈尔、四子部落、乌拉特等各蒙古交界毗连。该处"匪徒潜匿，乘间盗劫，扰害商民。满洲蒙古各卡，相距窵远，稽察难周"②。绥远城将军禄成奏请于锡呼图呼图克图所属色拉穆楞地方择其冲要，添设卡伦二处。因禄成即将调任黑龙江将军，所以道光帝命新任绥远城将军德英阿于到任查勘明确后再议。经德英阿查明给出"该处地方辽阔，稽察难周，自系实在情形"③。因此准其于锡呼图呼图克图所属色拉哈达、哈布塔盖二处，派拨格斯贵二名，黑徒二十名，添设卡伦二处，与原设各卡伦官兵，一体按期会哨巡缉。绥远城将军即会同副都统随时轮往巡查，以使匪徒闻风敛迹，安靖地方。道光十二年，绥远城将军彦德等根据大青山后原立卡伦地势与近日窃劫情形，决定将原设卡伦作一适当调整，以适应巡查缉捕需要。拟定了变通章程奏请清廷批准。咸丰元年，因被封禁的穆纳山，时有匪人结伙入山，盗运木植，并有拒捕刃伤蒙古台吉之事。为此，经绥远城将军托明阿奏请，理藩院商议后，于穆纳山"安设卡伦六处，每卡派官一员，兵十名"④ 以防范偷砍木植人犯，如发现盗砍偷运，即上前缉拿。

（四）卡伦的职能

　　土默特地区的卡伦设置较早，在初期主要为军事上服务。绥远城驻防

　　① 《清仁宗实录》卷348，嘉庆二十三年十月己丑。
　　② 《清宣宗实录》卷47，道光二年十二月甲子。
　　③ 《清宣宗实录》卷51，道光三年四月辛丑。
　　④ 《清文宗实录》卷44，咸丰元年九月丁丑。

设置以后，逐渐转由绥远城将军管理并和归化城都统、蒙古各札萨克旗长等交叉负责，主要职能有以下几点。其一，在游牧边界往来巡查，防止非法越界；清政府在蒙古地区实行封禁政策，严禁各旗穿越自己所分地界肆行游牧者，也不得越旗畋猎。雍正五年规定，越自己所分疆界肆行游牧者，王、贝勒、贝子、公、台吉等，无论管旗不管旗，皆罚俸一年，无俸之台吉及庶人犯者，仍照例罚取牲畜。① 各旗界址处挖立封堆，各卡伦官兵，一体按期会哨巡缉，故大青山后卡伦设置多在游牧交界处，大青山后毗连各札萨克蒙古游牧，于四子部落郡王界，设添卡伦四处；达尔汗贝勒边界，添设卡伦二处；茂明安札萨克边界，添设卡伦一处；乌拉特公三旗边界，添设卡伦三处。共添设卡伦十处。② 各卡所驻官兵，有札萨克开造花名清册，按季具报绥远城将军衙门，以备查核。

　　其二，检查过往人员是否持有相关部门给发的执照票据，清朝在蒙古实行严格的票照制度。据《理藩院则例》卷三十四记载，"凡各旗蒙古及喇嘛等出境，或载货贸易，或拜佛熬茶，与各该管官名下就近给发票据，并移咨交界各旗，按月派员实力巡查"。③ 达尔汗贝勒、四子王旗蒙古来城，均令该札萨克给予执照，"以备进卡查验"。④ 商人往来贸易及蒙古出入归化城均需持有相关主管部门给发的票照，方可进出卡伦通行，以致土默特佐领鄂尔吉瑚起意刊刻小票木戳，令来归化城各蒙古及铺户人等请领，图得纸笔之费，后私立小票木戳案发。清廷命山西巡抚派员会同归绥道岳祥等查明后，将有关人员交部议处后，又再次强调"嗣后各札萨克旗下蒙古来城，责成各卡伦员弁严行稽查，照旧给照到城"⑤。

　　其三，稽查贼盗，保护往来商旅安全及札萨克旗的社会治安。归化城北大青山后为商旅经行要路，这一带成为"匪徒潜匿，乘间盗窃，扰害商民"之处。聚和源等四家商号曾在大青山一带的扎拉尔地方被抢劫。⑥ 道光十二年，绥远城将军彦德奏请"大青山后行商失事，请责成卡伦各员追

① 《钦定大清会典事例》卷979《理藩院·牧地》。
② 《理藩院则例》卷34《大青山后添设卡伦》。
③ 《理藩院则例》卷34《蒙古喇嘛等出境请领票据》。
④ 《理藩院则例》卷34《大青山后移驻卡伦》。
⑤ 《清宣宗实录》卷22，道光元年八月乙巳；《清宣宗实录》卷25，道光元年十月乙巳。
⑥ 《清仁宗实录》卷351，嘉庆二十三年十二月癸酉。

缉，如抢劫乡村牛马，应饬归化厅督率里长保正，协同官兵缉拿。"①

（五）对卡伦的管理

鉴于卡伦防范的疏松关系到清朝在这一地区封禁政策的实现及统治秩序的稳定，因此，清朝政府对此极为重视，反复强调令将军、都统饬所属官兵，不时严查，不可废弛，不可安坐衙署，耽逸岁月。而且制定了严格的管理制度进行管理。

1. 制定奖罚制度

为激励巡卡官兵，制定了奖惩制度，对官、兵、蒙古官员分别不同情况，给予相应的奖惩。在办理抢劫偷盗等案件中，如有捕获命犯二三次者，官则记录一次，兵则以罚取牲畜给赏；蒙古官员，有捕获成绩卓著者，令该札萨克等报部，以罚取牲畜给赏。如有贿纵情弊，分别议处。②绥远城将军果勒丰阿曾因归化城所属大青山一带地方缉捕疏懈，屡有蒙古贼盗劫夺之案，受到申饬并处以革职，罚职任俸三年的处分。③对驻卡官兵也有严格的要求，《理藩院则例》卷二十九规定："卡伦章京、骁骑校军器不全，罚二九牲畜存公。披甲人等军器不全，鞭八十，失察之佐领、骁骑校罚一九牲畜存公。"④卷四十六规定："卡伦官兵疏纵逃人追赶不及而回者，佐领革职，罚三九牲畜；骁骑校革职，罚二九牲畜；小催领革退，罚五牲畜，鞭一百；披甲人等各鞭一百。"⑤卷三十四规定："卡伦官兵等旷职误期，佐领革职，罚三九牲畜；骁骑校革职，罚二九牲畜存公；披甲人等鞭一百。不至所派之处另他处者，章京、骁骑校革职；披甲人等鞭八十。"⑥这种奖惩制度的实行，对官员兵丁执行公务，有激励和督促作用。

2. 立定章程

为加强卡伦的防范力度，绥远城将军根据形势需要，不断奏请清廷调

① 《清宣宗实录》卷222，道光十二年闰九月戊戌。
② 《清高宗实录》卷166，乾隆七年五月戊辰。
③ 《清仁宗实录》卷350，嘉庆二十三年十一月丙辰。
④ 《理藩院则例》卷29《卡伦官兵军器不全，分别惩罚》。
⑤ 《理藩院则例》卷46《卡伦官兵疏纵逃人》。
⑥ 《理藩院则例》卷34《卡伦官兵旷职》。

整卡伦的设置，或添设或移设，保证卡伦的职能确有成效。在这一过程不断完善卡伦管理办法，立定章程。

嘉庆二十一年（1806）十一月，清廷将绥远将军果勒丰阿革职，命松筠署理绥远城将军，并查办大青山一带劫案。案清之后，松筠提出安设卡伦巡缉章程，其一，缉捕不力蒙古员弁，分别三限惩处。其二，被劫案件，经同知详报，将军派员带同事主，与乘骑乌拉，赴就近该札萨克印务处，守候缉拿贼犯，其札萨克属下人，有能拿送者奖赏，窝留者从重治罪。其三，山后商旅经行要路，准商民捐盖房间，以为官兵住所，并设卡伦，就近令土默特四佐领，轮往巡缉。其乌兰布拉克地方，非商民经行之路，所设官兵，裁归有房间处驻扎巡缉。其房间应令交官经管，不许民人居住，致匪徒引诱蒙古。其四，沙毕纳尔窝藏抢劫黑徒，应交锡勒图呼图克图严行查拿，倘有窝留及不查缉者，该管十家长发遣，该管事札萨克喇嘛斥革。其五，商民被劫，俱于三五日内呈报，其迟逾一两月，致查勘无踪者，即不为准理。并讯明除身被盗伤及患病，并抢去脚力不能速报外，如无故迟延，仍加责惩。其售卖马驼等项，俱令牙行查询来历，蒙古黑人，令税口一体严查。其六，商民捏报，该同知查出情弊，即令申报将军、副都统及归绥道，亲加提讯，果系假捏，于旧例杖一百外，加枷号一月。如系同知讳盗，即严参惩办。① 道光十二年（1832），绥远城将军彦德等奏请大青山后卡伦变通章程三条。其一，克力沟地方为窝匪之所，请于胡雅克图地方卡伦撤出土默特官一员，兵十五名，移驻察罕库图勒及翰滚特克二处，与满洲官一员，兵十五名，按月轮替分驻。并饬土默特台吉等添设卡伦一处，官一员，兵十五名。又城北巴彦布拉克地方撤出土默特官一员，兵十五名，移驻默特尔默土。其二，大青山后行商失事，请责成卡伦各员追缉，如抢劫乡村牛马，应饬归化厅督率里长保正，协同官兵缉拿，其应得处分，一并按限开参。其三，蒙古来城，应照旧例给予执照，以备稽查，该旗有无窝留匪徒，仍令按季呈报，倘有疏漏，即予参办。② 咸丰初年，乌喇特三公旗所属穆纳山，匪人结伙入山，砍木运卖，并有拒

---

① 《清仁宗实录》卷353，嘉庆二十四年正月戊午。《钦定大清会典事例》卷995《理藩院》。
② 《清宣宗实录》卷222，道光十二年闰九月戊戌。

捕刃伤台吉等案，影响恶劣，破坏了清政府对穆纳山的封禁政策，绥远城将军托明阿奏请安设穆纳山卡伦章程，被清廷批准。① 这些卡伦章程的制定，规范了卡伦的管理，督使卡伦官兵奉公守法，实力稽查；防止官兵因循怠玩和受贿故纵等弊端，违者立即严参惩办。绥远城将军等不时委派妥员前去严行查察，严申禁约，防止日久疏懈。

3. 定期巡查汇报制度

为了及时了解卡伦所在地的治安情况及卡伦官兵的防守情况，清廷命坐卡官兵员数，由各札萨克开造花名清册，按季报绥远城将军衙门，以备查核。蒙古各旗有无窝留匪徒，仍令按季呈报将军衙门查核。所以清廷命绥远城将军等"大青山后有无盗劫案件行令每届三月奏报一次"②，并要求绥远城将军与归化城副都统轮替前往各卡查核。此后，绥远城将军按清廷要求，定期汇报大青山后情况，嘉庆二十五年（1820）八月，禄成奏"今已满三月奏报之期，后山一代并无盗劫案件，相应依期奏报"③。绥远城将军要求各卡伦随时加意巡防，不可日久疏懈，卡伦员弁轮班值日，于所管地面周历巡查，并将巡查情况报告给绥远城将军，由将军上报清廷。

4. 经费的保障

对土默特地方卡伦，有绥远城将军、归化城副都统管辖，其运行的日常费用，主要由土默特地方财政收入内支取，年终尚需报部核销。用于土默特卡伦的经费来源是生息银两、驼价银生息、修理军器银生息、地租银生息、煤税银生息等。

绥远城将军所辖卡伦经费来源主要是生息银两，生息银两是将一定数额的银两放贷给商人，由商人按规定的利率定期交纳利息，称为"发商生息"，以本求息，以息取用，利用生息得来的银两来解决军务政务中的某些需要，这样于本无亏，于利日增。这种本金的利率一般较低，商人也乐于用此扩大经营。④ 绥远

① 《清文宗实录》卷44，咸丰元年九月丁丑。
② 中国第一历史档案馆藏军机处录副奏折：《事奏明大青山后山一带并无盗劫案件事》，嘉庆二十四年七月二十三日禄成等奏。
③ 中国第一历史档案馆藏军机处录副奏折：《奏报大青山后并无盗匪事》，嘉庆二十五年七月二十八日禄成等奏。
④ 韦庆远：《清代雍正时期"生息银两"制度的整顿和政策演变》，《明清史辨析》，中国社会科学出版社，1989。

城将军所管辖的生息银两本金主要来自以下几个方面。

其一，土默特库存驼价生息、修理军器两项银下拨出银九千两，交归绥道发商生息支给。嘉庆十九年十一月，归化城旗库存储土默特两翼驼只变价银一万两所生息银并煤窑收获钱文易存银，此二项银两内拨银二万两，奏交前任归绥道松富，按月一分生息，每月息银二百两。所收息银内，每月派往山后斯尔登等处巡查贼盗管四员各给银四两五钱；马甲兵六十名，各给银三辆。每月共支给盘费银一百九十八两，全年约二千四百两。① 嘉庆二十三年（1818），清因大青山后盗案繁多，在此添派绥远城满洲佐领等四员，兵六十名，分三季令满洲蒙古官兵每月分起会哨六次，所需马干等项银两，准其于藩库存储十九年耗羡银内，借拨二万两，交归绥道发商生息，分别动支。② 嘉庆二十四年三月，归化城旗库存储土默特两翼驼只变价所收息银并补修军器项内拨出九千两，据奏定章程，交给前任归绥道博贵按月一分生息，每月息银九十两，所生息银支给派往山后翁衮特克库特侬、商民通行大路特日木图、查汗库特力等三处巡查贼盗官三员，每月各给银四两；兵二十六名，每月各给银三两，全年支给盘费银一千零八十两。③

其二，绥远城粮饷厅，道光三年于锡呼图呼图克图所属色拉哈达、哈布塔盖，添设卡伦二处，派拨格斯贵二名，黑徒二十名，与原设各卡伦官兵，一体按期会哨巡缉。所有坐卡格斯贵等，应给盘费，"准其在绥远城粮饷厅，库贮余剩厂地租银内，提银一万两，交归绥道生息"。④ 卡伦官兵盘费银两，"一年各支用若干，均由该将军入于记档银两册内，年终报部"。⑤

---

① 《土默特旗库库存两万两生息银征收储用数目报销清册》，同治六年。80-6-124。（转引自乌仁其其格《18至20世纪初归化城土默特财政研究》，博士学位论文，内蒙古大学，2007。）

② 《清仁宗实录》卷341，嘉庆二十三年四月癸酉。

③ 《土默特旗库库存两万两生息银征收需用数目报销清册》，同治六年。80-6-122。（转引自乌仁其其格《18至20世纪初归化城土默特财政研究》，博士学位论文，内蒙古大学，2007。）

④ 《清宣宗实录》卷51，道光三年四月辛丑；《钦定大清会典事例》卷874《工部》。

⑤ 《理藩院则例》卷34《边禁·大青山后移驻卡伦》。

5. 历史作用

土默特地区的卡伦，从设置、管理到经费拨付，无一不是经过朝廷审批同意，通过设在绥远城的将军及其下属的军政行政系统来实现，责成地方长官绥远城将军负责巡查运行。这包括卡伦的设立、移设、管理、巡查、经费筹措，等等，其间绥远城将军都起到了重要的作用。清廷反复要求绥远城将军务当严饬卡伦员弁兵丁加意防守，不可稍有疏虞。这使卡伦巡查制度曾经一度卓著成效，"根据嘉庆二十四年至道光三十年间绥远将军、归化城副都统等奏报，这一时期大青山地区越界、行窃等案件明显减少"。①卡伦职能的实现，体现了清朝对蒙古地区封禁政策的成功。可以说，这些卡伦，避免了各札萨克旗为争夺牧场产生的矛盾，保障了商旅的安全，促进了社会的稳定。它的实施，保证了清朝对土默特蒙古地区的封禁政策的有效实施。卡伦的设置，为清朝消除统治隐患，维护和加强土默特地区统治的有效手段之一，成为当时绥远城将军对土默特地区军、政、旗系统行政管理工作的一个侧面。尽管绥远城将军部署派员或亲自前去卡伦巡查，但仍然不能监督和保证巡查制度的各个环节绝对不发生弊端，难免存在各种纰漏，甚至有受贿故纵者，其他日久疏懈也在所难免。

土默特地处南北要区，交通至关重要，清廷在西部内蒙古的军事、民事、民族、经济等政策的执行，均需要交通便捷、畅通及社会安宁始能克尽全功。因此，清廷在这一地区设立了众多的台站、卡伦，由绥远城将军具体负责，清廷直接控制，形成由点到线再到面的严密控制。另外，这些卡伦、台站的设置，为推进土默特地区的开发，地方的稳定，文化的交流也起到了积极的促进作用。

七　管理右卫驻防

人们在论及绥远城将军的职能时，往往说其为一品封疆大吏，具有统辖绥远城驻防八旗官兵，归化城土默两翼，兼辖乌伊两盟，遇有紧急事件还有征调宣、大二镇绿旗兵的权力，但很少注意到其兼辖右卫驻防兵的职

---

① 宝音朝克图：《嘉道年间的大青山山后卡伦概述》，《清史研究》2007 年第 1 期。

权。《清史稿》中甚至认为其在乾隆三十三年后隶属于山西巡抚管辖。①
其实绥远城将军对右卫驻防的管理和对绥远城驻防官兵的管理是相同的，
应将其和绥远城驻防视为一个有机整体。为便于说明，有必要将右卫驻防
作一简要的回顾。

（一）右卫将军之设置

清康熙三十一年（1692）十一月，为了防备准噶尔部，清廷命户部尚
书马齐、兵部尚书索诺前往归化城等处勘察可以驻扎兵丁之处，经马齐等
奏报，作为明朝九边之一的右卫驻兵基础较好，康熙帝即命都统希福为建
威将军，令驻扎于右卫地方，以便于对准噶尔用兵。随着清准战争态势的
变化，战线北移，蒙古地区归化城的战略地位开始显现，清廷在此设置了
安北将军，康熙三十四年八月，清廷以"右卫地方甚要，将军责任甚重，
惟伯费扬古堪任是职，着授为右卫将军仍兼摄归化城将军事务"②。此后
在对准噶尔的战争中，右卫驻防官兵被频繁征调，远出漠北，为清廷战胜
准噶尔部发挥了重要作用。随着清军的军事胜利，至雍正末年，清军对准
战线稳定地推到了阿尔泰山一线。尽管如此，长期的战争并没有将准噶尔
部消灭，清准双方都为战争消耗了很大实力，议和成为双方的需要。为
此，双方的矛盾开始缓和。出于防备和进兵准噶尔的需要，又鉴于归化城
在康、雍两朝对准战争中的重要作用，右卫的战略地位为归化城所取代。

乾隆二年（1737），清廷在归化城附近建筑新城驻防兵丁。乾隆二年
三月总理事务王大臣议奏，"归化城盖造新城，去右卫仅二百里，毋庸添
设将军，请将右卫将军移驻新城，止添副都统二员。其右卫之副都统二
员，仍留原处，亦归并将军管辖"③。这样右卫建威将军移驻绥远城，右

---

① 《清史稿》卷117《志九十二·山西驻防》中记载，山西驻防城守尉二人。顺治六年置
太原一人。康熙三十三年，右卫置将军一人，护军统领二人，副都统四人。三十七年省
护军统领、副都统各二人。乾隆二年省将军、副都统。三十三年置右卫城守尉一人，隶
巡抚，防御、骁骑校各八人。显然是受了各地城守尉级驻防在乾隆中叶以后多划归巡抚
管辖有关。在《清实录》《清朝文献通考》《绥远城驻防志》《钦定大清会典事例》等书
中都有绥远将军兼辖右卫的记载。

② 《清圣祖实录》卷168，康熙三十四年八月癸巳。

③ 《清高宗实录》卷之39，乾隆二年三月庚戌。

卫仅设副都统二员，仍归北移的绥远城建威将军管辖。

（二）右卫驻防级别之演变

表 5 - 2 依据《钦定大清会典事例》，参照《朔平府志》《皇朝文献通考》《清实录》的记载制成。从表中反映的数据可以看出，右卫驻防的级别不断下降，驻防官员不断减少，体现了右卫驻防战略地位的不断下降，逐渐让位于绥远城驻防的事实。

表 5 - 2

	将军	护军统领	副都统	护军参领	协领	佐领	防御	骁骑校	护军校	备注
康熙三十三年	1	2	4	56	12	72	72	72	112	原设
康熙三十七年		2	2	56	1	8	8	8	112	裁
雍正一年					2					添设蒙古协领 2 员
乾隆二年	1									裁
乾隆六年						15	15	15		移驻绥远城
乾隆十四年						7	7	7		裁
乾隆二十六年			1			8	8	8		裁
乾隆二十九年					4	18	16	10		移驻张家口
乾隆三十年					3		2	8		裁
乾隆三十三年			1		5	10	6	6		裁
剩余	0	0	0	0		6	10	10	0	乾隆三十三年设城守尉 1 人

注：始设 12 人，裁去 13 人，显然记载有误。《朔平府志》记载：协领始设为 10 人，雍正元年（1723）开始设立蒙古八旗，奉文添设蒙古协领 2 员。

（三）右卫驻防的管理

右卫建威将军移驻绥远城后，绥远城建威将军仍兼管着右卫驻防，这从绥远城将军的称呼中即可体现，绥远城将军兼管右卫兵丁旺昌。清廷颁给将军的敕书中写作："兼管右卫官兵、归化城土默特官兵。如有需用绿旗官兵之处，于大同、宣化二镇绿旗官兵内，听其酌量调遣。"① 对右卫驻防兵丁的挑选及右卫副都统的年班等均由绥远城将军负责。乾隆四年（1739）五月，建威将军王常京城规定驻防马甲额兵，应行挑选正户，不得将开档人等挑取的命令。提出右卫驻防，另户人少，开户人多，则额兵缺出，另户壮丁不敷，势必兼挑幼丁，营伍军威，难于整肃，请嗣后右卫马甲额兵缺出，先将另户挑取，如不敷，准于开档分户选补。② 获得批准。乾隆三十七年，右卫蒙古马甲四十名，无领催缺，遇有蒙古话好、人才出众者，无应升之阶，经绥远城将军容保奏请，将满洲领催八名内裁改一名，由蒙古马甲挑补，遇骁骑校缺，亦准其与满洲领催一体拣选。③ 关于年班绥远城将军宗室蕴著曾疏奏，绥远、右卫、归化三处副都统，年终轮班进京。查绥远副都统，与将军同城；归化虽只副都统一员；地近绥远，遇副都统进班，皆可毋庸署理。唯右卫距绥远、归化稍远，其副都统进班，请令绥远副都统前往暂署，绥远事归将军。如绥远将军同值进班，即停右卫副都统进班一次。④

另外，绥远城将军对右卫公库银两数目与所办事件是否符合、右卫生息银两的使用及右卫驻防中存在的弊端，都有监督、审核及参奏的职责，如右卫副都统不以公事为事，营私舞弊，出现官兵缺少马匹，私用官房租银等项弊端，受到绥远城将军的参奏，乾隆帝命将副都统革职，并晓谕右卫官兵，嗣后当"遵奉将军法令，改过急公、竭力奋勉"⑤。乾隆二十六年，因右卫滋生银两，所得利息，不敷官兵红白事宜，绥远城将军如松疏请再拨银作本等。获清廷批准于房租及公库项内，拨银一万，令作本滋生。⑥

右卫官兵的训练操演，军械的配备调拨亦由绥远城将军负责。乾隆九年三月，绥远城将军补熙奏，右卫八旗官兵马步弓箭生疏，皆由

① 《绥远城驻防志》，第127页。
② 《清高宗实录》卷93，乾隆四年五月丙寅。
③ 《清高宗实录》卷920，乾隆三十七年十一月癸巳。
④ 《清高宗实录》卷760，乾隆二十九年三月甲子。
⑤ 《清高宗实录》卷121，乾隆五年闰六月辛酉。
⑥ 《清高宗实录》卷640，乾隆二十六年七月壬寅。

副都统六格，性好安闲，不谙训练。归化城副都统查木素，操守廉洁，熟练旗务，或与六格互调，实属有益，即六格亦当知警诫，以图后效。① 乾隆九年（1744），绥远城建威将军补熙奏言，"右卫兵丁，自康熙三十三年设立后，一切军器未能整齐，其八旗满蒙汉各佐领及鸟枪营，蠹六十七杆；旗三百四十八杆，请咨部领取。旧者留为操演行围之用，每兵四人帐房一架及盔甲刀枪弓箭等，均一体修理。该卫额兵三千五百四名内，鸟枪手与弓箭手，多少不均，请将鸟枪手六百二十一名，改为弓箭手"。② 乾隆二十五年绥远城将军恒禄奏称，"右卫驻防向无步兵养育兵钱粮，请于额设兵三千名内，核其骑射平常以及老穉残废者，裁汰四百名，添设步兵、养育兵各六百名。月支银米，即于裁汰项下支放，并于各佐领内每翼拣选二员为步军协尉。各防御、骁骑校内拣选八员为步军校。③"

综上所述可以看出，绥远城将军对右卫具有和绥远驻防一样的管理职责，乾隆二十三年，绥远城将军在向朝廷奏闻其如何办事用印之处时说："右卫副都统等一切奏件，并应咨各部院京城八旗事件，俱咨明将军钤印转行；右卫拣选官员，由副都统拣选，咨明将军复行验看，送京引见补放；该副都统年节庆贺表章，钤印咨送山西巡抚汇奏；挑补领催前锋马甲匠役，皆由副都统挑补；官兵俸饷米石并窃盗等事，交本城地方官审讯，亦钤用副都统印信咨行，定案后应咨部者，咨将军转行；该处滋生银两，遇红白事件赏给，由副都统查照定例支放，年终造册，咨将军奏销。"④ 此奏将绥远城将军与右卫驻防的关系——列举阐明，体现了绥远城将军在右卫日常运行中所处的地位和作用。可以看出，绥远城将军对右卫驻防官兵有直接的管辖权，而并非像太原城守尉一样划归山西巡抚兼辖。也非《钦定大清会典事例》卷五百四十五《兵部》所记乾隆"三十一年，以绥远城将军兼管右卫事务"。

①《清高宗实录》卷213，乾隆九年三月是月。
②《清高宗实录》卷224，乾隆九年九月甲申。
③《清高宗实录》卷615，乾隆二十五年六月乙未。
④《钦定大清会典事例》卷577《兵部·题奏》。

（四）有关右卫驻防副都统考

《钦定大清会典事例》卷五百四十五《兵部》所记山西驻防中记载：

> 康熙三十三年，右卫设将军一人，副都统四人。三十七年，右卫裁副都统二人，乾隆二年，裁右卫将军一人，副都统一人，改驻绥远城。留副都统一人，管辖右卫官兵。二十六年，右卫裁副都统一人，满洲每旗裁佐领、防御、骁骑校各二人。蒙古每翼裁佐领、防御、骁骑校各二人。汉军裁佐领、防御、骁骑校各四人。三十一年，以绥远城将军兼管右卫事务。三十三年，右卫设城守尉一人。

文中所记的"乾隆二年，裁右卫将军一人，副都统一人，改驻绥远城。留副都统一人，管辖右卫官兵"。《皇朝文献通考》卷一百八十四《兵考六》所记与此相同。而据《清高宗实录》记载，乾隆二年（1737）三月，总理事务王大臣议奏，归化城盖造新城，去右卫仅二百里，毋庸添设将军，请将右卫将军移驻新城，只添副都统二员，"其右卫之副都统二员，仍留原处"①，亦归并将军管辖，获得乾隆帝批准。明言右卫二副都统仍留原处，并未裁去一员。此后史料记载也证明，右卫确实有副都统两人，而非一人。乾隆二十一年，"据将军富昌参奏，右卫副都统舒常、六格，协领成德，佐领六雅图所属防御福保逃走，并不具报，及至查询，又更改日期伪报等语。舒常、六格均着革去副都统，在粘竿处效力赎罪。该协领成德，佐领六雅图著交部严加议处。舒常、六格所遗员缺，著蕴著、拔常补授"。② 乾隆二十四年，两位右卫副都统拔常与石勇之间不和，势同水火，相互参奏，拔常参奏石勇勒买属员婢女为妾；石勇参奏拔常借同知银放给兵丁。乾隆帝阅奏后，认为拔常、石勇皆系旗员，并无勤劳，幸擢用副都统，尚不思勤慎效力，竟敢为此无耻之事。"拔常、石勇均着革去副都统，在参领上行走，此副都统二缺，以素玉调补一缺外，其一缺著城守尉彰武泰补授。"③

---

① 《清高宗实录》卷39，乾隆二年三月庚戌。
② 《清高宗实录》卷519，乾隆二十一年八月甲寅。
③ 《清高宗实录》卷593，乾隆二十四年七月戊辰。

　　由以上记载可以看出，在乾隆二年以后，右卫副都统员缺仍是两人。革职时是两人、补授时亦是两人。由此断定，《钦定大清会典事例》《皇朝文献通考》所记乾隆二年仅留一员副都统管理右卫兵丁的记载是错误的。证明右卫副都统在绥远城二年以后仍为两员的资料很多，不一一列举。而且，如照此《钦定大清会典事例》所记，"康熙三十三年，右卫设将军一人，副都统四人；三十七年，右卫裁副都统二人；乾隆二年，裁右卫将军一人，副都统一人，改驻绥远城。留副都统一人，管辖右卫官兵；二十六年，右卫裁副都统一人；三十一年，以绥远城将军兼管右卫事务。三十三年，右卫设城守尉一人。①"那么可以推断出，在乾隆二十六年以后，右卫已无副都统，而右卫城守尉设于乾隆三十三年，那么在乾隆二十六年以后的七年里，右卫驻防官兵并无三品以上官员统辖，也并非专城协领，清廷似乎不大可能在右卫出现如此时间长和如此大的缺额。而《皇朝文献通考》的记载恰可解决这一难题，乾隆三十三年"设右卫城守尉一人，裁副都统一人……"②，可以推定清朝将右卫正二品副都统级别的驻防降为三品城守尉驻防，设置城守尉的同时，将右卫副都统裁撤。文中说乾隆"三十一年，以绥远城将军兼管右卫事务"，也给人以右卫此时才划归绥远城将军管辖的错觉。

八　负责乌里雅苏台、科布多驻防官兵的换防

　　清代漠北喀尔喀蒙古的最高军政长官为定边左副将军，驻于乌里雅苏台，又称乌里雅苏台将军。乌里雅苏台是漠北军事重镇，在对准噶尔的战争中为方便驻军而筑成的，初建时为木城。据《蒙古游牧记》卷八注："雍正十一年四月，顺承郡王锡宝等奏……大军今已于乌里雅苏台山头，右建炮台，其左近并令满洲蒙古兵驻扎。应请即与乌里雅苏台内外植木，中实以土，建筑城垣"③，当时尚处于清准军事对峙时期，所建木城不免

---

① 《钦定大清会典事例》卷545《兵部》。
② 《皇朝文献通考》卷190《兵考十二·直省兵》。《钦定大清会典事例》卷545《兵部》所记相同。
③ （清）张穆：《蒙古游牧记》卷8，张正明，宋举成点校，山西人民出版社，1991。《清史稿》卷222，第994页所记同。

为权宜之计。乾隆二十九年（1764），乌里雅苏台旧城，年久倾圯，时任乌里雅苏台将军的成衮扎布奏请进行修筑。因查乌里雅苏台，土性松浮，难兴版筑，故仍照旧城例，伐木造城。在齐格尔苏特、乌里雅苏台二河之间，周围五百丈，内外排树木栅，中实以土，东、西、南三面留门，北面近河处，掘沟引水，以环城三面，即以沟中余土筑城。① 据《清史稿》记载，同治九年十月，东干回北窜，木城毁于战火，经署将军奎昌奏请，于十一年四月，将乌里雅苏台木城改建为石城。②

在雍正末年，清准议和以后，清廷开始有计划地从漠北撤兵，以免"将士久劳"，再者就是节约军需粮饷。乾隆二十二年，准噶尔之事彻底底定以后，清大军即行撤回，仅留少数满洲和绿旗兵驻扎北路军营。其驻防之兵，并非久驻者，不数年即行撤回，另派满兵驻防更换。乾隆三十二年（1767）清在乌里雅苏台正式设置定边左副将军的建制，史载："乌里雅苏台，在三音诺颜部，驻扎定边左副将军，总统喀尔喀四部兵马，兼理札萨克图汗，三音诺颜两部事务，有参赞大臣二员，一用该处藩爵，一系由京简放，协理其事。四部蒙古藩爵内，各有特授副将军一员，每年四季轮流同札萨克台吉前往乌里雅苏台外驻班，听候将军调遣。"③ 并设立了科布多参赞大臣。科布多，东接札萨克图汗部，西通塔尔巴哈台、伊犁，南通迪化、巴里坤，北邻唐努乌梁海，西北与俄罗斯接壤。雍正九年（1731）在布彦图河畔筑科布多城。乾隆二十四年（1759）扩建，鉴于阿尔泰山地理位置的重要性，于二十六年于此设参赞大臣，归乌里雅苏台定边左副将军节制，有驿道直达乌里雅苏台。统辖阿尔泰山南北、厄鲁特蒙古诸部和阿尔泰乌梁海、阿尔泰诺尔乌梁海诸部。科布多城内驻有赛音诺颜、札萨克图汗和土谢图汗三部派出的卡伦兵、台兵，负责巡边。设有学校，招收官学生，由杜尔伯特、明阿特和札哈沁等旗选送。当地商民往来于蒙古各部和巴里坤等地。

根据规定清在乌里雅苏台等地设置的驻扎大臣，可以携带家眷，而普

---

① 《清高宗实录》卷723，乾隆二十九年十一月己巳。
② 《清史稿》卷137，《志第一一二·兵八·边防》。
③ （清）松筠：《绥服纪略》，王锡祺辑《小方壶斋舆地丛钞》十二帙，上海著易堂铅印本，清光绪十七年（1891），第12册。

通换防士兵却不可携眷驻扎。① 主要原因应是这些兵丁仅仅是换防兵丁，一般每届三年，并非永久驻防，加上漠北驻防，军需粮饷始终是个大问题。

地处京师和漠北乌里雅苏台中间位置的绥远城驻防，担负着对乌里雅苏台满洲驻防官兵的换防任务。对于绥远城驻防负责漠北喀尔喀乌里雅苏台驻防官兵换防事宜，《绥远城驻防志》记载："乾隆二十六年奉上谕，乌里雅苏台住存绥远城、右卫兵百名。自二十一年起，已经存住五年，理应更换。就近由绥远挑选佐领一员，骁骑校一员，带领兵五十名，作为三年更换一次。"② 因科布多在乌里雅苏台将军管辖之下，所以其兵丁换防亦由乌里雅苏台将军负责，经绥远城派拨换防兵丁先抵乌城，然后再由将军安排分驻科布多事宜。但这种情况在清后期发生了变化，也是需要说明的。据《清德宗实录》记载：光绪五年，因科布多满营换防官兵，每届年满，向与乌里雅苏台官兵，一并更换。由绥远城咨送乌里雅苏台将军，照数酌留后，再行分拨，前赴科城，办事难资得力。内阁清安等奏请变通办理，即嗣后科布多换防官兵，由绥远城将军查照应行更换员名数目，选择通晓满洲蒙古汉文者，造具清册，专送科城，毋庸送由乌里雅苏台分拨。③此后，科布多满营换防官兵，即由绥远成将军负责照数定期更换，而无须经过乌里雅苏台将军了。④ 这也是乌里雅苏台将军权力削弱的一个表现。

这些官兵在绥远城驻防期间，由绥远将军负责管理，比如，乌里雅苏台换防之绥远城镶白旗满洲佐领诺敏，前在山东催饷，迭次亏挪银一千五百九十两之多。命摘去顶戴，饬令回旗措缴，但该员延不完交，实属瞻

---

① 《清高宗实录》卷698，乾隆二十八年谕军机大臣等，现在西陲平定，各该处大臣，更番驻劄，非从前军营可比，嗣后伊犁、乌里雅苏台、喀什噶尔、叶尔羌等处驻劄大臣，有愿带家口者，照各省将军大臣例，准其携带，如不愿者听。《清宣宗实录》卷四百十四："谕内阁，前因军机大臣等会议，科布多换防兵丁，可否改为眷兵。必须深悉该处地方情形，方能筹画尽善，当降旨交国勒铭阿等悉心体察，妥议具奏。兹据奏称，添建房屋及散放口粮等事，诸多窒碍，自系实在情形。所有科布多换防兵丁，改为眷兵之处，著毋庸议。"

② 《绥远城驻防志》，第118页。

③ 《清德宗实录》卷92，光绪五年闰三月戊戌，《钦定大清会典事例》卷543《兵部》；《皇朝续文献通考》卷137，与此所记相同。

④ 《清德宗实录》卷289，光绪十六年九月乙亥。"科布多参赞大臣沙克都林札布等奏，满营换防官兵，三年期满，照案请饬更换。得旨，著即知照绥远城将军照数更换。"

玩。清廷将诺敏着即行革职,并着绥远城将军瑞联就近严追,令如数缴清,以重帑项而儆效尤。①

对赴乌里雅苏台换防的领队人员,佐领及骁骑校,由绥远驻防负责给予相应的费用,以供应为其服务的跟役人员及购买马匹之用(见表5-3)。"绥远城挑选乌里雅苏台换班满兵五十名兵丁,俱照派往军前之例,支给马驼盐菜等项银两等"。"因伊等不过驻防更换,非进剿可比,所以马驼盐菜等项银两等治装银两,照进剿兵丁,酌减赏给。"②

表 5 - 3

职名	年俸银(借)(两)	盐菜银	跟马人所需费用(两)	购买马匹(匹)
佐 领	105	8	8	8
骁骑校	60	4	4	4
合 计	165	12	12	12

负责乌里雅苏台驻防官兵的换防费用的是绥远城将军辖下的粮饷同知厅。"粮饷同知,现在库贮实存备用军需银二十万五千九百七十两一钱四分,以备派往乌里雅苏台换班官兵俸赏,制装等项动用。"③ 除此之外,经费主要来源于发商生息银两内拨给,嘉庆二十二年(1817)清廷规定:"土默特驼五百只,每只变价银二十两,共银一万两,由归绥道交当铺商民,每两每月生息一分,按四季交副都统衙门。备办乌里雅苏台,科布多等处公务差遣,及迎送官兵驿站盘费等项之用。"④

绥远城驻防设置以后,在以后的清喀关系中发挥了重要的作用。首先,喀尔喀不靖,由绥远城调拨驻防满兵前往镇压,乾隆二十一年(1756),喀尔喀青衮杂卜叛,清朝即命绥远城将军富昌,于所辖兵丁内,拣选二千名,派往漠北,接续被喀尔喀蒙兵撤驿引起的台站卡座中断,并会同定边左副将军成衮扎布擒拿青衮杂卜。

其次,运往漠北军营的粮饷米石由归化城处发送,归化、绥远为清朝

① 《清德宗实录》卷86,光绪五年正月癸亥。
② 《清高宗实录》卷633,乾隆二十六年三月乙丑。
③ 《绥远城驻防志》卷2《经征厅米》,第58页。
④ 《大清会典事例》卷980《理藩院·赋税》。

通向漠北的运粮要区。在乾隆平准战争中，军需由归化城运送。乾隆十九年五月，即由归化城拨米六万石，分两年解往军营，次年实际运解了四万石。① 漠北军营鄂尔坤等处屯田绥远将军也负责拨大麦等项籽种送往军营。在由归化城运米往军营时，茶叶布匹，官兵蒙古日用所需，商人乘便带售，与蒙古有益，商贾亦得利，因此可以驮载带往销售。② 嘉庆三年（1798）九月以后，漠北乌里雅苏台调拨军需银两，仿照解送茶叶等物之例，一体由归化城驿递解送。③

由归化城出发，往漠北源源不断地运送各种物资，不仅满足军队所需，对改善喀尔喀蒙古的生活也起到了很大的作用。在同治光绪年间，新疆等地回民起义，向漠北漠南等地发展，为镇压起义，清政府调遣大量军队进剿西路，内地各省的军饷粮草均解往绥远城，由绥远城将军委员解往乌里雅苏台、科布多等军营，使清军无乏食之患。

九　办理蒙旗交涉，掌管刑律

绥远城驻防设置后，逐渐形成以绥远城将军为主的司法管理体系。乾隆五年，清廷就因归化城地区的蒙汉交涉事件积久未办，而命绥远城将军参与管理。蒙汉交涉等盗案，该同知间或缉获，而归化城都统等，派出会审之员，又未免祖护蒙古，不据实办理，以致积案未结。"嗣后归化城土默特等处盗案，由绥远城建威将军一并管理。"④ 乾隆二十五年（1760）规定，归化城同知、通判，承办蒙古命盗等案及蒙古民人交涉命盗事件，由该厅等呈报绥远城将军，就近会同土默特参领等官办理。蒙古事件，由将军咨院具奏完结。三十一年议准，归化城土默特两旗命盗重案，如正犯系蒙古，由归化城参领会同同知审明拟罪，该参领呈报归化城副都统，该同知亦即申报归绥道，复审相符后，呈明将军咨院办理。三十五年又定，嗣后归化城土默特命盗重案，着绥远城将军亲往归化城复审后，再行定拟。⑤

---

① 《清高宗实录》卷464，乾隆十九年五月乙酉。
② 《清高宗实录》卷481，乾隆二十年正月丙申。
③ 《清仁宗实录》卷34，嘉庆三年九月壬午。
④ 《清高宗实录》卷115，乾隆五年四月丁酉。
⑤ 《钦定大清会典事例》卷997《理藩院·刑法·审断》。

对绥远旗内案件，亦有绥远城将军亲身定拟，乾隆五十七年（1792），绥远城当地发生旗人盗案，绥远城将军兴兆"牵强援例，从轻定拟"，引起乾隆帝不满，将其革职拿问，次日又通谕各地驻防绥远城旗人药神保等行窃一案，已经降旨，交部另行从重治罪。"但以旗人行窃，无耻已极，实伤满洲颜面。嗣后如遇旗人行窃之案，除该犯照例治罪外，其子孙俱著削除旗档为民，著为例。并将此晓谕八旗及各处驻防，一体钦照办理。该管大臣等，平时务须将所属人等，善为训迪，严加管束，毋致为匪。"① 由此可见，清廷在处理旗人事务过程中，采取"宁严勿宽"的原则，而非一味偏袒。

对归化城土默特命案，将军亦亲至归化城审讯，遇平常案件亦与归化城副都统和衷办公。乾隆三十八年（1773），土默特二等台吉喇什巴雅尔图因私行开垦禁地，被将军传唤，并解去台吉品级。在归化城会同副都统等，将其进行审讯。② 道光二十六年（1846），土默特世袭佐领贡楚克因违例责押兵丁，致被呈控，将军等提同全案人证，严审确情后，将其革职。

将军不但管理驻防八旗及土默特蒙古内部的争讼案件，而且要负责西二盟旗及土默特旗之间的关系，所以责任重大。比如乾隆九年（1744）六月绥远城建威将军补熙曾处理乌喇特与土默特争地案，将两旗所争地面"均匀分给，始靖争端"③。道光九年（1829），绥远城将军那彦宝办理质审鄂尔多斯台吉贡楚克多尔济呈控该旗台吉济克默特一案。审讯明确，台吉济克默特谎用印信、强夺地亩、侵食差银属实。按律定拟，将济克默特发往新疆效力赎罪。④ 光绪十年（1884），土默特、达拉特两旗争地一案，绥远城将军克蒙额秉公查核，奏明办理。可见绥远城地处蒙古，办案亦多涉及蒙古事务。

十 纂修方志，保存文献

明代，蒙古族与明朝长期战争，明人对于蒙古之情况多为传言及途说。虽在明代边臣奏疏里留下了大量有关蒙古的情况，特别是，顺义王俺

---

① 《清高宗实录》卷1415，乾隆五十七年十月癸巳。
② 《清高宗实录》卷944，乾隆三十八年十月壬辰。
③ 《清高宗实录》卷219，乾隆九年六月辛未。
④ 《清宣宗实录》卷162，道光九年十一月戊申。

答汗所在的土默特部。然而毕竟是通过往来公文和对蒙古部落之人自己的叙述来认识蒙古的情况，目击和亲历人所作不多。在清代，清朝统一了内、外蒙古，使归化城土默特成为绥远城将军管理下的内属旗，对其情况的记载数量多且较为详尽真实，特别是管辖土默特部的绥远城将军，作为一品封疆大吏，具有专折奏事的权力，在和朝廷的往来公文及专折奏事过程中，形成了大量的档案资料，是今天研究当时历史的可靠资料。这样绥远将军向清廷奏报土默特及乌伊两盟旗的政事，这些奏牍成为第一手资料，较经过删减编辑的实录而言，更具权威性，特别是在西北回民大起义期间，绥远城将军为防堵回民起义军的东进，随时将军事布置，防堵情况向清廷汇报，形成了大量的奏疏文稿。这些奏疏有蒙文、满文和汉文，为研究清季蒙古情况的重要史料，惜至今尚未得到整理出版，特别是满蒙文奏疏的翻译整理，是目前亟须学界着手做的工作。还有在清末蒙地放垦期间，绥远城将军贻谷关于开垦蒙地经过的奏疏，是非常可贵的文献史料。这批奏疏收录在《绥远蒙垦奏议》中，已于宣统元年（1909）由京华印书局出版。此外，署绥远城将军文瑞也著有《光绪绥远奏议》（光绪年间刊刻），这些奏折内容有的被收入到《清实录》中，但因《清实录》受篇幅的限制，收录不完全，且在编纂过程中进行了删减，只录入只言片语，有时亦出现理解的偏差，与原文内容相左。因此这些奏折原文更真实可靠且详尽，从绥远城乾隆二年设置到宣统三年清朝覆灭，历代绥远城将军的奏折，很多是清朝对西北边疆民族治理政策的重要史料，其中包括《绥远奏议》。另外，贻谷在光绪二十八年（1902）赴绥远办理垦务，光绪二十九年任绥远城将军，办理绥远地区的蒙地放垦，具体承办了绥远地区的"新政"建设。清末在归绥地区的"新政"是清代漠南西部蒙古地区的大事，对当时和其后影响都是巨大而深远的。而要认识这一过程中政府的新政举措及遇到的阻力，满蒙汉各族人民在这一洪流中的反应与作用等，离开绥远城将军的奏折、咨文及其所主持修纂的地方志，恐怕是有困难的。

绥远地处农牧交错的地方，千余年来，中原王朝与游牧民族政权交替统治，使这一地区耕牧不定，建置不一，并无长久的定居人民，所以经济文化相对落后，反映地方各方面情况的地方志书也一直阙如。直到清代晚期漠南蒙古耕牧兼具，经济发展，渐次出现了反映这一地区的地方志书，比如《归绥识略》等，但其中特别值得重视的是贻谷在担任垦务大臣、绥远城将军期间，所主持修纂的几部志书，《土默特旗志》、《绥远全志》（又名《绥远旗志》《绥远志》）、《归绥道志》。众所周知，我国地方志的编纂有着悠久的历史、成熟的编纂体例和较为发达的方志编纂理论，但是处于塞外的蒙古地区，由于游牧经济的特殊性，地方志很不发达，归化城土默特直到清代末年的光绪年间才有了第一部地方志《土默特志略》，但因未付梓刊行，现在湮灭无闻了。① 绥远城将军贻谷甫莅任即向地方官索取志书，以资于施政，而无所得。鉴于"今天下各省以至府厅州县莫不各有方志"② 而土默特尚无志书，便邀请太常寺少卿高赓恩担任总纂，并汇集了一批当时在归绥地区的社会名流编纂志书，先后编纂了《绥远旗志》十卷，《土默特旗志》十卷，《归绥道志》四十卷。

《绥远旗志》记载了绥远驻防八旗及归绥远城将军节制的右卫、归绥道、乌兰察布及伊克昭盟的疆域沿革等相关内容。尤值得注意的是，志中将绥远城将军在清末新政中对驻防八旗所实施的诸多措施都有记载。较为详细地反映了其在绥远筹办新政的具体过程，包括推广垦务，编练新军，兴办武备学堂、中小学堂，筹设巡警，等等。

《土默特旗志》也很有价值，绘制了土默特全景图，准确明晰，对土默特地区的职官、武备、学制、驿站、卡伦、户口、赋税、食货分数等有较为详细的记载。它的"优点是内容集中记述本旗，无它志泛滥无用之弊，本旗史事，许多全靠此书保存。《土默特旗志》是一部篇幅小而保留土默特史料较多的好书"③。

《归绥道志》内容丰富，保存地方史料亦多，《绥远通志稿》中说："清末变政以还，地方时务亦赖此稍存其实。以晋志、识略之作皆在光绪，而此志独后出，颇可资以联系而贯通也。"

贻谷作为钦差垦务大臣，绥远城将军，在搜集资料和实地调查方面有着得天独厚的条件，能够动员足够的人力、物力和财力，这是修志的前提。另外，这三部志书是以归化城土默特地区为行政范围编写的，编纂人

---

①　特莫勒：《土默特旗的旧志》，《内蒙古社会科学》1987 年第 3 期，第 77 页。
②　《归绥道志》卷 1《星度・分野・气候》，远方出版社，2007，第 65 页。
③　周清澍：《建国前内蒙古方志述评》，《内蒙古大学学报》1996 年第 4 期，第 10 页。

员多为贻谷从当地主要官员中抽调的，熟悉当地各方面的情况，实地采访
的资料可信度高，有的内容为正史所不载，具有鲜明的区域性和真实性，
具有很大的参考价值。对了解当时内蒙古的政治、经济、天文、地理、人
物、艺文等甚有裨益，这些地方志成为研究漠南归化城地区历史研究资料
的重要来源。这些资料均保留至今，为蒙古学研究提供了珍贵的史料，特
别是几部方志的编纂，尽管有很多不足和缺陷，但毕竟为我们保留了为数
不多的方志材料，在内蒙古方志史上有其重要的地位。为我们今天研究当
时蒙古的社会经济、文化生活等各个方面提供了宝贵的资料。

　　它的价值之一就是许多不载于正史的社会生活史资料，赖此方志得以
保存下来，特别是土默特地区少数民族的社会生活情况，在这些志书中多
有反映，因方志主要以记述现状为主，在现成资料不足或缺少的情况下，
主要依靠调查采访，这些采访资料反映了那个时代各方面的情况，是最可
贵的第一手资料。三部志书中对归化城土默特地区的物产税额物价交通等
等，通过切实调查获得，由此可以管窥当地经济形态的变化，特莫勒先生
在其《内蒙古方志考述》中也认为调查往往比文献更重要，内蒙古许多地
方本无方志，也无多少其他文献可征，只能靠实地调查。尽管该书成书迅
速，错误和因袭前人之处不少，但其所用的文献部分尚存，如《归绥识
略》《晋政辑要》《光绪山西通志》等，但是在编纂过程中使用的档册案
卷及属下各厅奉檄续辑的厅志或草成厅志稿，如《归化纪略丛语》《萨拉
齐包头镇志略》等均佚失不存，故有其独特的史料价值。[①] 蒙古史学者周
清澍先生认为贻谷主持的修志工作，由于三志同修，仅七月完稿，不能称
尽善，但《道志》全书达 40 卷，约 30 万字，内容甚丰富，保存地方史料
较多，是今天研究内蒙古地方史的必读之作。

　　绥远城将军贻谷不惜"宾礼优厚"聘请高赓恩，发起修纂三志，几乎
同时成书。《绥远志旗》以记述综理绥远城所驻满蒙军民事务的各个方面，
书中所记述的绥远、右卫及所节制的乌、伊两盟现状，是绥远城将军的职
责范围；土默特部在乾隆朝以后归绥远城将军直接管辖，为此贻谷延请高
赓恩修志，亦一体修撰了《土默特旗志》；归绥道是为山西巡抚所辖，但

---

① 《归绥道志》，特莫勒序，远方出版社，2007。

归绥远城将军节制，贻谷请高赓恩来归绥修志时，亦附和响应，修撰了《归绥道志》，此志书卷数最多。总之，在这次修志活动中，绥远城将军起到了极其重要的决定作用。

十一　管理商人贸易

利用经济手段来羁縻和控制游牧民族是中原王朝统治者的惯用手段之一。入清后，蒙古漠南诸部成为清朝藩属，为了加强对蒙古的统治，清朝对蒙古实行封禁政策，严禁蒙汉民族之间的直接交往联系，不准蒙古王公台吉等随意进入长城以内同汉族进行贸易，严禁蒙古人与汉人往来贸易。因此，从事蒙古贸易的旅蒙商便得到快速发展，旅蒙商的兴起可以追溯到清准战争时期，当时康熙帝为对付准噶尔，节约塞外挽输费用，便招商人运粮，准予其沿途随军贸易和沿途与蒙古人贸易。这些商人在与蒙古贸易中获利颇丰。战争以后，旅蒙商获得更大的发展，承担起了蒙古地区与中原内地经济交流的媒介。清政府为对赴蒙贸易的旅蒙商进行管理，实行持票经营的制度。内地商人只有领有理藩院或当地该管衙门的执照，才可以往蒙古贸易，否则即为违禁，拿住照例治罪。由理藩院和当地将军、大臣及各旗札萨克负责管理稽查。

出口到土默特地区的商人印票早在康熙时期即已开始发放。康熙三十八年（1699）时，已有殷实商人，赴部具呈领票，往杀虎口外大青山等处采木，输税入口贩卖。守口官兵，验明执照后即放行。雍正十三年（1735）时，山西杀虎口处于汉人进入蒙古地区的边口，此地亦可开领印票，"定潘桃、古北、杀虎三口给商印票，兼满、汉、蒙三体文字"。[1] 乾隆中期以后，作为通向漠北漠西的交通通衢，归化城都统衙门成为商人领票的中心之一。据史载乾隆四十二年（1777）"归化城前往乌鲁木齐等处贸易商民，俱由副都统衙门发给照票，将该商人数、姓名及前往贸易之部落、札萨克旗，分据该同知详报到日，填注详细，照例给发"[2]。而在绥远城驻防设置以后，随着准噶尔的平定，其军事职能下降，行政职能逐渐

---

[1]　《清史稿》卷 125《志一百·食货六·征榷》。

[2]　张曾：《归绥识略》，《清代边疆史料抄稿本汇编》第 13 册，线装书局，2003。

加强。内地商人前往漠北乌里雅苏台及其他蒙古地方经商，由将军衙门领取院票。嘉庆五年（1800），理藩院咨行绥远城将军，令将本院照票领去，给发各商民前往乌里雅苏台等处及各蒙古地方，持票勒限贸易，派员赴部请领，俟商民贸易完竣，依限缴销。① 据此归化城副都统府衙以及绥远城将军府衙都成了清政府管理汉商远赴新疆和科布多等地贸易的行政中心，更为重要的是，随着旅蒙商在蒙地经商日久，积累了雄厚的资金，其中以大盛魁为代表。归化城是大盛魁的重要基地，它从全国各地贩来的货物，都经过归化城，在这里交了税款，领上部票，从此地将货物运到乌城和科布多，从外蒙古贩来的牲畜、皮毛和其他产品也都经过归化城，在转运到全国各地。② 随着资金的积累，旅蒙商经营规模和范围不断扩大，开始向国外开拓市场。同治六年（1867），归化城大盛魁等商号联合，呈由绥远城将军裕瑞，归化城副都统桂成等奏请："由恰克图假道与西洋通商"，并自愿"捐厘充公"等。经总理各国事务恭亲王议奏后，奉旨："依议，钦此。"③ 据《大清会典事例》记载，同治七年议准，归化城商人贩茶至恰克图，假道俄边，前赴西洋诸国通商，请领部票，比照张家口减半令交银二十五两，每票不得过一万二千斤之数。④ 后来因假道赴洋贸易，路远税重，连年折本，商民申请停四联执照，仍领部票，前往新疆贸易，亦由绥远城将军负责上奏清廷办理。⑤

令商人贸易领取部票，是清政府控制蒙古，维护蒙古游牧社会秩序的重要一环，商人在将军处领取信票，便于官府对其稽查，防止逃漏税银、夹带私贩和滋生事端等。嘉庆二十四年禄成等奏：据四子部落郡王达尔汉贝勒二旗、察汉和硕、乌兰诺尔注销坐卡官兵，盘获贸易民人郝尚谦无票私入蒙古界内事件。经审讯，郝尚谦系山西榆次县人，在归化城开设干元

① 张曾：《归绥识略》卷17，《市集》，《清代边疆史料抄稿本汇编》第13册，线装书局，2003，第236页。
② 中国人民政治协商会议内蒙古自治区委员会文史资料研究委员会编《旅蒙商大盛魁》，第7页。
③ 《旅蒙商大盛魁》，第48页。又见"请假道俄罗斯通商，贩运茶斤"。同时"赴西洋诸国通商"，呈文经恭亲王奏准后实行。《土默特史料》第十五辑，《土默特旗大事年表》。
④ 《钦定大清会典事例》卷242，《户部·杂赋·茶课》。《皇朝续文献通考》卷42，所记相同。
⑤ 《清德宗实录》卷144，光绪八年三月癸卯。

店生理。驼载布匹烟茶等物，欲往西苏尼特旗贸易，没有领取印票，行至察汉和硕地方，被蒙古官兵拿获。光绪二十七年（1901），绥远城将军信恪曾奏，边商承领信票，前往蒙古地方贸易情形，妥拟办法，以杜弊端而符定例。① 光绪三十四年，督办垦务绥远城将军贻谷等奏，归化城承领印票商民，赴外贸易，向定有限制，请仍以印票有无及票载数目为断，至由库伦运货出口者，一律完纳厘捐。②

不仅对商人入蒙贸易发票，蒙古各札萨克旗的马匹进入口内也需要路票。咸丰十年（1860），命理藩院将内外札萨克旗进口马匹议定章程，严格稽核，以杜弊端。理藩院遵旨议定章程若干条，大致内容包括如下几点。

1. 嗣后内外札萨克汗、王、贝勒、贝子、公、台吉、塔布囊等处牧群。赴雍和宫、栴檀寺各庙护送马匹，即令各旗呈报本盟长，由盟长造册呈报所辖将军都统大臣，给发路票，写明马匹数目，饬令沿途地方官员，据实查验，并无弊窦，始准放行。2. 每逢牧丁送京马匹时，该札萨克旗先行呈报本盟长，由盟长呈报所辖将军都统大臣，给发路票，写明马匹数目，饬知沿途地方官员查验。3. 内外札萨克六盟四部落汗、王、贝勒、贝子、公、台吉、塔布囊等以四项牲畜为生计，惟马匹一项，如有赶赴何处售卖，或作何使用之处，均应声明呈报各该盟长，由盟长报知将军都统大臣发给路票，添明马匹数目口齿毛色，饬知沿途地方官员，一体认真稽核查验。4. 凡内外札萨克六盟四部落等处蒙古游牧，如有赶赴京城之马匹，无论何项马匹，均应声明马匹数目，由将军都统大臣先期咨行直隶总督、顺天府、步军统领衙门，转饬地方官一体认真查验。5. 倘有不肖民人，私行贩运蒙古处所骗马，如被地方官员拿获，解送将军都统大臣查验，讯究严办，并将所贩马匹入官。③

作为节制乌盟和伊盟的绥远城将军，在西二盟及土默特部的马匹进京，

① 《清德宗实录》卷489，光绪二十七年十一月己巳。
② 《清德宗实录》卷587，光绪三十四年二月癸酉。
③ 《钦定大清会典事例》卷981，《理藩院·马匹器械》。

由绥远城将军负责发给路票或咨行途经地方长官，如有私贩之人，绥远城将军也负责究审查办；如有失察之处，绥远城将军也会受到相应的处分。

所以，清政府对其极为重视和严格，商人外出贸易，如何领票，票面内容，信票缴销，无票处罚等都有详细的规定。据《理藩院则例》卷三十四《边禁》载：

> 商人等出外贸易，由察哈尔都统、绥远城将军、多伦诺尔同知衙门领取部票。该衙门给发部票时，将商姓名及货物数目、所往地方、起程日期另缮清单，粘贴票尾，钤印发给。一面知照所往地方大臣官员衙门，不准听其指称。未及领取部票，由别衙门领用路引为凭。违者，查出照无部票例治罪。其商人部票著该地方大臣官员查验存案，务于一年内勒限催回，免其在外逗留生事。如商人已到所往地，欲将货物转往他方贸易者，即呈报该处衙门，给予印票，亦知照所往地方大臣官员衙门。倘并无部票私行贸易者，枷号两个月，期满笞四十，逐回原省，将货物一半入官。

而且商民前往乌里雅苏台等处及各蒙古地方持票勒限贸易，派员赴部请领，等商民贸易结束后依限缴销。① 贸易后还要把印票上交缴销，保证旅蒙商在蒙古地区的活动自始至终都在清朝统治者的控制之下，防止发生弊端。

清代入蒙古贸易商人领票制度，是清政府对出入蒙地人员进行有效管理监督的手段，它的推行对规范旅蒙商的管理和控制，防止旅蒙商人夹带违禁物品，行销商品漫无限制的现象，产生过重要作用。绥远城将军为清廷封禁政策在归绥地区的执行者，旅蒙商人赴蒙古或远出国外贸易，领票、缴票或转开执照均由绥远城将军办理，一方面忠实执行了清朝的封禁政策，另一方面保证了旅蒙商的商业活动在正常有序的状态下进行，这对蒙、汉两民族的交往和经济的发展做出了贡献。

十二　办理垦务有关事宜

对于归化城土默特地区，历来被认为是汉人前往开垦较早者，汉人前

---

① 张曾：《归绥识略》卷17《地部·集市》，《清代边疆史料抄稿本汇编》第13册。

往开垦历经整个有清一代，研究者对相关问题的学术研究成果很多，通过对农业发展、封禁政策、移民等方面入手探讨。但清政府对蒙地的封禁政策，在不同的历史时期具有不同的特点，具有连续性和差异性，这点学术界似乎争议不大，并且倾向于将其分为不同的阶段，尽管对封禁政策理解的具体时间略有不同。绥远城将军对垦务的管理，这里只将绥远地区放垦前略作叙述，对清光绪后期的蒙地放垦，本书暂不作论述。

乾隆二年（1737），绥远城将军旺昌奏称，归化城开垦地亩，业经试种一年，自应量地升科，其上则者，每亩请征米三升，草十斤；中则者，米二升，草八斤；下则者，米一升，草六斤。应如所请办理。① "乾隆六十年，绥远城将军宗室永琨奏准，查大青山迤北牧厂地亩，原既赏给绥远城牧放官马。嗣后因裁汰兵丁，牧马减少，地亩空闲，蒙古等私给民人垦种，聚集多人，不能驱逐。请将大青山后迤北空出牧厂熟地二千八十顷，荒地二千一百五十顷，共四千二百三十顷，尽行招民开垦。"②

归化城色拉穆楞牧厂位于大青山后，与该处蒙古等生计攸关，是禁止民人私垦之处，若有民人私垦地亩，将军自应随时驱逐。嘉庆十五年（1810），绥远城将军等查明该处现在种地民人，为数较多，居住已非一载，开成熟地之外，尚有试垦未经成熟费过工本地七八百顷，若竟一律驱逐，毁其庐舍，未免穷无所归，请照乾隆二十五年升科之例，免其驱逐，将所征银两量为变通，为该处喇嘛蒙古等香火养赡之资，经此次查办后，该处空地即不许多垦一垄，多容一人。清廷也认为民人既垦种多年，自未便径行驱逐，致令流离失所。但此后务必严行饬禁偷垦民人，由绥远城将军副都统转饬所属，分往各村详加查点，毋任再添一户，再垦一亩。若有新来户口，即时驱逐，俾免日后复有未能驱逐情事，致碍游牧。其应如何严立章程，定以限制之处，着该将军等会同妥议具奏。③ 此后，干珠尔巴诺们汗违例私开牧场，即受到绥远城将军色克精额的查办。

道光二十一年（1841），大青山后色拉穆楞昭暨诺们罕召等处牧地，有内地无业贫民，潜居口外，在此搭盖房屋，于封禁牧地，私行租种，游

---

① 《清高宗实录》卷52，乾隆二年闰九月戊辰。
② 《晋政辑要》，《蒙古史参考资料》第7辑，第31页。
③ 《清仁宗实录》卷235，嘉庆十五年十月己亥。

民占据游牧有碍蒙古生计，且山后地方辽阔，稽查亦恐难周，请饬山西巡抚派员押归原籍收管。清政府考虑该处游民，既无家可归，一旦逐令回籍，必致流离失所，着准其仿照成案，免其驱逐，以示体恤。唯此项地亩与喇嘛蒙古牧场，有无妨碍，所征租银，应归何员承管，并应如何分拨之处，着绥远城将军归化城副都统会同该抚筹议妥办。道光二十七年，经绥远城将军英隆等查明会奏，大青山后色拉穆楞召内聚宝庄等二十三村及诺们罕召内五道洼等九村，无碍牧场，应准开放；色拉穆楞召内苏托罗盖等十八村，诺们罕召内巴汉沁等四村，有碍牧场，应行封禁。^① 并请将应禁各村民人，移至开放各村，计亩拨地认种。咸丰九年十月，因大青山后色拉穆楞等处，地亩硗薄，原定租额过重，以致地户逃弃，租银拖欠，绥远城将军成凯奏请将租额酌减。清廷即照所请将色拉穆楞等处地租银减为每亩征银二分一厘五毫，以纾民力。经此次议减之后，由绥远城将军等体察情形，将其旧欠租银，应如何分年伐征详议办理之法，报部核办。并将从前催征不力官员，查取职名，交部议处。^② 可见绥远城将军秉承清廷旨意，对归化城地区汉人的垦殖活动进行灵活变通办理。

第二节　绥远城将军职权的扩大

一　对土默特部的管辖

（一）关于土默特内属和外藩的问题

众所周知，归化城土默特蒙古是内属蒙古^③，与外藩蒙古不同，不设札萨克，没有王公世袭封爵，属将军等直接管辖。原因是他们曾经抵制、反对过清朝，清朝对其采取剥夺其各种特权，实行严格控制措施。即所谓

---

① 《钦定大清会典事例》卷979，《理藩院·牧地》。
② 《清文宗实录》卷297，咸丰九年十月癸丑。
③ 黄丽生在其《由军事征掠到城市贸易：内蒙古归绥的社会经济变迁》中定义内属蒙古：所谓内属蒙古乃指清廷未设旗札萨克亦不设盟，而直接派遣驻防大臣管辖并统领境内各官的区域。这些地区或靠近京师、长城一带，或具有国防战略价值，或与汉人杂处，政体特别于他部，而由清廷施以直接治理，加强控制。第531页。台湾师范大学历史研究所，1996。

的："官不得世袭，事不得自专，与札萨克君国子民者不同。"一般学界认为土默特是清朝最早的内属旗。但据乾隆朝《大清会典》卷29记载：归化城土默特二旗属于外藩蒙古，在内札萨克二十五部五十一旗之内。《大清会典理藩院事例》记载："归化城土默特两旗，原在四十九旗札萨克内，其都统副都统等官，皆国初归附之土默特功臣子孙世爵。"① 《嘉庆会典》记载："凡游牧之内属者，曰土默特，统其治于将军而达于院。"② 光绪朝《大清会典》卷64记载："乾隆二十八年始以土默特两翼属绥远城将军。"《清史稿·职官志四》载乾隆二十八年绥远城将军"兼司土默特蒙古事务"。由此可知，归化城土默特二旗是由外藩蒙古演变成内属蒙古，并且在乾隆二十八年才最后完成这一过程。③

由上记载可知，把土默特部划为内属旗是有个阶段性问题，它的内属旗性质也是一步一步地变化的。首先，土默特部的都统是世袭的，从这一点上说，它有别于内属旗的流官。④ 其次，它和外藩蒙古一起朝贡，这也是有别于其他内属旗的。就是清朝统治者自己也认为土默特刚开始归附时是属于外藩蒙古的。⑤ 再次，停止朝贡和停止都统世袭都是后来的事。⑥ 最后，土默特和外藩一样，一直使用蒙古律，曾形同外藩或曰列于外藩。⑦

① 拉巴平措、陈家璡主编《大清会典理藩院事例》，三种合刊，西藏学汉文文献汇刻第二辑，全国图书馆文献缩微复制中心，1991，第124页。
② 嘉庆《大清会典》，《理藩院·旗籍·典属·徕远各司》。
③ 参见达力扎布《明清蒙古史论稿》，民族出版社，2003，第280页；王玉海《归化城土默特二旗内属问题》，载《蒙古史研究》第5辑，内蒙古大学出版社，1997；田山茂《清代蒙古社会制度》，第77页。
④ 魏源《圣武记》中说其"与京师内八旗蒙古相等，而与插汉小殊"。《皇朝藩部要略》中说："与在京之八旗蒙古相等，不设札萨克。"土默特部与在京八旗不同之处颇多，如京旗蒙古食俸而土默特蒙古仅有户口地，并无俸饷。京旗蒙古长陪派拨全国各地，而土默特鲜有派驻各地的。
⑤ 达力扎布：《清初"外藩蒙古十三旗"杂考》，《民族史研究》第三辑，民族出版社，2002。
⑥ 达力扎布：《清初"外藩蒙古十三旗"杂考》，《民族史研究》第三辑，民族出版社，2002。
⑦ 参见达力扎布《清初外藩蒙古朝贡制度初探》，郝时远、罗贤佑主编《蒙元史暨民族史论集——纪念翁独健先生诞辰一百周年》，社会科学文献出版社，2006。另外据《大清会典理藩院事例》记载："归化城等处无王贝勒管束，如有隐丁者，都统、副都统各罚牲畜五九，参领罚三九，佐领革职罚二九，骁骑校革职罚一九，均给予首告人。首告人及所隐之丁仍照四十九旗之例，查明造册，令总管送院，于十月内赍到。"拉巴平措、陈家璡主编《大清会典理藩院事例》，三种合刊，西藏学汉文文献汇刻第二辑，全国图书馆文献缩微复制中心，1991，第144页。

(二)　清剥夺土默特权力的过程

1. 对土默特行政管理权的转移

清初，以俄木布事件剥夺了顺义王对土默特的世袭管辖权改由清朝任命来自海西女真叶赫部的古禄格、杭高来担任土默特左右两翼的都统，两者都由清朝任命，从这点说土默特部是内属了，但是都统是世袭的并且和外藩四十九旗一起进贡，包括清朝自己都将其视为外藩四十九旗内。① 清朝之所以采取这种政策，达力扎布教授认为是清朝为了与明朝和喀尔喀、卫拉特进行贸易，当失去这种中介作用以后，其外藩地位随之被剥夺。"崇德年间清廷允许归化城土默特以顺义王的名义与明朝互市贸易，清朝也派商人通过归化城土默特与明朝进行间接贸易。归化城土默特部每年照例从明朝获得市赏，并将其转而进贡清朝。明朝灭亡后，归化城土默特失去了获得绸缎的来源，清廷也免去了其上贡缎匹的义务。康熙三十四年停归化城土默……鹿、鹰、鹞等，免除了归化城土默特部所有的朝贡义务，归化城土默特外藩蒙古待遇也随之逐渐消失。清前期归化城土默特一直列于外藩四十九旗。至乾隆二十八年改为内属旗。"②

下面是土默特部内属过程的史料记载。

太宗朝崇德三年，将土默特编旗设佐以后，以古禄格、杭高为左右翼都统，下设四员副都统，均有蒙古补放，两翼都统世袭。

康熙二十二年议定，将左翼都统并副都统，俱由京员补授；其右翼都统，仍由土默特蒙古补放。③

康熙三十六年 (1697)，康熙帝由宁夏亲征漠北时，"见归化城土默特两旗官兵士众萎靡，弓马不娴，法度废弛，因将两旗都统革退，另选在

---

① 《清世宗实录》卷12，雍正元年，"归化城土默特两旗，原在四十九札萨克内，其都统、副都统等官，皆系国初归附之土默特功臣子孙世职，今既已弃咎从忠，允宜遵复旧例"。乾隆朝《大清会典》卷29记载：归化城土默特二旗属于外藩蒙古，在内札萨克二十五部五十一旗之内。

② 达力扎布：《清初外藩蒙古朝贡制度初探》，郝时远、罗贤佑主编《蒙元史暨民族史论集——纪念翁独健先生诞辰一百周年》，社会科学文献出版社，2006。第422页。

③ 《清高宗实录》卷317，乾隆十三年六月庚午。

京都统、副都统、参领等员管辖"。① 此后由京员补授四次。至雍正元年，
雍正帝因土默特部训练有方，军律严整，旧习渐改，是以数年来将在京选
用之例停止，遵复旧例，恢复了土默特都统的世袭制。② 这与雍正帝登基
以后，西北准噶尔部的问题仍然严峻，清准仍处于对抗状态有关。雍正帝
准备大举用兵西北，一方面暗中调兵遣将，整饬军政，另一方面对土默特
采取安抚、恩恤的办法，恢复土默特首领的都统地位，仍让其统领土默特
旗民，借以收揽土默特部。后来在对准噶尔的战争中，"此土默特之官员
兵丁，历年各处派拨"，带领归化城兵丁到处征战的都统根敦"先于阿尔
泰出兵效力，十有余年，今又领兵前往"③。可以说起到了雍正帝恢复土
默特世袭所期望的效果。定宜庄教授认为雍正此举不过是故示宽大而已，
因为于此地设置驻防将军的打算早已有之且正在加紧筹备，并终于在乾隆
初正式建成，绥远城驻防的设立，进一步削弱了土默特都统副都统的势
力，正是清廷加强对这部分蒙古人众控制的巧妙手段。④

乾隆十三年，以归化城事务甚简，除都统二员，仍照旧例外，每翼各
裁副都统一员。⑤ 归化城只剩都统两人，副都统两人。

乾隆十三年议准，土默特左翼都统，自原任都统丹津病故无后，
奉旨以在京旗员补授。右翼都统员缺，仍于土默特蒙古内补授，均由
院办理。原设副都统四员，裁汰二员，每翼各留二员。其拣选补放，
专归兵部。⑥

乾隆二十年（1755），谕曰：归化城右翼都统原系国初土默特杭高所
遗世职，后改授托博克，嗣因子孙不胜其任由京员补授四次。复念有可用
之人，是以令根敦及子班达尔什，复授本职。朕思都统有整饬军伍之责非
闲散世职可比。班达尔什之子赛音弼里克图，系前降职，今若骤授都统，
不唯恐弗胜任，且旗内台吉甚多，亦恐未必服其调度，着将班达尔什所遗

---

① 《清世宗实录》卷 12，雍正元年十月己酉。
② 《清世宗实录》卷 12，雍正元年十月己酉。
③ 《清世宗实录》卷 112，雍正九年十一月庚午。
④ 定宜庄：《清代八旗驻防研究》，第 166 页。
⑤ 《清高宗实录》卷 317，乾隆十三年六月庚午。
⑥ 拉巴平措、陈家璂主编《大清会典理藩院事例》，西藏学汉文文献汇刻第二辑，全国图
书馆文献缩微复制中心，1991，第 124 页。

都统职，令简京员补授。① 以班达尔什之子赛音毕理克图承袭男爵，并加恩补授副都统员缺。而将其应得之世袭土默特都统职权收归中央。

乾隆二十六年，归化城土默特，每翼原设都统一员，副都统二员，应裁都统一员。② 其副都统二人，仍令分翼管理，都统一人综理两翼之事。

乾隆二十八年，乾隆帝又以归化城都统一缺，原系土默特蒙古世袭，因其习染颓敝，无可承袭之人，所以另赏世职。其中都统一缺，由京拣选补放，但由京拣放之员不谙归化城地方情形，未能有效整饬。归化城事本无多，应将都统裁汰。归绥远城将军管理，副都统二员，分驻绥远城、归化城二处，协同将军办事。③

乾隆三十一年十二月，军机大臣等议复前任绥远城将军嵩椿以归化城距绥远城甚近，奏请将归化城副都统移驻绥远城，协同将军管理满洲蒙古二城及土默特官兵事务等事。认为归化城土默特官兵甚众，若无大员专辖，亦有未便，况且绥远城满兵，只一千五百名，将军一人，足敷管理，不如将绥远城副都统裁汰，于右卫、归化城两处，各设副都统一员，寻常事件，办定后，申详将军；大事会商办理。④ 获得乾隆帝的批准，此后归化城仅设一副都统，一直到清末没有变动。并且从乾隆三十五年十二月起开始兼管归化城满兵事务，对归化城、绥远城两城事务与绥远城将军协同和衷办理⑤。

由此可以看出清对土默特部的政策因时制宜不断在变化着，对土默特行政权力的褫夺经历了几个过程，清初期废黜顺义王俄木布之后，清朝将权力转移到其所信任的三个土默特人手中，一为古禄格，担任左翼世袭都

① 《钦定大清会典事例》卷976，《理藩院·内蒙古部落官制》；拉巴平措、陈家琏主编《大清会典理藩院事例》，西藏学汉文文献汇刻第二辑，全国图书馆文献缩微复制中心，1991，第125页。
② 《清高宗实录》卷648，乾隆二十六年十一月辛丑。
③ 《清高宗实录》卷685，乾隆二十八年四月甲寅。
④ 《清高宗实录》卷774，乾隆三十一年十二月丙辰。
⑤ 《清高宗实录》卷874，乾隆三十五年十二月丁亥谕，"绥远城将军，管理本城满兵，又管归化城土默特事务；归化城副都统专管该城土默特事，不辖绥远城满兵，殊属不合体制。二城相隔不过四五里，只此副都统一员，与别省专城之副都统不同，该副都统应将两城事务，俱与将军协同办理。嗣后绥远城将军仍管两城事务，归化城副都统亦著管理绥远城满兵"。

统，一为杭高，担任右翼世袭都统，另一位为厄托克任右翼副都统，不久由厄托克代杭高子巴桑为右翼世袭都统。这样土默特权力家族由三家并为两家，历经康、雍、乾三朝，至乾隆中叶，两家都停袭，改为由北京简派的官员为镇守归化城副都统，担任土默特部首长，归绥远城将军管辖。最后实现了归化城土默特二旗由外藩蒙古演变成内属蒙古。管理蒙古事务的行政权力由黄金家族转入普通异姓蒙古族手中，然后进一步转入满洲人手中的过程，正如台湾学者李玉澍先生所说清朝统治者的高明之处就在于不以雷霆万钧之势，而以潜移默化之手段，来剥夺蒙古的传统权力，紧密控制蒙古。①

那么我们还能察觉到，归化城土默特旗的内属过程即是清朝在不断地剥夺土默特部的传统权力的过程中，因绥远城驻防的设置而异常地加速了。最终土默特副都统和绥远城副都统合二为一，统辖于绥远成将军后，这一过程才最终完成。当然，对土默特传统权力的剥夺，也和当时的客观社会形势有关。其归化城都统、副都统的变化列于表 5 - 4。

表 5 - 4

时间	都统（人）		副都统（人）		备注
	左翼	右翼	左翼	右翼	
崇德三年	1（蒙）	1（蒙）	2（蒙）	2（蒙）	均由蒙古补放②
康熙二十二年	1（京）	1（蒙）	2（京）	2（蒙）	左翼都统、副都统由京员补授
康熙二十六年	1（京）	1（京）	2（蒙）	2（蒙）	都统均由京员补授
雍正一年	1（蒙）	1（蒙）	2（蒙）	2（蒙）	恢复蒙古世袭
乾隆二年	1（京）	1（蒙）	2（蒙）	2（蒙）	左翼都统丹津卒，无嫡子诏停袭，由京补授
乾隆十三年	1（京）	1（蒙）	1（京）	1（京）	两翼各裁一副都统，剩余副都统拣选补放，专归兵部

① 李玉澍：《外蒙政教制度考》，台湾中研院近现代史研究所专刊（5），1978。
② 《清史稿》卷60《志第三五》，明嘉靖中，蒙古据丰州，是为西土默特，驻牧建城，后封顺义王，名其城曰归化。天聪八年，内附。顺治三年置左右翼及四副都统。显然有误。

续表

时间	都统（人）		副都统（人）		备注
	左翼	右翼	左翼	右翼	
乾隆二十年	1（京）	1（京）	1（京）	1（京）	右翼都统根敦卒，以其子为前锋职，恐弗胜任，停袭，改授三等男爵，都统改由京补授。
乾隆二十六年	1（京）		1（京）	1（京）	裁都统一员，都统一人综理两翼之事。
乾隆二十八年	裁		1（京）		绥远城将军兼司土默特蒙古事务。①

另外，清朝初期废除了顺义王汗号及统民权力之后，阿勒坦汗子孙即无权再过问土默特部的一切事务。虽然在康熙时恢复为一等台吉，乾隆二十一年时拉木扎布因功封为札萨克辅国公，由土默特划出四个苏木归其管理，作为一个单位，加入乌兰察布的会盟组织里，二十五年，因罪削札萨克，仅留闲散辅国公爵位，不经办政事。四十九年，诏世袭罔替②，直至最后一代，无子绝嗣为止，但已失去往日的显赫与特权。《皇朝藩部要略》中说："其察哈尔八旗及归化城土默特二旗，起初虽亦元裔掌之，今皆治以京员，与在京之八旗蒙古相等，不设札萨克。"

表 5-5　居归化城之土默特辅国公

袭次	姓名	袭爵时间	备注
初封	喇嘛扎布	乾隆二十一年	元太祖裔，世居归化城，乾隆二十一年，封札萨克辅国公。二十五年，以罪削札萨克。三十一年，卒。
一次袭	索诺木旺扎勒	乾隆三十一年	喇嘛扎布长子。乾隆三十一年，袭辅国公。四十九年，诏世袭罔替。嘉庆十二年，卒。
二次袭	济鲁布	嘉庆十二年	索诺木旺扎勒子。嘉庆十二年，袭。道光二十七年，卒。

---

① 光绪朝《大清会典》卷64记载："乾隆二十八年始以土默特两翼属绥远城将军。"《清史稿·职官志四》载乾隆二十八年绥远城将军"兼司土默特蒙古事务"。
② 拉巴平措、陈家瑢主编《大清会典理藩院事例》，西藏学汉文文献汇刻第二辑，全国图书馆文献缩微复制中心，1991，第54页。

续表

袭次	姓名	袭爵时间	备注
三次袭	根丕勒多尔济	道光二十七年	济鲁布子。道光二十七年，袭。
四次袭	贡格巴勒	同治十一年	根丕勒多尔济子。同治十一年，袭。光绪二十九年，卒。

最后需要说的是，在绥远城驻防将军不断加强对归化城土默特控制，削弱蒙古族贵族自治权力的同时，在这一地区的汉族管理机构的设立也在不断增多，这些管理汉人的道厅机构虽设在土默特蒙古地区，但管辖权却归属山西巡抚，这无形地削减了土默特的传统权力范围，加快了其内地化的进程。

2. 对土默特司法权力的剥夺

在绥远城将军设立以前，清朝对归化城实行的是都统制，土默特地区的汉人犯罪，由山西巡抚所属的下属机构理事同知、通判等进行审理，蒙古人犯罪有都统委员缉捕及办理审理，使用《蒙古律例》审断。而在绥远城将军设置以后，对土默特蒙古的偷盗命案等，绥远城将军渐行插手办理。乾隆五年（1740），绥远城建成不到一年的时间，第二任绥远城将军伊勒慎即奏归化城土默特地方有蒙古人潜行窃盗，案件累积，案内土默特蒙古被同知等捕获，归化城都统所派章京前往审理，袒护徇庇蒙古，并不据实办理案件。伊勒慎指出"以非臣本管，又未便差人缉拿"。但对此徇私之员及目无法纪之蒙古，"知而不言，心实不安，用敢据实陈奏"。获得乾隆帝首肯"此奏甚属可嘉，尚其益加奋勉"①。并随即以此为由降旨："嗣后归化城土默特等处盗案，著绥远城建威将军一并管理。"② 绥远城将军职权向外延伸至土默特司法权之内。但此时绥远城将军在审理案件中的权限并不明确，以致绥远城、归化城两处将军大臣等，办理旗民交涉事件时，每与文官拘执地界，互相猜拟，以致掣肘，案悬经年未结。即如土默特一处，几年间未结案件达六十余件，原因即是将军都统之间职责不明，产生矛盾不能和衷办事之故。③ 因此在乾隆二十五年规定：归化城各同知

---

① 《清高宗实录》卷115，乾隆五年四月辛卯。

② 《清高实录录》卷115，乾隆五年四月丁酉。

③ 《清高宗实录》卷157，乾隆六年十二月辛亥。

通判，承办蒙古与蒙古交涉命盗等案，由该同知通判处，验讯通详，呈请绥远城将军就近与土默特之参领等官会审起限，由将军处咨院具奏完结，将蒙古与民人交涉命盗等案，亦呈请该将军就近与土默特参领等官会审起限，由巡抚处咨会具奏完结，于各札萨克等旗分行取会审官员之处，永行停止。结案后将审拟之处，由归绥道衙门行知该札萨克等，其民人与民人交涉案件仍照旧办理。① 乾隆三十一年规定，归化城土默特两旗命盗重案，如正犯系蒙古，由归化城参领会同同知审明拟罪，该参领呈报归化城副都统，该同知亦即申报归绥道，复审相符后，呈明将军咨院办理。② 而且到后来对于归化城土默特命案，绥远城将军必须至归化城亲自审讯。③ 不但审断案件，需都统、将军会同办理，即大青山一带地方，亦由满洲官兵同土默特原派官兵会哨巡缉，由将军、副都统轮流带兵前往大青山后各要路，认真巡查，严缉贼匪，彼此定期更替。④ 这样，蒙古人犯罪由原来土默特蒙古都统派人会审或决断，转而由绥远城将军来最终决断和咨行理藩院，无形中压制了土默特都统的权力。

3. 清对土默特土地侵占

在清朝军事司法控制加强的同时，土默特的土地也在不断地丧失⑤，并且越来越多了，直至连清政府分配给土默特旗人的户口地也保不住了，这使得它对清朝的隶属地位也越来越强化。

在清朝与准噶尔的战争中，清军为了筹措大量军米，康熙年间即在土默特境归化城添设粮庄十三所，于各庄头子弟及殷实壮丁内选充庄头，各给地十八顷，每庄岁征米二百石。康熙三十六年（1697），康熙女儿恪靖公主下嫁到土谢图汗部，在归化城北的大青山下建造府邸居住，清朝划出一万多亩土默特土地，称公主府地，作为恪静公主的供养地。雍正年间设

---

① 《蒙古律例·回疆则例》卷9《会审》，全国图书馆文献缩微中心出版，1988，第283页。
② 拉巴平措、陈家璡主编《大清会典理藩院事例》，西藏学汉文文献汇刻第二辑，全国图书馆文献缩微复制中心，1991，第318页。
③ 《清高宗实录》卷856，乾隆三十五年四月丙辰。《大清会典理藩院事例》也记载：三十五年奉旨，嗣后归化城土默特命盗重案，着绥远城将军亲往归化城复审后，再行定拟。
④ 《清仁宗实录》卷348，嘉庆二十三年十月庚寅。
⑤ 〔日〕安斋库治：《清末绥远的开垦》，《蒙古史研究参考资料》第6、7辑，那木云译，内蒙古大学蒙古史研究室编印，1963，文中对土默特垦务的清理记述较详，本节参考颇多。

置了大粮官地，在归化城厅又划出了十家庄头地，乾隆三十七年又开垦了"代买米地"，"乾隆三十七年，交五厅代丈放买米地一千五百九十三顷九十八亩，每年应征银三千五百两"。征得租银由各厅解送绥远城将军，买米后支给土默特奋勉官兵及鳏寡孤独等作为救济之用。对此，清朝官修地方志《土默特旗志》中也毫不避讳地说：在土默特境内"田土陆续效纳屯垦爰助粮饷者所在良多，有交五厅管属征粮者，有交右卫八旗以及绥远城八旗作为游牧者"，"有粮厅管属之庄头地，有拨给公主之地，有代买米地，有补拨庄头等项地，无不有土默特效纳。札萨克四十九旗之中，若土默特之首创大义以助天朝无或畛域者，盖可风焉"。足见土默特土地丧失之多。然而在清末放垦蒙地的过程中，对土默特土地权力的剥夺更是变本加厉了，甚至连土默特兵丁的户口地也丧失了，名义上的所有权也不存在了。众所周知，在雍正年间，通过屯田的方式曾赏给蒙古官兵一定的牧地耕种，收入作为当差服役之资。到乾隆年间又作为户口地分配给各官兵，"卷查土默特官兵，均悉自备当差。乾隆八年奉旨赏给土默特二旗人等户口地"。① 这些户口地是分配给土默特官兵的私有土地，但这种分配是附带条件的，即以此土地维持自身生计的同时，还必须负担对于清朝的兵役义务。不发饷，依靠分派给他们的户口地来履行兵役义务。因蒙古人不谙耕种，租典于民，跟地收租，以当差养赡者占十之八九。鹿传霖和度支部左侍郎绍英在奏折中称："土默特自圣祖仁皇帝征服以后，留一公爵，而不预札萨克事，别以都统治之。每兵一名给地五顷，兵亦不自耕，仍招垦收租以自养，二百年来……"② 至清末蒙古进行放垦蒙地之时，这些土默特蒙古户口地亩，经过二百年的转相租典，更易多主，已不再是当初分配给地亩时的情况，租佃关系错综杂乱，所有权与使用权发生了根本性变化，垦务局在制定清理土默特垦务章程时，根据实际情况规定："蒙古户口地亩，多系典给民人，得过价值，地已非其所有，听准实出地价之户，照旧管业。"③ 这样，土默特蒙古对户口地连名义上的所有权也丧失掉了，

---

① 《晋政辑要》，见《蒙古史参考资料》第7辑，第29页。
② 《蒙垦续供》，见《蒙古史参考资料》第7辑，第29页。
③ 〔日〕安斋库治：《清末土默特的土地整理》，《二十二条试办章程》（第二条），那木云译《蒙古史参考资料》第7辑，第38页。

土地所有权转而为实际占有者和耕种者所有，尽管在征收地价过程中，因损害了蒙汉人民的利益，而爆发了反对清丈的群众性运动，但在绥远城将军派出的垦务亲军、绥远城陆军、绥远城马队及口外巡防马队等的镇压下，这次反抗运动失败了，但是并没有改变土默特土地流失的现实。不仅如此，对大青山后牧地的侵夺也使土默特损失巨大。清代土默特分左、右两翼，其疆域东西宽四百五十里，南北长四百三十五里，东至察哈尔右翼镶蓝旗为界，西至乌拉特后旗界，北至喀尔喀右翼旗界，南至长城边墙，东南至杀虎口，西南至鄂尔多斯右翼前旗及左翼后旗为界，西北至茂明安旗兵沙尔沁河岸，东北至四子部落旗界。① 绥远驻防设置以后，即在大青山后土默特游牧地界划出南北宽二百里，东西长三百里的八旗牧厂地，作为八旗官兵的牧马之处。但并未划定明确的界限，在牧厂界内土默特人具有游牧的权利，"其牧厂界内，土默特蒙古亦准寄居，先系随同水草，公共游牧"②。作为公共游牧地的八旗牧厂，在乾隆六十年以后不断开垦，所得租银全数送交绥远城充作养育兵等的经费，至于原来的土地领有者土默特蒙古，虽然留有公共游牧的权利，却没有分到一份租银。在光绪年间，绥远城将军信恪曾奏请招民开垦，作为兴办新式学堂和编练新式陆军的经费。后在光绪二十九年开始，由贻谷负责全面放垦，使土默特蒙古在八旗牧厂既失其地，又失其牧。尤为值得一提的是，绥远城将军还在举办新政的过程中，以筹措编练常备军和建立武备学堂的名义，将土默特传统的另一权利给侵占了，即大青山后可可以力更镇的煤矿的开采收益权。驻防八旗在大青山牧厂内开采新的煤矿，而将土默特经营二百余年的各窑口查封，致使土默特每年前往各窑口抽收煤炭税作为办公费的收益消失。③ 这样使土默特丧失了土地及土地的收益权，丧失了其作为蒙旗的特殊性，最终将所有权利都转到绥远城将军手中，使土默特对清的依附更加增强了。

（三）清朝剥夺土默特权力的原因

清朝褫夺土默特部权力的原因，除了以往学者所说的一，历朝中央政

---

① 《内蒙古今昔》，《内蒙古史志料》第四册，第333页。
② 《蒙垦奏议》，《蒙古史参考资料》第7辑，第11页。
③ 《蒙古史参考资料》第7辑，第18页。

权的统治者，在中央统治巩固以后，在能力许可的情况下，都力求向原来的民族边疆地区，扩展中央的权力，加强集权。二，明代土默特部作为黄金家族后裔势力强大，影响力大。① 三，归化城地理位置重要，清朝务要掌握在自己手中等原因外，还有一点容易被忽略的原因，那就是，清朝并非将土默特部视作带地投诚，而是将其视作自己征服的地方赏还给土默特部。土默特部在明天启末年受到西迁察哈尔的攻击，首领顺义王卜失兔不支，西走套内居住，驻牧地为察哈尔林丹汗所占。林丹汗据有归化城地区，控制了整个蒙古地区与明朝的贸易，成为这一地区的新主人。而土默特部顺义王卜失兔却走死山谷之中，顺义王后裔俄木布也成为察哈尔的附庸。从崇祯元年（天聪二年，1628）至崇祯五年四月皇太极率满蒙联军征讨察哈尔，林丹汗率部西迁黄河河套一带时止，察哈尔在归化城地区已经近四年半的时间，是归化城地区的实际最高统治者，土默特部已被边缘化。后来，后金占据归化城以后，虽然恢复顺义王爵，命俄木布仍领其众，但这只是清为了贸易的需要，并且并未像其他部落一样授予札萨克的职位，即使后来的左右翼都统，虽然可以世袭但是和札萨克的世袭性质不同。所以说清朝统治者从开始并未像其他蒙古部落一样将土默特部视为带地投诚，所以清廷认为对其采取的削弱政策也是有依据的。《皇朝经世文续编》卷 32 中张之洞的奏折记之最详："溯查土默特蒙部，明季时实已为察哈尔林丹汗所袭灭，其部人或役属于察罕或逃匿于他处。我朝天聪年间，大军征破察哈尔进师归化城，林丹汗由归化城西遁，土默特头目等始得集众投诚，我朝兴灭继绝，令其仍居土默特游牧，复其前明顺义王封爵。未几，该蒙人有与明边将通谋，欲邀截大兵归路，遂执其王削其爵，因分土默特为两翼，而以投诚两头目世袭二都统分统之。嗣后裁并为一副都统，又改为由京简放，当土默特投诚时，地已非其所有，而该参领等尚谓带地投诚，一若不知其地为我朝赏还之地，观其所称，我朝定鼎分界边墙各守各土不容越占等语，殊有乖于普天王土之义。"② 如果说张之洞为

① 达力扎布先生早已指出，清朝剥夺土默特对属民的统辖权，这并不像人们常说的是因为土默特部在蒙古影响较大，实际上土默特部被察哈尔征服后已衰弱不堪，这样做主要是为了便于控制市口。《明代漠南蒙古历史研究》，第 335 页。

② （清）盛康辑《皇朝经世文续编》卷 32，武进盛氏思补楼，清光绪二十三年（1897）刻本。

对土默特界内归化五厅寄居汉民进行编籍所找借口的话,那么土默特左、右司两翼长和参领等联名给钦差大臣、绥远城将军的禀文中也说"自土默特投诚后,仍将原有之游牧赏给土默特两翼蒙古官兵当差养赡,或牧或耕,以资糊口生计"①。也说是清廷赏还之地,这就应该有一定的说服力。

清朝政府剥夺土默特权力的原因正如前人所指出的,是因为加强中央集权及归化城战略地位的重要,另一方面也是由当时归化城土默特地区的形势所决定的,包括裁撤土默特都统也是符合归绥地区当时的实际。归化、绥远两城近在咫尺,而有两位一品大员,办理事务,难免互相掣肘,在准噶尔战争结束以后,原来是边疆地方归绥等地现在悉成内地,社会进入和平稳定时期,绥远城将军事务已无多,势必要裁减官员与甲兵(出于八旗生计考虑的增加兵丁属于特例),"西陲定后,酌减沿边防守兵马"②。在裁汰土默特都统、副都统的同时,绥远城副都统和右卫副都统也随之裁汰,似可证明,清政府之举也有客观现实的因素在内,即清政府根据社会形势审时度势,因时制宜所做的内部调整。

二　对乌盟、伊盟的统驭

绥远城将军对乌伊两盟具有军事管辖权,"查绥远将军统驭乌伊全盟,节制宣、大诸镇,内以裕八旗生计,外以固三晋屏藩"。③ 但乌兰察布盟与伊克昭盟是属于清朝的外藩部落,不同于土默特和察哈尔的内属,因此绥远城将军对其的管辖主要是军事上的,而对其内部组织却不能干预,其行政方面事务是由蒙古王公台吉等自主管理,在中央则隶属于理藩院主管。但在清末放垦蒙地的过程中,清政府为了顺利放垦乌伊两盟的牧地,授予垦务大臣贻谷理藩院尚书衔,以便于调度两盟事务。后来绥远城将军对其就具有调度指挥之权了,故将其放在绥远城将军职能演变一节内叙述。但将军对其的管辖是很有限的。在论述其半自主性质的体制之前,先叙述一下乌伊两盟的地理位置等情况。

伊克昭盟,位于绥远西部及西北部河套之中,东接黄河,西接阿拉善

① 《蒙古史参考资料》第7辑,第17页。
② 魏源:《圣武记》卷11,中华书局,1984,第475页。
③ 李克仁编注《清将军衙署公文选注》,第153页。

额鲁特旗界，南抵陕西边城，北界乌兰察布盟，在明代属于右翼蒙古部；其地形，黄河绕其东、西、北三面，南负长城，北依阴山，被山带河，地势险要。言其地利，土壤肥沃，宜牧宜耕，在内蒙古中为一最膏沃之地。全盟东西宽两千里，南北长或八九百里，或五六百里不等，盟内仅有鄂尔多斯一部，故盟界亦即部界。鄂尔多斯部共分七旗，即左翼中前后三旗，右翼中前后三旗及右翼前末旗。

　　乌兰察布盟，位于绥远北部，介于内蒙古西三盟中央。全盟疆界，东接察哈尔，西与蒙古三音诺颜部及阿拉善、额鲁特旗毗连，南与伊克昭盟接壤，北抵蒙古土谢图汗部，东南界武川、固阳二县，东北与锡盟苏尼特旗衔接。全盟土地，北抵大漠，南接阴山山脉，土壤肥沃，河流亦多，颇适于耕种。

　　因乌伊两盟为藩封部落，清朝通过理藩院实现对其的管理。绥远城将军设置以后，作为内蒙古西部的军事驻防，对两盟的内部事务无权干涉，但在军事上，在军事紧急时，在清廷的授意下，具有檄调两盟蒙兵的权力。比如同治元年，甘肃回民起义军，攻陷惠安堡，花马池危急。花马池界连蒙古边墙，起义军有向鄂尔多斯部等地蔓延，沿草地东进的趋势。绥远城将军德勒克多尔济急忙"檄调伊克昭、乌兰察布两盟蒙古兵丁，将沿边东西要隘堵御"①，协防归绥本境沿河口岸，并于沿河托、萨、清等厅冲要村镇，派绥远城及大同镇满汉官兵分往驻扎，严密设防。同治三年（1864），清廷命绥远城将军德勒克多尔济，统筹口外防御，整饬乌伊两盟旗绿各营，严密布置，认真防范。德勒克多尔济检查驻扎在黄河附近的乌兰察布盟官兵，在伊克昭盟沿边驻扎之伊盟官兵，奏报两盟官兵技艺均尚娴习，足助声威。军械有残缺者，驼马有疲弊者，悉令即时补齐。②尽管绥远城将军对两盟蒙兵具有调遣之权，即名义上的统驭权，转奏两盟重要文件等，"绥远城将军节制乌兰察布、伊克昭二盟，故重大事件皆由将军专奏焉"③，但绥远城将军对乌伊两盟的其他事务干涉较少，"若乌兰察布、伊克昭两盟，虽有统驭之名，从前但转行

---

①　《清穆宗实录》卷46，同治元年十月壬辰。
②　《清穆宗实录》卷93，同治三年二月丁丑。
③　《清史稿》卷520《列传第三〇七》。

该盟封递文件，于该盟各旗一切承袭补署等事，并不与闻"。① 这些事情均由理藩院具体负责，乌伊两盟的世袭札萨克在蒙旗内仍有很大的自主性。光绪二十八年（1902），清廷决心开垦蒙古牧地，派贻谷为垦务大臣前往督办。乌兰察布、伊克昭两盟盟长，迁延不遵调前往绥远与贻谷会商，以致办理无法进行。清廷命理藩院严饬该二旗盟长，"一体遵办，迅赴绥远城与该侍郎将军等会商一切，不得故意迁延，借端推诿致误垦务"。② 绥远城将军贻谷也深知"乌、伊两盟地皆封建，与察哈尔之比于郡县者不同"③，"查察哈尔八旗之地与古之郡县无异，乌伊十三旗之地与古之封建无异"。④ 绥远城将军对两盟虽有统驭之权，可在行政事务上却指挥不灵。因此我们对绥远城将军对乌伊两盟的管辖权不宜估计过高。清末为了放垦的有利进行，清廷特为贻谷加理藩院尚书衔，以使其在行政上对乌伊两盟具有直接的管辖权，而迫使两盟各旗接受放垦。

三　管理宗教事务

清朝对佛教特别重视，出于笼络羁縻蒙古的目的，给予佛教种种的特权和尊崇政策，高僧赴京，给予乘驿，甚至是官兵护送，但是随着乾隆二十一年（1756），准噶尔部的最终平定，结束了蒙古族自成吉思汗以来叱咤风云，纵横捭阖于西北的历史，成为清朝统治下的少数民族之一。在此背景下，藏传佛教在清朝统一蒙古诸部中的地位和所起的作用已明显下降，随着清朝的统治更趋稳定，清政府开始逐步调整对藏传佛教的政策，由当初的羁縻笼络转向了全方位的削弱和控制。

（一）　对归化城喇嘛印务处的管理

归化城召庙众多，早在康熙年间，清政府就设置喇嘛印务处及掌印札萨克达喇嘛来统一管理召庙事务。喇嘛印务处具有与札萨克旗相当的权

---

① 贻谷：《绥远奏议》，《蒙古史参考资料》第六辑，第 26 页。
② 《清德宗实录》卷 504，光绪二十八年八月丁未。
③ 《清史稿》卷 520，《列传三百七》。
④ 〔日〕安斋库治：《清末绥远的开垦》，《蒙古史研究参考资料》，那木云译，内蒙古大学蒙古史研究室编印，1963，第 47 页。

力，掌印札萨克达喇嘛可以直接向朝廷专折奏事，有很大的独立性，第一任掌印札萨克达喇嘛是朋苏召的伊拉古克三呼图克图，此后有内齐托音呼图克图二世、席力图四世先后为归化城掌印札萨克达喇嘛。然而随着蒙古诸部的统一和清朝对蒙古统治的加强，喇嘛教在清朝统治中的地位逐渐降低，嘉庆二十四年（1819），因"呼和浩特土默特呼图克图喇嘛众多，近年盗抢事件颇多，兹此所属喇嘛交予绥远城将军兼管。呼图克图喇嘛如有上报理藩院之事，报将军转送，若理藩院有下达呼图克图喇嘛之令，亦下达将军转达。"① 将呼图克图喇嘛的管辖权下放到地方，归绥远城将军管理，方便就近监督检查，同时剥夺了其直接向理藩院奏事的权力。同时在经济上也对喇嘛寺庙进行严格约束，大青山后有锡呼图呼图克图所属游牧地，经口内移民开垦后，征得租银，分给喇嘛作为香火养赡之资。归化城色拉穆楞地亩经该将军等奏明，折收银两，由归化城同知征解，分给蒙古喇嘛作为香火赡养之资。嘉庆二十五年，绥远城将军禄成等复称由该喇嘛自行交收，不必官为经理。遭到户部和嘉庆帝的驳斥，并将禄成等交部察议。② 清政府将宗教的管辖权转到绥远城将军之下，使其在将军的监督管理之下，防止蒙古王公把持当地教权的可能，使之完全成为清朝统治者统治蒙古的得力工具。

（二）对广觉寺的管理

广觉寺，又名五当召，是清朝在漠南蒙古地区产生过重要影响的藏传佛教寺庙之一。位于阴山山脉吉忽伦图山的五当沟。蒙古语"五当"意为柳树之意，原名巴达嘎尔，藏语意为"白莲花"。它依地势面南而建，殿宇甚多，高低错落，四周群山环抱，山峦重叠，山上松柏掩映，荫翳蔽日，在归化城西北方向二百多公里外的大青山深处。

五当召始建于清康熙年间，乾隆十四年（1749）重修，由第一世活佛

---

① 《呼和浩特蒙古文献资料汇编》第一辑，第166页。《清仁宗实录》卷354，嘉庆二十四年二月己巳，谕内阁，"归化城土默特旗呼图克图喇嘛人数众多，近年亦多窃盗案件，嗣后将该呼图克图喇嘛等，交绥远城将军兼管。该呼图克图喇嘛等，如有应理藩院事务，着呈报将军转咨该院，如该院有应行呼图克图喇嘛等事件，亦咨该将军转饬。"
② 《清仁宗实录》卷368，嘉庆二十五年三月戊辰。

罗布桑加拉错筹资兴建，藏传佛教寺庙修成，铸造佛像工竣，有向清廷请赏寺名匾额的传统，如"雍正乾隆年间，扎什伦布及拉尔塘等处寺宇，节经恩赏寺名匾额"①。乾隆朝曾有蒙古各部内"如有建筑五十楹以上之寺宇，需申请赐下寺名之时，则由（理藩）院奏请下赐名号"②规定，清乾隆二十一年（1756），赐所修五当召为"广觉寺"。用满、蒙、汉、藏四种文字书写。此后该寺不断增修扩建渐具规模，主要建筑为六大殿、活佛府、灵堂及部分僧舍。广觉寺区别于漠南其他寺院的一个重要特色即是它设有供喇嘛学习经典的学塾，藏语称为"拉桑"（扎仓）。共分四个大部，即时轮学部、宗教哲学部、医学部和教义戒律学部，培养高级经、律、论僧人。是研究藏传佛教哲学、密宗、天文、地理等多种学科的中心。呼图克图是寺内的最高首领，主管寺庙一切事务，索干代负责寺庙的世俗权力，比如管理属民和召庙所属资产等，具有政教合一的性质。

因广觉寺位于归化城西北数百里外的大青山深处，远离政治中心归化城，此地山高林密，地势险峻，"易于藏奸"，又因广觉寺建成后，香火旺盛，信徒云集，盛时喇嘛达一千多人，为清廷所顾忌。为此，清廷命绥远城将军定期派人前去察看，据《绥远城驻防志》称"嘉庆四年内，遵奉理藩院来文：兼管广觉寺命盗案件。每年春秋二季，派官一员，前往查核喇嘛数目，咨报理藩院查照"③。且规定，每届三年，将军必须亲往寺院巡察一次。当时广觉寺是"喇嘛一百二十三名，黑人五十二户，二百零九名；学经喇嘛，共三百七十八名"。约七百多人的规模，而至光绪三十三年时，已是"聚众至一二千人"，且僧众"恃众行霸""为害一方"，故督办垦务、绥远城将军贻谷奏清整饬，"查看广觉寺形势险峻，聚众至一二千人，恐易滋事，已饬严为限制，不得过五百名之数。并将控案札厅妥理，禁其恃众行恶，以期相安。得旨，仍著督饬妥为办理"。④清政府定期派将军察看广觉寺的真实目的，正如绥远城将军贻谷奏折中所说："深

---

① 《清宣宗实录》卷94，道光六年正月丁未。
② 妙舟：《蒙藏佛教史》，第6篇第3章第3节《高宗朝之喇嘛禁令》，民国排印本。
③ 《绥远城驻防志》卷4，第126页。
④ 《清德宗实录》卷575，光绪三十三年六月乙亥。

岩寂壑之中，据此形势，聚此徒众，庙产又足以济之，似不宜任其麋集，漫无限制。"① 担心广觉寺喇嘛等起事反清。而且查明这里僧众"恃众行霸""为害于一方"。因此，必须严加控制，消萌于未然。并且，清廷根据政教分离的原则，不让宗教领袖干预行政事务，将广觉寺内行政人员任免权归于绥远将军管辖，"任免铁贲喇嘛必须呈报绥远将军衙门批准，转呈章嘉呼图克图审查备案"。② 清政府严厉禁止喇嘛与蒙古诸部私相往来，规定：归化城喇嘛如有事故赴喀尔喀、厄鲁特等处者，均令报明该将军详细稽查，勿许妄为。至厄鲁特、喀尔喀往来之人，格隆、班弟等亦不得擅行留住。违者，比照喇嘛私请私行例，各罚一九牲畜。③ 从以上叙述看出，清朝乾嘉以后，对漠南蒙古喇嘛教寺院进行了多方面的削弱和控制，将管理权下放到地方军政首脑绥远将军负责管理。这些措施，一方面，达到了削弱限制喇嘛教的政治势力，加强了控制，防微杜渐，防患于未然；另一方面，清理了寺院中的一些流弊，严肃了戒规，更适合统治阶级的统治需要。

（三）迎送达赖喇嘛、班禅等

西藏佛教高僧为了扩大藏传佛教的影响力，加强其在内蒙古等地的传播，在进北京朝觐皇帝时，会走西藏至青海，由青海进入内蒙古经归化城进京的路线。清乾隆四十年（1775）班禅额尔德尼六世奉命赴京给清高宗祝寿，即经归化城赴承德避暑山庄。乾隆四十四年五月十七日，班禅额尔德尼六世抵达归化城，绥远城将军弘晌率绥远归化两城众官员，归化城掌印札萨克达喇嘛库蒙呼图克图（廓芒呼图克图）率九大寺庙众呼图克图和僧侣，迎班禅到大召驻锡，并设宴招待。班禅在归化城驻锡五天后，离城赴京。

四　节制沿边诸道厅

以往人们论及绥远城将军，往往认为，作为（从）一品封疆大吏，有

---

① 贻谷：《绥远奏议》，文海出版社，1974。
② 德勒格编著《内蒙古喇嘛教史》，内蒙古人民出版社，1998，第613页。
③ 光绪《理藩院则例》，杨选第、金峰校注，内蒙古文化出版社，1998。

管辖土默特，统驭乌伊两盟，节制沿边道厅的权力。其实这并没有将绥远城将军职权变迁的过程反映出来。且对将军节制沿边道厅的具体时间没有考虑在内。根据史籍记载所反映的情况看，至少初设绥远驻防时，绥远城将军并不具备这种权力。乾隆二年（1737）绥远城驻防初设时，将军的权力是管理绥远城和右卫驻防的驻防事务，不久就开始向土默特传统权力渗透，逐渐参与蒙汉交涉命盗等案的审断，尽管没有完全剥夺土默特都统的权力，但至少是部分分解了其权力。乾隆二十八年（1763），土默特左右翼都统均裁，仅留副都统一名，管理归化城土默特事务，并归绥远城将军管理。一直以来，沿边诸道厅在处理蒙民、旗民交涉案件时，必须咨照绥远城将军，甚至绥远城将军对理事同知也具有监督权，这些官吏，如有不法，绥远城将军有权参奏职权，并且有不少被参奏之人。比如道光十一年（1831），清水河理事通判齐里克诺尔布，人甚庸劣，性复贪酷，署理归化城同知，声名更是狼藉。而归绥道富珠礼并不禀揭，反而曲为袒护，遭到绥远城将军升寅的参奏。该奏折得到道光帝的肯定，命将军遇有劣员"应不分轸域，据实参办，以儆官邪"①。但对沿边道厅的管理权仍然属于山西巡抚，知照绥远城将军也仅仅是在司法程序上。真正明文规定绥远城将军具有节制沿边诸道厅职权，是在清末，也就是在蒙地放垦的过程中，才最终实现的，至少明文规定是在此时。揆诸史籍，绥远城将军节制沿边诸道厅的记载最早出现于光绪年间，即在贻谷担任督办垦务大臣兼署绥远城将军时。《清史稿》记载，光绪二十七年（1901），山西巡抚岑春煊奏晋边察哈尔左、右翼及西北乌兰察布、伊克昭两盟荒地甚多，请派大员督办，及时开垦，以筹集对列强的庚子赔款。处于内外交困清政府遂任命贻谷为督办蒙旗垦务大臣，前往蒙古办理开垦事宜。贻谷"有经济才，坚贞自励"，受命垦务大臣以后，即赴山西与山西巡抚岑春煊商议开垦事宜。在漠南蒙古等地考察以后，统筹全局，拟出开垦大纲，督垦范围绵延直、晋、秦、陇、长城、河套，凡数千里，上报清廷，获得清廷的肯定，批准执行。但贻谷提出的"清旧垦，招新垦，恤蒙艰，定限期"等政策危害了蒙旗及沿边垦种已久的汉民的利益，遭到他们的强烈反对，为了顺利推行

---

① 《清宣宗实录》卷 200，道光十一年十一月壬子。

开垦，清政府在光绪二十八年（1902）八月为贻谷"加理藩部尚书衔，节制秦、晋、陇沿边各厅州县"①。面对各蒙旗的武装抗垦，清政府又任命贻谷为绥远城将军，以武力为后盾促进放垦，这样随着垦务大臣由绥远城将军兼任，节制沿边道厅的权力也随即转移到绥远城将军身上，实现绥远地区的事权归一，以利于放垦。

清廷让督办垦务大臣、绥远城将军节制沿边道厅同样是为了蒙地放垦的顺利进行，这在清廷颁布的谕旨中可以看出。光绪三十四年（1908），光绪帝谕，绥远城等处，垦务紧要，"所有沿边道厅以下各官，遇有应办开垦事宜，均著归信勤节制"②。宣统二年（1910）九月又谕军机大臣等，绥远城等处垦务紧要，"所有沿边道厅以下各官，遇有应办开垦事宜，均著归堃岫节制，堃岫未到任以前，著瑞良暂行节制"。③ 一再强调与开垦相关的事务，由绥远城将军节制办理。但是似乎绥远城将军在贻谷任内并未真正实现，其在光绪三十三年十二月遵旨筹议体恤蒙旗谨陈管见折中曾有"将军辖蒙旗，而地方非其所管。边厅管地方，而蒙旗非其所辖。此无体恤之力，彼无抚绥之责。畛域难化，呼应不灵"④ 之语。并且记载绥远城将军贻谷节制沿边诸道厅的仅见《清史稿》，在绥远城将军贻谷向清朝的奏折中以及对蒙旗行文中，并未见其书有"节制沿边道厅"字样。而在光绪三十四年，清廷以绥远城等处，垦务紧要，颁布"所有沿边道厅以下各官，遇有应办开垦事宜，均著归信勤节制"的谕旨以后，绥远城将军的奏折及咨文中，才出现节制沿边道厅、垦务大臣及绥远城将军衔一并书写的情况。

> 为咨会事。案准山西巡抚部院咨开：宣统二年九月二十八日准陆军部火票递到军机大臣字寄，绥远城将军堃、署绥远城将军瑞、陕甘总督长、陕西巡抚恩、山西巡抚丁，宣统二年九月二十三日奉上谕：绥远城等处垦务紧要，所有沿边道厅以下各官，遇有应办开垦事宜，均

① 《清史稿》卷 453《列传二百四十》。
② 《清德宗实录》卷 592，光绪三十四年五月丙午。
③ 《清宣统政纪》卷 42，宣统二年九月癸亥。
④ 李克仁编注《清将军衙署公文选注》，《绥远城将军贻谷为遵旨筹议体恤蒙旗谨陈管见折》，内蒙古人民出版社，1995，第 145 页。

著堃岫节制，堃岫为到任以前，著瑞良暂行节制。钦此。遵旨寄信前来。等因。承准此，除咨行外，拟合咨明，请烦钦遵查照施行。等因。准此，相应咨会，为此备咨贵都统、副都统请烦查照执行。须至咨者。

绥远城将军衙门查照施行。须至咨者。

右咨察哈尔都统、副都统，归化城副都统，绥远城将军衙门

宣统二年四月二十二日钦差督办垦务大臣·节制沿边道厅、兼署绥远城将军信①

这份咨文说明，首先，为此"节制沿边道厅以下各官"之上谕，特发咨文与邻近巡抚与相关衙门，说明在此之前，将军对各道厅的节制并未严格执行，或者根本没有执行。其次，绥远城将军节制沿边道厅的原因是为了垦务，同时限定了将军节制道厅的权力范围，即"遇有应办开垦事宜"并且在这之后，节制沿边道厅在绥远城将军的奏折及行文中的出现就是经常的了。尽管如此，节制沿边诸道厅也是仅有其名，在贻谷去任以后，绥远地区垦务完全陷入了停顿，垦务进入全面收缩阶段，其后不久清朝覆亡，所以真正实现沿边诸道厅划归绥远地区长官管辖，应该是在民国时期建省以后的事。即1914年实行了"晋绥分治"，归绥道分出山西归属新建绥远特别区。

绥远城将军的职权不仅统率绥远满洲八旗驻防官军，管理西部各蒙旗的蒙古王公民众，他还有调遣宣（化）、大（同）二镇（总兵），节制沿边道厅，并指挥山西巡抚所兼三关提督的权力。② 对于绥远城将军指挥山西巡抚所兼三关提督职权，在档案史料中，并未见到明文记载。山西提督印务，向系巡抚兼理，除在乾隆八年（1743）时，绥远城将军补熙短暂兼管提督印务外，再未见其他将军兼管山西提督之事。③ 嘉庆以后，清廷对蒙古政策，大体仍旧；道光之后，清廷的内外形势，日渐转变，绥远城将军的职权亦略有延伸，特别是蒙古骑兵作为维护清朝统治的作用像满洲八

---

① 《山西巡抚咨，奉上谕绥远等处沿边道厅以下各官均著堃岫节制，堃岫为到任前著瑞良暂行节制分行查照由》，李克仁编注《清将军衙署公文选注》，内蒙古人民出版社，1995，第157～158页。

② 荣祥：《呼和浩特沿革纪要稿》，内蒙古社会科学院蒙古史研究所，1979，第51页。

③ 《清高宗实录》卷185，乾隆八年二月乙巳。

旗兵一样，日渐减弱，南部汉族地主官僚势力崛起，蒙古在清朝统治中的地位下降，影响到了清朝对其的传统政策，对其实行移民实边，放垦蒙地政策。清末漠南西部蒙古地区蒙地放垦均由绥远城将军负责，这一过程中，绥远城将军是放垦的总负责人，盟旗之间，将军与蒙旗之间的关系，蒙汉人民的反抗及垦务当局的经营举措等等，内容庞杂，头绪繁多。对于绥远城将军在清末放垦中职权的扩大演化等问题，只能放到以后去深入探讨。

结　语

满族崛起于东北，先服蒙古，再有天下，有感于蒙古为历朝北部之边患，故对其经营尤为用心，以安定蒙古，屏藩北疆。在对准噶尔用兵的基础上，在康熙二十三年（1684）设置了安北将军驻归化城，随着西北形势稍缓，又于乾隆二年筑绥远城，移右卫建威将军于绥远，设置了绥远驻防，以防御准部，控制蒙古，保护控制宗教等。绥远城将军驻防设置以后，对归化城地区的军政建设起到了什么样的作用，在其实施过程中对漠南乃至整个国内形势所产生了什么样的影响？其结局如何？

有清一代统治边疆之方法，是被人们普遍认为较为成功的，成崇德先生言："从历史上看，中原历代王朝无不苦于对北疆的治理，从汉至宋，汉患匈奴，唐忧突厥，宋虑契丹，几乎无代不有。至明代，蒙古更成为明王朝之'边患'。清王朝统一蒙古，是除元朝以外，惟一成功地把北方游牧民族置于中央管辖之下的王朝。"[1] 它之所以成功，主要是清朝统治者采取了适合各民族各地方的切实可行的统治方式。如凌纯生先生所言："清廷以八旗制度统治满洲，以盟旗制度辖蒙（古）族，以行省制度治汉人，以伯克制度治回疆，以政教制度驭藏番，以土司制度或部落制度辖西南苗夷，及以宗主制度对付藩邦等。"[2] 不仅如此，清廷又在直省及边疆地区的交通要冲，边陲形胜之地设置军事驻防，先后设置的将军级驻防点就达 13 个，其中位于边疆地区较重要的有：盛京将军、吉林将军、黑龙江将军、伊犁将军及绥远将军等。清廷简派宗室等八旗贵族前往驻扎，负责管理与监督控制地方，建威销萌，稳定地方；制度井然，治绩可观，论者尝谓："边疆三万里，相安二百年，为历代所不及。"[3]

在边疆驻防中，而又以北疆的长城驻防线驻防规模大，防守严密。在

---

① 成崇德：《清代蒙古开发》，中华文史网。http://economy.guoxue.com/article.php/13210。
② 凌纯生：《清代之治藏制度》，中国边疆历史语文学会丛书，《西藏研究》，第 121 页。
③ 凌纯生：《清代之治藏制度》，中国边疆历史语文学会丛书，《西藏研究》，第 121 页。

这条防线上，绥远城驻防占有重要的地位。绥远城位于清的西北，与直隶、山西、陕西、甘肃、新疆及漠北喀尔喀接壤，与晋省关系尤为密切，其为入漠北的两大门户之一（另一为张家口）。清初以来，经营漠北、漠西，无不以此为大本营，清廷调兵遣将，筹饷备粮，无不由此。居中策应，始底于成。故对其经营尤为用心，在康熙二十三年（1684）设置了安北将军驻归化城。在雍正末年，西北形势稍缓，即于乾隆二年筑绥远城，移右卫建威将军于绥远，设置了绥远驻防，在防御准部对喀尔喀蒙古及内蒙古侵扰方面发挥了重要作用。其后一旦蒙古及甘省有事，则边警交弛，绥远亦告吃紧，绥远驻防的有利军事作用即时凸显出来。

一　绥远城驻防设置所起的积极作用

对绥远城驻防设置以后所产生的积极作用，目前史学界比较一致的看法是，清政府在平定准噶尔的过程中，出于军事需要而设置了绥远城驻防，它的设置对清政府用兵西北、稳定内蒙古及边疆地区的形势，起到了不容忽视的作用。清代内蒙古地区的军政建置，不仅反映了清政府对内蒙古统治的加强，而且反映了清朝多民族统一国家的巩固和发展，反映了内蒙古各部在清政府的统一管理下，和中央政权的关系日益密切。具体表现在以下几个方面。

（一）它的设立促进了国家统一、边防的巩固

清朝在统一准部的过程中，在这一地区设置了五路台站及卡伦，派兵驻守，以运送军饷器械，羽书文报等。绥远城驻防设置后，这些台站和卡伦，都归绥远城将军派员管理。作为西北各省及漠北等地的军需粮饷的转运枢纽，这些台站卡伦，保证了清朝中央政府的军事物资及兵源及时到达西北的边疆地区，为平准战争提供了后勤保障；同时数千满蒙汉兵丁，携带家眷，永久驻防绥远地区，平时负责乌里雅苏台驻防兵丁之更换，粮饷文报之传递络绎，及边务咨商会办等。这无疑对加强边疆地区的防御力量，起到了巩固边疆的作用。驻防的设置也反映了土默特等蒙古各部落在清廷的管辖之下和中央政权的关系更加紧密了。

（二）使清政府的行政命令在这一地区畅行无阻

绥远地区是汉人移住较早的地区，设有管理民事的道厅机构，而土默特蒙古事务由都统管辖，蒙汉同居一地，蒙汉杂居，民族关系复杂，遇有蒙汉交涉，或互相推诿，转辗经年；或相互袒护，不能据实办理，致使事情久悬，难以及时解决。而绥远城将军设置后，逐渐形成军政合一的管理体制，具有管理土默特和节制沿边诸道厅的权力，当中央有政令下达时，绥远城将军即可饬所辖机关及时办理，有利于清朝对这一地区的管理，保证封建国家对地方的行政等职能在这里发挥作用。

（三）促进了归化城土默特地区的经济发展

早在绥远城驻防筹议阶段，清政府即考虑到驻防官兵的粮食消费问题，为此招民开垦了大片的田地。另外，采取了一系列恢复和发展生产的措施，其目的虽然是为了解决驻军的生活等需要，但是也同时促进了当地土地的开垦和经济的发展。八旗驻防城是一座纯消费的城市，清朝前期，旗人待遇优厚，为此吸引了各地手工业者和商业者前来，这对当地的手工业和商业的繁荣发展无疑具有很大的促进作用。归绥两城在清末已发展到连为一个整体，"谨按归绥二城，相距五里，今人烟辐辏，市街毗邻，二城之间，几无隙地，故归绥道明驻绥远，而道署实在归化北门之外，不异一城矣"①，打下了今日呼和浩特城市规模的框架。

（四）为当地经济文化的发展提供了相对安定的社会环境

随着移民的增多，旅蒙商的兴起等，使得归化城地区农业、商业和手工业等得到发展，归化城地区地处南北通途，是沟通中原与漠北的交通枢纽，往来客商不断，人员成分复杂，引起了一系列的社会问题，归化城及其附近地区盗马、行窃、违禁等时有发生，在《清实录》中多有记载，清政府为此采取了严厉的查禁治理措施。在各码头、山口、要道等重要的地

① 曾国荃，张煦等修，王轩，杨笃等，光绪《山西通志》，续修四库全书，史部，地理类，第 641 册，上海古籍出版社，第 718 页。

点设立台站、卡伦，由绥远城驻防官兵及土默特部兵丁配合，巡逻稽查，缉拿盗匪，一有违禁，即时拿住法办，大大减少了犯罪的发生。为农牧民、商人创造了较好的社会生活环境。安定和平的社会环境为蒙古等人民提供了休养生息，发展经济的条件，在当时的条件下，无疑起到了积极的作用。

（五）促进了各民族间的经济文化交往

绥远城驻防的设置，八旗兵丁，携带家口，驻扎绥远城，加上为和满城贸易而来的蒙回汉商人，长期交往，促进了民族间的经济文化的交流和了解。同时在绥远城将军的主持下，在绥远地区设置了许多新式学堂，为培养当地满蒙汉各族人才起到了积极的促进作用。

（六）为漠北军事驻防提供兵源支持

作为漠南的军事驻防，负责漠北乌、科两城驻防官兵的换防，并源源不断地为漠北驻防提供换防兵员，成为漠北军营换防官兵的后方基地，为漠北驻防不断增添新鲜的血液，增强了清朝北部边疆的国防力量。

（七）维护清朝在当地军事统治

自从绥远城驻防设立以后，对有清一代的统治还有着非凡的贡献，乾隆朝以后直到宣统年间，只要是有大的战争的地方，必少不了征调绥远城驻防官兵，乾隆年间的平定准噶尔，讨青衮杂布；道光年间的张格尔之乱，平定咸丰、同治年间的太平天国运动、捻军起义等；陕西、甘肃等地的回民大起义及对英法联军的战争等，都可在档案中查到调用绥远城官兵的记载，因此绥远城驻防在清代除了具备有形的军事作战力量外，实际也提供了无形的安定力量。绥远地区在终清之世及无变故，非无因也。

最后，需要说明的是，在绥远城驻防设置以后，归化城土默特地区的行政权力发生了极其深刻的变化，首先是土默特政治特权的削弱，通过设置驻防，一步步剥夺了蒙旗的权力，由原来具有一定自治权的外藩蒙古变为内属蒙古；都统也由蒙古世袭，逐步变为由京拣派。其次是经济特权的削弱，土默特的传统牧地或被划拨为驻防八旗牧场，或被政府组织开垦，为八旗驻防提供租粮，最后，在蒙地放垦中，连户口地也丧失了。另外土默特旗的财政由自主支销变为政府监管下的使用。① 甚至连传统的大青山后马场煤窑税收也由原来的"属土默特衙门年终报销之公费"转而"变作绥远城公费"②。再次，司法特权的削弱，绥远驻防设置后，绥远城将军的军事职能逐渐下降，行政职能逐渐加强，不但对土默特部内部的拣选官员，训练兵丁皆身亲其事，对土默特案件及蒙民交控案件也都具有审断之权。对土默特部各种自治权的逐渐蚕食甚至是剥夺，是在潜移中一步步实现的，特别是在绥远驻防设置后，不断提高驻防将军地位，扩大其职权，达到官员有其进退，财政有其稽查，兵丁有其统率，贸易有其监督，交通有其控制。最后将军成为土默特地区总辖一切的最高行政长官，类似于内地的督抚。清政府通过绥远城将军牢牢地掌握了这一地区的控制权，加强了其和中央的联系。最终完成了归化城土默特内地化的进程，这一地区的蒙古族与其他各族更为紧密地融为一体，增强了这一地区人民的向心力、凝聚力，为以后粉碎外国侵略势力的煽惑等分裂图谋奠定了心理基础。自绥远城驻防设置以后，这一地区就始终没有发生大的变乱，所谓"终清之世，内蒙（古）未尝反侧者，非偶然也"③。

尽管绥远城驻防的设立客观上促进了土默特地区的开发，促进了当地蒙古族、汉族、满族、回族等民族之间的文化、贸易往来，为当地经济活动的运行以及人民生活的安定提供了一定的保障，但它所带来的弊端也是不容忽视的。

二　绥远城驻防设置中的不足

（一）地方管理体制的多样性不利于行政命令的统一

所属旗民事件，各有专司，将军不能节制，于公务未免牵掣。归化城地方，东则察哈尔，西则土默特及鄂尔多斯，蒙古汉人错处，常有交涉之

---

① 参见乌仁其其格《18 至 20 世纪初归化城土默特财政研究》，博士学位论文，内蒙古大学，2007。
② 《土默特伊精额等呈控被绥远城协领欺凌侵占马厂》，见《蒙古史参考资料》附片七，第 7 辑，第 17 页。
③ 《内蒙之今昔》，《内蒙古史志料》第四册，第 52 页。

事。清朝在绥远地区又实行分而治之的政策，管理汉民的道厅建置在绥远城将军节制沿边道厅之前，其建置分属山西、陕西、直隶等省，有各省巡抚管辖；土默特部事务初亦由都统管辖，此外在土默特这一地区，还存在喇嘛印务处、公主府等多种行政建置，这造成管理权的多重性，不利于地方行政管理权的统一。

比如乾隆五年，绥远城建威将军伯伊勒慎上奏归化城地区盗案情形时说："以非臣本管，又未便差人缉拿"①，乾隆七年将军补熙也说，口外现设归绥道，凡刑名钱谷，既由通判、同知、道员逐层审理，与各省州县府无异，"若仍由巡抚、将军、都统三处核拟，实有鞭长不及之势"。② 大青山一带地方系绥远城将军、归化城副都统所辖，又与外藩蒙古毗连，既是各方辖境的交叉，又是行政管辖的盲点。在嘉庆二十三年此地曾有积案十四起，这些案件分别属于归绥道、蒙旗、绥远城将军等承办，"其王师印在买岱尔村被抢马匹，石黄在巧尔报村被剥衣服，该二村坐落山前，设有厅营塘汛，事隶山西抚臣，应归地方承缉。孟学邻在高窑亥地方被抢马匹银两系茂明安界内，应该旗承缉之案。冯陇伸在什八尔台村被抢驼只一案，已饬官兵严拿"。③ 在办理案件过程中札萨克蒙古与同知通判等地方官，彼此袒护所属之人，办理公事不无掣肘，等等。种种不便和弊端为社会治安和行政效率的提高造成了消极的影响。

（二）绥远城将军的选任也存在一些弊端

将军有坐镇地方，约束兵弁，整饬营伍之责，而绥远城将军的任命，"非公侯勋爵，即宗室天潢"。④ 清廷以种族狭隘之见，简放绥远城将军，以满蒙及汉军八旗为限，且以满族占绝大多数，这些宗室贵胄平时尚资镇守，遇事则难撑大局。历任绥远城将军，贤愚不齐，虽不乏政治、军事、经济之才者，实心任事者，但庸懦无能之辈，在所固有，更有一些将军才能平庸，人又衰惰，并不认真整顿营伍，唯图安逸，甚至贪黩居心，营私

---

① 《清高宗实录》卷115，乾隆五年四月辛卯。
② 《清高宗实录》卷163，乾隆七年三月丙戌。
③ 《清仁宗实录》卷350，嘉庆二十三年十一月丙辰。
④ 张曾：《古丰识略》卷27，第6页。

蚀帑，秽迹昭彰。在清朝后期，绥远地方不靖，已多赖湘淮军力予以维持，绥远城将军遇变唯焦急向清廷奏请派遣援兵耳。可见驻防八旗兵力衰退之严重，也说明绥远城将军个人素质对镇守地方的作用，亦是不容忽视的。

（三）后期强制放垦蒙地损害了蒙汉人民的利益

作为军事驻防，只注重军事的震慑作用，而轻视对驻防地区经济建设的规划和筹措。特别是清后期，绥远城将军作为清政府在蒙古地区的代表，秉承清政府意旨，不顾广大蒙古王公和蒙古牧民的反对，在漠南地区推行移民，强制开垦牧地，以实行新政为名加紧对蒙牧民的勒索，使广大牧民生计维艰，加上所属官吏的腐败，蒙汉人民群起反抗，导致这一地区阶级矛盾、民族矛盾十分尖锐。最终，绥远城驻防也不得不随着清朝的灭亡而改弦更张。

此外作为清朝政府在漠南蒙古封禁政策的执行者，对汉民族进入蒙古谋生、出外经商、蒙汉之间的互相通婚和蒙古人学习汉文化等加以限制，虽有助于清朝统治蒙古，但也限制了各民族的友好往来和经济文化的交流，具有一定的消极作用。

综观有清一代在绥远城驻防设置的 170 多年里，其加强民族统治的行政措施，有得有失。绥远城驻防的设置，对于维系清朝在漠南蒙古地区的统治，保持这一地区的稳定，为开发和建设这一地区发挥了一定的作用，这些进步作用应该给予肯定。但它以维护清朝统治为目的，侵占蒙古牧地，对蒙古实行封禁政策，影响了当地蒙古族的生计和对外界的物质文化交流，这些消极作用也是不容忽视的。

附　录

一　归化城都统表

1. 归化城左翼都统表

名讳	袭次	袭（授）职时间	备注
古禄格（古鲁格）	首任	1636 年授左翼都统，1645 年授三等子爵	姓纳拉，原居叶赫部，该部亡后，来依博硕克图汗，为头目，1632 年降后金，1666 年卒
锡喇布（席拉布）	一次袭，古禄格之四子	1666 年袭职	长兄乌布什第袭三等子爵，召赴京，隶蒙古正白旗。其有佐领袭都统，1670 年卒
古睦德（古木德）	二次袭，锡喇布之长子	1670 年袭职	1670 年以佐领袭职，1686 年以废职降为佐领，召赴京降佐领，隶蒙古正白旗
阿喇纳	三次袭，古禄格之第五子	1686 年袭职	1686 年以佐领袭都统，1697 年以士众萎靡，弓马不娴，诏削职
古睦德	四次袭（重袭）	1702 年重袭	1704 年卒（《清实录》记 1702 年 6 月升土默特参领古木德为归化城左翼都统，《清史稿》卷 210《藩部世表》记载为 1697 年仍袭左翼都统。据相关史料记载，康熙三十六年（1697）停袭后，由京员补授四次。显然，《清史稿》记载错误。）
丹津（丹金）	五次袭，古睦德之子	1704 年袭职	以二等侍卫补授。1714 年兼袭三等子爵，1737 年卒，谥壮敏，以无嫡子诏停袭左翼都统职

2. 归化城右翼都统表

名讳	袭次	袭（授）职时间	备注
杭高（杭久）	首任	1936年授右翼都统	俄木布所属头目，姓巴拉格特
巴桑	一次袭，杭高之子		1647年以军务获罪罢革
托博克（扥博克、托波克）	三任，杭高之本家	1647年改授右翼都统	俄木布所属头目，1636年授三等参领，1638年授一等轻车都尉，1640年晋一等参领，《圣祖实录》卷33，康熙九年（1670年）卒，谥果壮
古噜（古鲁）	一次袭，托之次子	1670年袭职	兄瓦骗袭一等轻车都尉，加三等男爵，1676年卒，古鲁兼袭男爵。古鲁1681年卒
拉察布	二次袭，古之长子	1681年袭职	古鲁故，以其子拉察布袭职。1682年卒
乌把什（吴巴锡）	三次袭，托之三子	1682年袭职	由佐领升任，1696年卒
阿弼达	四次袭，乌之长子	1696年袭职	由副都统升任，1697年以军律废弛，诏削职，右翼都统停袭，改用京员
札喇克图	京员	1701年简任	京员，1701年由正黄旗蒙古副都统升任。1706年以老病乞休
吴赫（倭赫）（俄赫）	京员	1706年任	京员
新泰	京员	1712年任	以镶红旗蒙古都统新泰为归化城右翼都统
楚忠（楚宗）	京员	1717年升任	京员
根敦	五次袭，阿弼达之长子	1723年补袭	以副都统补袭，1742年卒
班达尔什	六次袭，根敦之长子	1742年袭职	由参领系都统，1754年卒，以其子为前锋职，恐弗胜任，停袭，改授三等男爵，都统职由京简任

说明：1. 左翼都统停袭后，由京员简授之，名单不全，仅知吉党阿（1742年任）、噶尔锡、卓萧（1749年任）、众佛保（1750年任）数人。

2. 右翼都统停袭后，以副都统阿尔斌为都统，授班达尔什之子塞音毕里克图为副都统。阿尔斌以后都统名单不全，仅知莽阿纳（1756年任）和傅良（1763年任）。傅到任当年右翼都统裁撤。根据《清实录》等相关史料整理名单如下。

姓名		任职时间	备注
塔尔玛善①	左翼	1737 年	以驻防乌里雅苏台副都统升任；调往鄂尔坤军营、参赞大臣上行走
玛尼	左翼		以护军统领玛尼任；赴京候旨，解职
吉当阿	左翼	1742 年	因病解任调理
阿兰泰	左翼	1759 年	以镶黄旗汉军副都统升任
噶尔锡	左翼		由前锋统领补授，后任为满洲正红旗副都统
八十五	左翼	1749 年	以杭州汉军副都统八十五升任；调为正红旗满洲副都统去职
卓萧	左翼	1749 年	由成都副都统升任；后升任为吉林将军离任
众佛保	左翼	1750 年	身体多病，赴京调理解任
莫尔浑	左翼	1745 年	以老病解任
巴禄		1756 年	由镶红旗蒙古都统调任
丰安			升任为荆州将军
法起	左翼	1763 年	由副都统升任
莽阿纳	右翼	1756 年	以正红旗满洲副都统调任；以不胜任都统之任去职
阿尔宾	右翼		由副都统升任
傅良	右翼	1763 年	1763 年右翼都统裁撤

参考《清实录》，《清史稿》，贻谷修《土默特旗志》卷3《世袭》，第5～6 页及《呼和浩特文史资料》，咏岭：《土默特两翼都统的兴废及其他》，第 111～112 页。

---

① 塔尔玛善，咏岭在其《土默特两翼都统的兴废及其他》中将其列为土默特右翼都统，误。《清高宗实录》卷50 中记载："以驻防乌里雅苏台副都统塔勒玛善为归化城左翼都统。"乾隆二年九月甲午。

二　清代绥远城历任驻防将军统计表

清朝绥远城将军统计

序号	姓名	出身	职务	原职衔	任职年月			卸职年月			供职年限	正免	谥号	调任后职务	离职原因
					朝代	公元年		朝代	公元年						
1	王常	满洲旗人	绥远城将军	右卫建威将军	乾隆	2年3月22	1737	乾隆	5年2月10	1740	2年11个月	因病免职		因病免职	病休
2	伊勒慎	满洲旗人	绥远城将军	正蓝旗满洲都统		5年2月10	1740		5年7月9	1740	5个月	召	肃端	汉军正蓝旗都统	内调
3	补熙	满洲镶黄旗人	绥远城将军	正蓝旗满洲都统		5年7月9	1740		14年9月17	1749	9年2个月	因病免职	温僖	因病免职	病休
4	八十五	满洲旗人	兼绥远城将军	归化城副都统		14年9月17	1749		14年10月22	1749	1个月	改任		满洲正红旗副都统	内调
5	富昌	满洲旗人	绥远城将军			14年10月22	1749		22年4月9	1757	7年6个月	革职		休致	病休
6	松阿理	满洲旗人	绥远城将军	齐齐哈尔副都统		22年4月9	1757		22年4月15	1757	7天(未到任)	改任		凉州将军	互调
7	保德	满洲旗人	绥远城将军	凉州将军		22年4月15	1757		24年6月5	1759	2年2个月	革正法		革正法	降革
8	恒禄	宗室旗人	绥远城将军	镶蓝旗护军统领		24年6月5	1759		25年10月7	1760	1年4个月	改任	恭悫	吉林将军	互调
9	如松	宗室旗人	绥远城将军	兵部左侍郎		25年10月7	1760		26年11月7	1761	1年1个月	改任		西安将军	互调

续表

序号	姓名	出身	职务	原职衔	任职年月 朝代	任职年月 公元年	卸职年月 公元年	卸职年月	供职年限	迁免	谥号	调任后职务	离职原因
10	舒明	八旗蒙古正黄旗人	绥远城将军	理藩院右侍郎	26年11月7	1761	27年1月23	1762	2个月	卒		卒	亡故
11	蕴著	宗室旗人	绥远城将军	凉州将军	27年1月23	1762	30年12月7	1765	3年11个月	改任	勤	工部尚书	内调
12	嵩椿	宗室旗人	绥远城将军	西安将军	30年12月7	1765	31年11月23	1766	11个月	解	勤僖	解职	降革
13	巴禄	八旗蒙古镶黄旗人	绥远城将军	凉州将军	31年12月20	1766	33年3月17	1768	1年3个月	改任		察哈尔都统	互调
14	傅良	满洲镶黄旗人	绥远城将军	汉军镶蓝旗都统	33年3月17	1768	34年1月11	1769	9个月25天	改任	恭勤	吉林将军	互调
15	常在	满洲旗人	绥远城将军	福州将军	34年1月11	1769	34年2月30	1769	1个月	革		驻藏大臣	互调
16	诺伦	满洲旗人	绥远城将军	青州副都统	34年2月30	1769	37年5月30	1772	3年3个月	解		解职	降革
17	容保	满洲旗人	绥远城将军	江宁将军	37年5月9	1772	41年10月4	1776	4年5个月	因病免职		因病免职	病休
18	伍弥泰	八旗蒙古正黄旗人	绥远城将军	理藩院尚书	41年10月4	1776	41年12月9	1776	2个月	改任		西安将军	互调
19	雅朗阿	满洲旗人	绥远城将军	黑龙江副都统	41年12月11	1776	44年4月11	1779	2年4个月	袭爵		袭爵	其他

续表

序号	姓名	出身	职务	原职衔	任职年月 朝代	任职年月 公元年	卸职年月 朝代	卸职年月 公元年	供职年限	迁免	谥号	调任后职务	离职原因
20	弘昫	宗室旗人	绥远城将军	盛京将军	44年4月	1779	46年3月21	1781	1年11个月	卒	勤肃	卒	亡故
21	嵩椿	宗室旗人	绥远城将军	江宁将军	46年3月21	1781	49年6月21	1784	3年3个月	改任	勤僖	宁夏将军	互调
22	乌尔图纳逊	八旗蒙古正白旗人	绥远城将军	察哈尔都统	49年6月21	1784	49年9月13	1784	3个月	改任		察哈尔都统	互调
23	积福	八旗蒙古镶黄旗人	绥远城将军	察哈尔都统	49年9月13	1784	51年8月20	1786	1年11个月	调任		宁夏将军	互调
24	嵩椿	宗室旗人	绥远城将军	宁夏将军	51年8月20	1786	53年10月15	1788	2年2个月	调任	勤僖	西安将军	互调
25	兴肇	宗室旗人	绥远城将军	西安将军	53年10月15	1788	57年10月28	1792	4年	解		解职	降革
26	图桑阿	满洲正白旗人	绥远城将军	宁夏将军	57年10月28	1792	59年12月26	1794	2年2个月	改任		西安将军	互调
27	永瑆	宗室旗人	绥远城将军	宁夏将军	59年12月26	1794	60年8月4	1795	8个月	改任		乌里雅苏台定边左副将军	互调
28	恒澜	宗室旗人	绥远城将军	乌里雅苏台定边左副将军	60年8月4	1795	60年9月2	1795	1个月	改任		西安将军	互调
29	乌尔图纳逊	八旗蒙古正白旗人	绥远城将军	察哈尔都统	60年9月17	1795	嘉庆 元年3月26	1796	6个月	改任		理藩院尚书兼镶白旗蒙古都统	内调

续表

序号	姓名	出身	职务	原职衔	任职年月（朝代）	任职年月（公元年）	卸职年月	卸职（公元年）	供职年限	迁免	谥号	调任后职务	离职原因
30	富锐	满洲正红旗人	绥远城将军	正蓝旗蒙古都统	嘉庆 元年3月29	1796	3年1月25	1798	1年10个月	召	恭格	八旗蒙古镶蓝旗都统	内调
31	乌尔图纳逊	八旗蒙古正白旗人	绥远城将军	正蓝旗护军统领	3年1月25	1798	3年5月	1798	4个月（未到任）	解		解职	降革
32	永庆	满洲正白旗人	绥远城将军	八旗正蓝旗蒙古都统	3年5月12	1798	6年5月30	1801	3年	召	敬憳	镶白旗蒙古都统	内调
33	崇尚	满洲旗人	绥远城将军	广州将军	6年6月11	1801	8年8月20	1803	2年2个月	改任		江宁将军	互调
34	德勒格博贵	八旗蒙古人	绥远城将军	八旗镶黄旗蒙古都统	8年8月20	1803	8年12月	1803	4个月	卒		卒	亡故
35	奇臣	满洲旗人	绥远城将军	正白旗满洲副都统	8年12月22	1803	9年4月30	1804	4个月	改任		乌鲁木齐都统	互调
36	春宁	满洲正黄旗人	绥远城将军	八旗镶蓝旗蒙古都统	9年4月30	1804	12年8月	1807	3年4个月	卒	壮勇	卒	亡故
37	来仪	宗室旗人	绥远城将军	八旗镶黄旗蒙古副都统	12年9月4	1807	16年闰3月3	1811	3年7个月	召		署正白旗汉军都统	内调
38	果勒丰阿	满洲旗人	绥远城将军	四川提督	16年闰3月3	1811	23年11月14	1818	7年8个月	革	勤敏	革	降革
39	八十六	满洲镶白旗人	绥远城将军	青州副都统	23年11月14	1818	23年12月25	1818	1个月	改任	壮僖	广州将军	互调

续表

序号	姓名	出身	职务	原职衔	任职年月	任职朝代	任职公元年	卸职年月	卸职朝代	卸职公元年	供职年限	迁免	谥号	调任后职务	离职原因
40	禄成	八旗蒙古正红旗人	绥远城将军	吉林前都统	23年12月25		1818	2年12月20	道光	1822	4年	改任		黑龙江将军	互调
41	德英阿	满洲镶蓝旗人	绥远城将军	黑龙江将军	2年12月20	道光	1822	4年闰7月17		1824	1年8个月	改任	刚果	成都将军	互调
42	奕颢	宗室旗人	绥远城将军	八旗镶蓝旗蒙古都统	4年闰7月17		1824	7年闰5月4		1827	2年10个月	召		盛京将军	互调
43	晋昌	宗室旗人	绥远城将军	盛京将军	7年闰5月4		1827	8年1月20		1828	8个月	召		召（旋去世）	其他
44	果齐斯欢	宗室旗人	绥远城将军	福州将军	8年1月24		1828	8年4月15		1828	3个月	改任	文僖	黑龙江将军	互调
45	特依顺保	满洲正白旗人	绥远城将军	署甘肃提督	8年4月15		1828	8年9月28		1828	5个月	改任		黑龙江将军	互调
46	那彦宝	满洲正白旗人	绥远城将军	塔尔巴哈台参赞大臣	8年9月28		1828	10年3月14		1830	1年6个月	改任		成都将军	互调
47	升寅	满洲镶黄旗人	绥远城将军	成都将军	10年3月14		1830	11年12月7		1831	1年9个月	改任	勤直	都察院左都御史	内调
48	彦德	满洲正黄旗人	绥远城将军	汉军镶红旗都统	11年12月7		1831	17年12月27		1837	6年	召		署镶蓝旗汉军都统	内调
49	棍楚克策楞	满洲镶黄旗人	绥远城将军	塔尔巴哈台参赞大臣	17年12月27		1837	19年9月15		1839	1年9个月	改任		黑龙江将军	互调

续表

序号	姓名	出身	职务	原职衔	任职年月			卸职年月			供职年限	迁免	谥号	调任后职务	离职原因
					朝代	公元年	月	朝代	公元年	月					
50	德克金布	满洲正蓝旗人	绥远城将军	广州将军		1839	19年9月15		1839	19年11月16	2个月	回任	勤勇	广州将军	互调
51	嵩溥	满洲正蓝旗人	绥远城将军	福州将军		1839	19年11月16		1840	20年6月9	7个月	休致		休致	病休
52	色克精额	满洲镶蓝旗人	绥远城将军	礼部左侍郎		1840	20年6月9		1841	21年4月20	10个月	改任		礼部尚书	内调
53	奕兴	宗室旗人	绥远城将军	盛京副都统		1841	21年5月29		1843	23年2月28	1年9个月	改任		乌里雅苏台定边左副将军	互调
54	禄普	满洲旗人	绥远城将军	乌里雅苏台定边左副将军		1843	23年2月28		1843	23年3月22	1个月	改任		八旗蒙古镶红旗都统	内调
55	奕兴	宗室旗人	绥远城将军	乌里雅苏台定边左副将军		1843	23年3月22		1847	27年4月22	4年1个月	改任		江宁将军	互调
56	英隆	满洲旗人	绥远城将军	江宁将军		1847	27年4月22		1847	27年11月8	7个月	改任		黑龙江将军	互调
57	成玉	八旗蒙古正红旗人	绥远城将军	乌鲁木齐提督		1847	27年11月8		1848	28年9月11	10个月	召		陕西提督	他调
58	托明阿	满洲正红旗人	绥远城将军	陕西提督		1848	28年11月24	咸丰	1853	3年2月18	4年3个月	改任		江宁将军	互调
59	乐斌	觉罗旗人	绥远城将军	乌鲁木齐都统	咸丰	1853	3年2月18			3月8月7	6个月	改任		成都将军	互调

续表

序号	姓名	出身	职务	原职衔	任职年月 朝代	任职年月	任职年月 公元年	卸职年月 朝代	卸职年月	卸职年月 公元年	供职年限	迁免	谥号	调任后职务	离职原因
60	善禄	八旗蒙古正白旗人	绥远城将军	贵州提督		3年8月7	1853		4年11月23	1854	1年3个月	卒	勤壮	卒	亡故
61	华山泰	满洲旗人	绥远城将军	署理察哈尔都统		4年11月23	1854		5年2月22	1855	3个月	因病免职	壮恪	因病免职	病休
62	庆祺	满洲旗人	绥远城将军	金州副都统		5年2月22	1855		5年12月16	1855	10个月	改任		乌里雅苏台定边左副将军	互调
63	成凯	宗室旗人	绥远城将军	宁夏将军		5年12月16	1855		11年8月23	1861	5年8个月	召		京城合防军务	内调
64	德勒克多尔济	隶人旗蒙古镶黄旗人	绥远城将军	署理库伦办事大臣		11年8月23	1861	同治	5年6月22	1866	4年10个月	改任	威勤	乌里雅苏台定边左副将军	互调
65	福兴	满洲正白旗人	绥远城将军	察哈尔都统	同治	5年6月22	1866		6年2月2	1867	8个月	因病免职	正愍	因病免职	病休
66	堃瑞	满洲镶黄旗人	绥远城将军	八旗正白旗蒙古都统		6年4月18	1867		7年1月18	1868	9个月	卒	恪勤	卒	亡故
67	定安	满洲镶蓝旗人	绥远城将军	密云副都统		7年1月18	1868		13年7月25	1874	6年6个月	因病免职		因病免职	病休
68	善庆	汉军镶红旗人	绥远城将军	杭州将军		13年7月25	1874	光绪	2年10月27	1876	2年3个月	改任	勤敏	八旗蒙古镶白旗都统	内调
69	庆春	满洲正黄旗人	绥远城将军	察哈尔都统	光绪	2年10月27	1876		3年4月7	1877	6个月	改任		福州将军	互调

续表

序号	姓名	出身	职务	原职衔	任职年月 朝代	任职年月 公元年	卸职年月 朝代	卸职年月 公元年	供职年限	迁免	谥号	调任后职务	离职原因
70	瑞联	宗室旗人	绥远城将军	黎哈尔都统	3年4月7	1877	5年11月18	1879	2年7个月	改任		杭州将军	互调
71	丰绅	满洲镶白旗	绥远城将军	黑龙江将军	5年11月18	1879	10年闰5月24	1884	4年7个月	改任		江宁将军	互调
72	克蒙额	汉军正白旗人	绥远城将军	蒙古镶黄旗都统	10年12月19	1884	20年12月19	1894	10年7个月	降	威壮	降	降革
73	永德	满洲正白旗	绥远城将军	乌里雅苏台定边左副将军	20年12月19	1894	27年1月	1901	6年1个月	革		革	降革
74	崇善	宗室旗人	绥远城将军	盛京将军	27年1月7	1901	27年2月10	1901	1个月	改任		江宁将军	互调
75	信恪	满洲镶黄旗人	绥远城将军	江宁将军	27年2月10	1901	28年3月26	1902	1年1个月	回任		江宁将军	互调
76	钟泰	宗室旗人	绥远城将军	宁夏将军	28年3月26	1902	28年11月13	1902	8个月	卒		卒	亡故
77	恒寿	满洲正黄旗人	绥远城将军	凉州副都统	28年11月13	1902	29年8月11	1903	9个月	卒		卒	亡故
78	贻谷	满洲镶黄旗人	绥远城将军	兵部左侍郎	29年8月11	1903	34年4月2	1908	4年8个月	革		革	降革
79	信勤	满洲镶黄旗人	绥远城将军	浙江布政使、垦务大臣	34年4月2	1908	宣统 2年9月6	1910	2年5个月	因病免职		因病免职	病休
80	坤岫	满洲正白旗人	绥远城将军	乌里雅苏台定边左副将军	宣统 2年9月6	1910	民国 1年9月19	1912	2年	清亡		清亡	其他

参考文献

一 档案

中国第一历史档案馆藏：清代理藩院档；朱批奏折民族事务类；军机处录副奏折民族事务类；军机处满文录副。

台湾故宫博物院编印《宫中档乾隆朝奏折》，台北，1982~1987。

中国第一历史档案馆整理《康熙起居注》，中华书局，1984。

张伟仁主编《中央研究院历史语言研究所现存清代内阁大库原藏明清档案》，台北，1986~1987。

中国第一历史档案馆编《清初内国史院满文档案译编》，光明日报出版社，1986~1988。

《崇德三年满文档案译编》，季永海、刘景宪译，辽沈书社，1988。

中国第一历史档案馆、中国社会科学院历史研究所：《满文老档》，中华书局，1990。

中国第一历史档案馆编《乾隆帝朝上谕档》，中国档案出版社，1991。

中国第一历史档案馆编《康熙朝满文朱批奏折全译》，中国社会科学出版社，1996。

中国第一历史档案馆编《雍正朝满文朱批奏折全译》，黄山书社，1998。

中国第一历史档案馆藏《军机处录副奏折》，1998。

中国第一历史档案馆、中国人民大学清史研究所、中国社会科学院边疆史地研究中心：《清代边疆满文档案目录：内蒙古卷》，广西师范大学出版社，1999。

中国第一历史档案馆编《嘉庆、道光两朝上谕档》，广西师范大学出版社，2000。

中国第一历史档案馆编《乾隆帝起居注册》，广西师范大学出版社，2002。

中国第一历史档案馆编《嘉庆帝起居注册》，广西师范大学出版社，2006。

二　史籍

托津等：《大清会典事例》（嘉庆朝），嘉庆二十三年，武英殿本。

祁韵士：《皇朝藩部要略》，道光十九年筠渌山房刻本。

何秋涛：《朔方备乘》，光绪七年刊本。

（清）姚明辉撰《蒙古志》，清光绪三十三年排印本。

（清）贻谷修、高赓恩等纂修《绥远志》，清光绪三十四年刊本。

（清）贻谷修、高赓恩纂《土默特旗志》，清光绪年间刊本。

（清）张曾修纂《归绥识略》，1937 年印光绪年间刻本。

清高宗敕撰《皇朝通典》，万有文库本，上海：商务印书馆，1935。

清高宗敕撰《清朝文献通考》，万有文库本，上海：商务印书馆，1935。

清高宗敕撰《皇朝通志》，万有文库本，上海：商务印书馆，1936。

郑植昌修、郑裕孚纂《归绥县志》，1944 年铅印本。

张鹏翮：《奉使俄罗斯日记》，神舟国光社，1947。

中国科学院民族研究所、辽宁少数民族社会调查组：《满族社会历史调查报告》（下），第七辑，《内蒙古自治区满族社会历史调查报告》，1963。

贻谷：《绥远奏议》《蒙垦奏议》《蒙垦续供》，近代中国史料丛刊续编，第十一辑，文海出版社有限公司，1974。

赵尔巽：《清史稿》，中华书局，1977。

（清）昭梿著《啸亭杂录》，何英芳点校，中华书局，1980。

邢亦尘编《清季蒙古实录》，内蒙古社会科学院蒙古史研究所，1981。

赵翼：《詹曝杂记》，中华书局，1982。

朱寿朋编《光绪朝东华录》，中华书局，1983。

中国人民政治协商会议内蒙古自治区委员会文史资料研究委员会编《旅蒙商大盛魁》，《内蒙古文史资料》第十二辑，1984。

（清）魏源撰《圣武记》，韩锡铎，孙文良点校，中华书局，1984。

《大清历朝实录》，中华书局，1985。

《八旗通志初集》，东北师范大学出版社，1985。

（清）王锡祺辑《小方壶斋舆地丛钞》，杭州古籍书店影印出版，1985。

王钟翰点校《清史列传》，中华书局，1987。

《蒙古律例》，中国边疆史地丛刊，全国图书馆文献缩微复制中心出版，综合卷，中国社会科学院边疆史地研究中心编，1988。

《清代理藩院资料辑录》，中国边疆史地资料丛刊综合卷，全国图书馆文献缩微复制中心出版，1988。

（清）纪昀等：《历代职官表》，上海古籍出版社，1989。

（清）曾国荃、张煦等修：光绪《山西通志》，中华书局，1990。

光绪《大清会典事例》，中华书局，1991。

吴忠匡校订《满汉名臣传》，黑龙江人民出版社，1991。

张穆：《蒙古游牧记》，山西人民出版社，1991。

佟靖仁校注《绥远城驻防志》，内蒙古大学出版社，1991。

傅恒等：《钦定平定准噶尔方略》，西藏学汉文文献汇刻第二辑，全国图书馆文献缩微复制中心，1991。

李克仁编注《清将军衙署公文选注》，内蒙古人民出版社，1995。

包文汉整理《清朝藩部要略稿本》，黑龙江教育出版社，1997。

张荣铮等点校《钦定理藩院则例》，天津古籍出版社，1998。

（清）顾祖禹：《读史方舆纪要》，上海书店出版社，1998。

《清朝通典》，浙江古籍出版社，2000。

《钦定八旗通志》，李洵等校点，吉林文史出版社，2002。

傅增湘等绥远通志馆：《绥远通志稿》，内蒙古人民出版社，2007。

三　研究论著

余元庵：《内蒙古历史概要》，上海人民出版社，1958。

章伯锋编《清代各地将军都统大臣等年表》，中华书局，1965。

李毓澍著《外蒙政教制度考》，中研院近代史研究所，1978。

荣祥：《呼和浩特沿革纪要稿》，内蒙古社会科学院蒙古史研究所，1979年，油印本，中央民族大学图书馆藏。

张德泽编著《清代国家机关考略》，中国人民大学出版社，1981。

戴学稷著《呼和浩特简史》，中华书局，1981。

戴逸主编《简明清史》，人民出版社，1984。

萧一山著《清代通史》，中华书局，1985。

编写组：《准噶尔史略》，人民出版社，1985。

蒙古族简史编写组：《蒙古族简史》，内蒙古人民出版社，1985。

谭其骧主编《中国历史地图集》（清时期），地图出版社，1987。

赵云田：《清代蒙古政教制度》，中华书局，1989。

吴丰培、曾国庆：《清朝驻藏大臣制度的建立与沿革》，中国藏学出版社，1989。

马大正主编《中国古代边疆政策研究》，中国社会科学出版社，1990。

卢明辉：《清代蒙古史》，天津古籍出版社，1990。

刘海源主编《内蒙古垦务研究》，内蒙古人民出版社，1990。

袁森坡著《康雍乾经营与开发北疆》，中国社会科学出版社，1991。

陈锋著《清代军费研究》，武汉大学出版社，1991。

金启孮：《漠南集》，内蒙古大学出版社，1991。

马大正：《边疆与民族——历史断面研考》，黑龙江教育出版社，1993。

赵云田：《中国边疆民族管理机构沿革史》，中国社会科学出版社，1993。

马汝珩、马大正主编《清代的边疆政策》，中国社会科学出版社，1994。

王戎笙：《清代的边疆开发》，西南师范大学出版社，1994。

卢明辉主编《清代北部边疆民族经济发展史》，黑龙江教育出版社，1994。

刘子扬编著《清代地方官职考》，紫禁城出版社，1994。

赵云田：《清代治理边陲的枢纽——理藩院》，新疆人民出版社，1995。

中国第一历史档案馆编《明清档案与历史研究文选（1985.10 - 1994.9）》（上、下），国际文化出版公司，1995。

达力扎布著《明代漠南蒙古历史研究》，内蒙古文化出版社，1997。

马汝珩、成崇德主编《清代边疆开发》，山西人民出版社，1998。

吕一燃：《中国北部边疆史研究》，黑龙江教育出版社，1998。

戴逸：《十八世纪的中国与世界·导言卷》，辽海出版社，1999。

成崇德：《十八世纪的中国与世界·边疆民族卷》，辽海出版社，1999。

金启孮：《清代蒙古史札记》，内蒙古人民出版社，2000。

李文海主编《清史编年》，中国人民大学出版社，2000。

马大正主编《中国边疆经略史》，中州古籍出版社，2000。

赵令志：《清前期八旗土地制度研究》，民族出版社，2001。

张永江著《清代藩部研究——以政治变迁为中心》，黑龙江教育出版社，2001。

马汝珩著《清代西部历史论衡》，山西人民出版社，2001。

乌云毕力格、成崇德、张永江：《蒙古民族通史》第四卷，内蒙古大学出版社，2002。

定宜庄著《八旗驻防制度研究》，辽宁民族出版社，2003。

达力扎布著《明清蒙古史论稿》，民族出版社，2003。

朱诚如主编《清朝通史》，紫禁城出版社，2003。

余梓东：《清代民族政策研究》，辽宁民族出版社，2003。

扎奇斯钦：《蒙古与西藏历史关系研究》台北正中书局，1992。

萧金松：《清代驻藏大臣》（蒙藏学术丛书），台北唐山出版社，1996。

周远廉、孙文良主编《中国通史》（清时期），上海人民出版社，1996。

宝音德力根、乌云毕力格、齐木德道尔吉主编《明清档案与蒙古史研究》第一辑，内蒙古人民出版社，2001；第二辑，内蒙古人民出版社，2002。

管守新：《清代新疆军府制度研究》，新疆大学出版社，2002。

赵云田：《北疆通史》，中州古籍出版社，2003。

齐木德道尔吉、吴元丰、萨·那日松：《清内秘书院蒙古文档案汇编》1~7辑，内蒙古人民出版社，2004。

王卫东：《融会与建构 1648 - 1937 年绥远地区移民与社会变迁研究》，华东师范大学出版社，2007。

中共准格尔旗委员会等译编《准格尔旗札萨克衙门档案译编》第一册，内蒙古人民出版社，2007。

内蒙古大学蒙古学学院、内蒙古自治区档案馆：《准格尔旗札萨克衙门档案》，内蒙古科学技术出版社，2011。

任月海：《清代和民国内蒙古主要草原城市演化进程》，内蒙古大学出版社，2015。

四　外国著作

〔日〕安斋库治：《清末绥远的开垦》，《满铁调查月报》1938 - 1939

年第 18、19 卷，《蒙古史研究参考资料》第六、七辑，那木云译，内蒙古大学蒙古史研究室编印，1963。

〔苏〕伊·雅·兹特拉金：《准噶尔汗国史（1635－1758)》，马曼丽译，商务印书馆，1980。

〔英〕巴德利著《俄国·蒙古·中国》，吴持哲、吴有刚译，商务印书馆，1981。

〔俄〕阿·马·波兹得涅耶夫著《蒙古及蒙古人》，刘汉明等译，内蒙古人民出版社，1983。

〔美〕费正清编《剑桥中国晚清史》（1800－1911)，中国社会科学出版社，1985。

〔日〕田山茂著《清代蒙古社会制度》，潘世宪译，商务印书馆，1987。

〔韩〕任贵淳：《清朝八旗驻防兴衰史》，生活·读书·新知三联书店，1993。

〔日〕矢野仁一：《近代蒙古史研究》，弘文堂书房刊印，昭和十五年五月，六版。

〔日〕若松宽：《清代蒙古的历史和宗教》，马大正等编译，黑龙江教育出版社，1994。

〔法〕张诚：《张诚日记》，陈霞飞译，陈泽宪校，商务印书馆，1973。

〔美〕拉铁摩尔：《中国的亚洲内陆边疆》，唐晓峰译，江苏人民出版社，2005。

内蒙古高校中国北疆史研究基地编《集宁县志、绥远集宁县志略、集宁县临时摊款调整对策、丰镇厅志、丰镇县工作报告》，远方出版社，2015。

五 相关研究论文

王文萱：《清代蒙古政制研究》，《开发西北》3 卷 4～6 期，1935 年 4 月。

楚明善：《清代之治边制度与政策》，《边政公论》1 卷 2 期，1941 年 9 月。

郑鹤声：《前清康乾时代之理藩政策》，《边政公论》2 卷 3～5 期，1943 年 6 月。

周昆田：《清代的边疆政策》，台北《东方杂志》复刊，13 卷 1 期。

金启孮：《归化城喇嘛暴动传说考——从民俗材料看召庙与汉商的关系》，《内蒙古大学学报》1989 年第 4 期。

定宜庄：《清代北部边疆八旗驻防概述》，《中国边疆史地研究》1991 年第 2 期。

白初一：《清代归化城土默特两旗职官及户口初探》，《昭乌达蒙族师专学报》1992 年第 1 期。

姜涛：《清代北部卡伦设置及沿边卡伦路》，《北方文物》1992 年第 4 期。

齐木德道尔吉：《昭莫多之战以后的噶尔丹》，《蒙古史研究》第 4 辑，内蒙古大学出版社，1993。

蒙林：《绥远城八旗源流考述》，《前沿》1994 年第 1 期。

李世馨：《绥远城调查报告》，《内蒙古文物考古》1994 年第 2 期。

蒙林：《绥远城驻防八旗考源》，《内蒙古社会科学》1994 年第 5 期。

李铁钢：《清代绥远城将军德勒克多尔济其人及"御赐碑记"》，《内蒙古文物考古》1995 年第 1、2 期。

成崇德：《清代前期边疆通论》（上），《清史研究》1996 年第 3 期；《清史研究》（下），1998 年第 1 期。

蒙林：《绥远城城工始建时间考》，《内蒙古社会科学》1996 年第 2 期。

张永江：《论清代漠南蒙古地区的二元管理体制》，《清史研究》1998 年第 2 期。

乌云格日勒：《清末内蒙古的地方建置与筹划建省"实边"》，《中国边疆史地研究》1998 年第 1 期。

孙驰：《乾隆初"近疆固守"的方略与建立绥远城》，《中国边疆史地研究》1998 年第 2 期。

齐木德道尔吉：《1640 年以后的清朝与喀尔喀的关系》，《内蒙古大学学报》1998 年第 4 期。

齐瑜、李玉伟：《绥远地区的新学创办》，《蒙古学信息》1999 年第 3 期。

张友春：《绥远城的象征——将军衙署》，《理论研究》1999 年第 6 期。

蒙林:《绥远城八旗蒙古初探》,《内蒙古社会科学》2000 年第 6 期。

赵金辉、王莹:《清代归绥城市的人口数量与人口构成》,《内蒙古电大学刊》2002 年第 2 期。

张慧君,李铁钢:《〈绥远城濬濠种树记〉碑及其价值》,《内蒙古文物考古》2002 年第 2 期。

铁达:《清绥远城驻防八旗史实纵览》,《内蒙古文物考古》2003 年第 2 期。

朱永杰:《"满城"特征探析》,《清史研究》2005 年第 4 期。

达力扎布:《清初外藩蒙古朝贡制度初探》,郝时远、罗贤佑主编《蒙元史暨民族史论集——纪念翁独健先生诞辰一百周年》,社会科学文献出版社,2006。

翁道乐、王玉海:《清右卫建威将军探微》,《内蒙古大学学报》2006 年第 1 期。

赵秀琴:《绥远城将军德勒克多尔济功德碑》,《内蒙古文物考古》2006 年第 1 期。

宝音朝克图:《嘉道年间的大青山山后卡伦概述》,《清史研究》2007 年第 1 期。

边晋中:《清绥远城修筑时间和过程考》,《内蒙古师范大学学报》2007 年第 1 期。

张永江:《试论清代内蒙古蒙旗财政的类型与特点》,《清史研究》2008 年第 2 期。

张蕾:《试论清前期对归化城土默特的统治政策》,硕士学位论文,内蒙古师范大学,2006。

乌仁其其格:《18 至 20 世纪初归化城土默特财政研究》,博士学位论文,内蒙古大学,2007。

《16～17 世纪蒙古土默特驻地变迁探讨》,《内蒙古社会科学》2008 年第 6 期。

齐木德道尔吉:《1640 年以后的清朝与喀尔喀的关系》,《内蒙古大学学报》1998 年第 4 期。

齐木德道尔吉:《亲征噶尔丹时的康熙皇帝》,载阎崇年主编《满学研究》第 5 辑，北京社会科学院满学研究所主办，2000。

齐木德道尔吉：《清初呼和浩特史料的新发现》，内蒙古大学 2004 年国际蒙古学研讨会论文，2004。

齐木德道尔吉：《内蒙古大学的清代蒙古史研究》，北京大学蒙古学研究中心成立暨学术讨论会论文，2004。

赵云田：《清朝对蒙古的儒学教育政策》，《史苑》2004 年第 2 期。

张静：《清绥远城八旗驻防体系探微》，《实践》2009 年第 3 期。

李艳洁，周红格：《绥远城城市功能的变迁（清—1937 年）》，《内蒙古大学学报》2011 年第 2 期。

郭美兰：《乾隆朝右卫八旗官员侵贪案件满文档案》，《历史档案》2011 年第 2 期。

李艳洁，周红格：《试析清代绥远城房地租银的支出——以绥远城房租奏销档案为核心》，《内蒙古大学学报》2012 年第 1 期。

胡玉花：《筑绥远城所需银两之考》《群文天地》2012 年第 2 期。

郭美兰：《乾隆朝绥远城设立八旗官学满文档案》，《历史档案》2012 年第 2 期。

瓜尔佳·杨阳：《将军衙署的历史与文化内涵》，《语文学刊》2013 年第 2 期。

李艳洁：《清乾隆年间绥远城房屋变价探析》，《内蒙古师范大学学报》2014 年第 3 期。

牛淑贞：《民国归绥城街巷研究》，《内蒙古社会科学》2014 年第 4 期。

王磊：《清右卫八旗驻防城房租银支出探析》，《忻州师范学院学报》2014 年第 6 期。

王春燕：《论清代归化城土默特地区的盟旗制度》，《前沿》2014 年第 17 期。

王国庆：《论绥远城将军衙署建筑文化》，《前沿》2014 年第 21 期。

白雪：《浅析呼和浩特将军衙署建筑彩画的布局与题材》，《内蒙古大学艺术学院学报》2015 年第 1 期。

胡玉花：《清末民初绥远城驻防"八旗生计"的变迁》，《阴山学刊》2015 年第 3 期。

赵坚：《绥远驻防城兴建对呼和浩特城市形态演变的影响》，《工程技术》2015 年第 30 期。

张爱梅：《清代蒙古地区八旗军事驻防体系研究现状》，《知识文库》2015 年第 21 期。

董俊霞：《绥远城将军衙署变迁史探微》，《知识文库》2016 年第 1 期。

六 外国相关研究论文

〔日〕森川哲雄：《十七世纪前半叶的归化城》，《蒙古学资料与情报》1985 年第 3、4 期。

〔日〕近藤富城：《清代归化绥远市区的形成过程》，《蒙古学资料与情报》1996 年第 1 期。

天野元之助：《察・绥农业经济の大观》，《满蒙》，昭和 16 年第 7、8 号。

安斋库治著《清末绥远的开垦》，那木云译，内蒙古大学蒙古史研究室编《蒙古史研究参考资料》第六辑，1963。

Lawrence Krader：Social organization of the Mongol – Turkic pastoral nomads. Indiana university publications. Uralic and Altaic Series，Vol. 20. 1963。

田村英男：《蒙古社会のとしての苏木——伊克昭盟准噶尔旗河套地（河北）を中心地として》，《满铁调查月报》，昭和 17 年 2 月。

安斋库治：《蒙疆に於ける土地分割所有制の一类型——伊克昭盟准噶尔河套地に於ける土地关系の特质》，《满铁调查月报》，昭和 17 年 5 月号。

Letter of apology form a troublesome lama, 1905, by henry serruys, c. i. c. m. Arlington，Va. Central Asiatic Journal，Vol. XXIV. 1980。

后　记

　　毕业后来到信阳师范学院工作，以博士学位论文为基础申报了教育部人文社科青年项目，并有幸获得资助。项目获批后，我和课题组成员通力合作，在繁忙的教学任务中挤出时间，不断完善充实。其中课题组成员李志坚老师，在党委办公室辛劳之余，仍抽出时间为我校对了全部书稿，周全明老师在撰写博士学位论文的紧张时期，协助课题组查找资料，可以说书稿虽由我执笔完成，但没有他们的全力支持，书稿的按期完成是很难想象的。书稿能够出版还要感谢学院科研处领导和学院领导的关怀支持，将此书列为信阳师范学院学术著作出版基金资助，使该项目的阶段性成果能够顺利付梓，在此对他们谨表谢忱。

　　在著作即将出版之际，我要感谢在求学过程中引导我专心学术的恩师达力扎布教授，信阳师范学院历史文化学院院长尹全海教授。感谢社会科学文献出版社的编辑，为本书的出版付出了辛劳。正是由于他们的帮助，使本书得以顺利出版。

图书在版编目（CIP）数据

漠南军府：清代绥远城驻防研究／黄治国著．--
北京：社会科学文献出版社，2018.8
ISBN 978 - 7 - 5201 - 3200 - 8

Ⅰ．①漠…　Ⅱ．①黄…　Ⅲ．①八旗兵 - 军事史 - 研究
- 绥远 - 清代　Ⅳ．①E294.9

中国版本图书馆 CIP 数据核字（2018）第 174327 号

漠南军府
　　——清代绥远城驻防研究

著　　者／黄治国

出 版 人／谢寿光
项目统筹／宋月华　杨春花
责任编辑／孙以年

出　　版／社会科学文献出版社·人文分社　（010）59367215
　　　　　　地址：北京市北三环中路甲 29 号院华龙大厦　邮编：100029
　　　　　　网址：www. ssap. com. cn
发　　行／市场营销中心（010）59367081　59367018
印　　装／三河市尚艺印装有限公司

规　　格／开　本：787mm × 1092mm　1/16
　　　　　　印　张：14.75　字　数：235 千字
版　　次／2018 年 8 月第 1 版　2018 年 8 月第 1 次印刷
书　　号／ISBN 978 - 7 - 5201 - 3200 - 8
定　　价／79.00 元

本书如有印装质量问题，请与读者服务中心（010 - 59367028）联系